15 séquences de géographie au CM2

Jacques Arnaud
professeur des écoles et maître formateur

Nicole Darcy
conseillère pédagogique

Daniel Le Gal
professeur des écoles et maître formateur

Atouts *Disciplines*

RETZ
www.editions-retz.com
9 bis, rue Abel Hovelacque
75013 Paris

Dans la collection « Atouts disciplines »

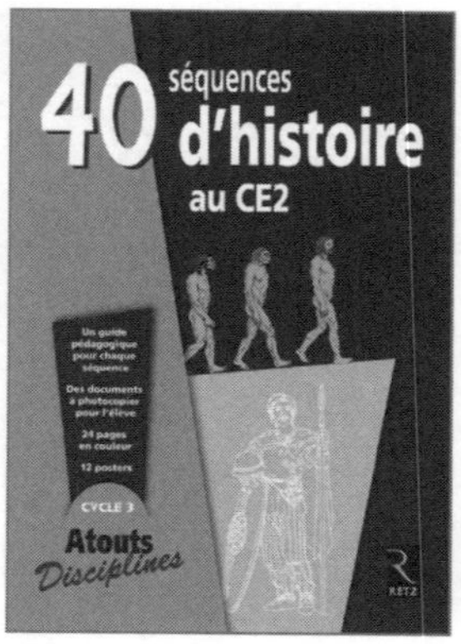

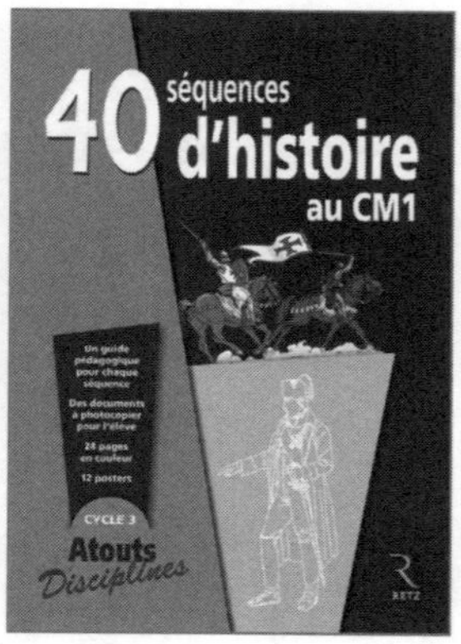

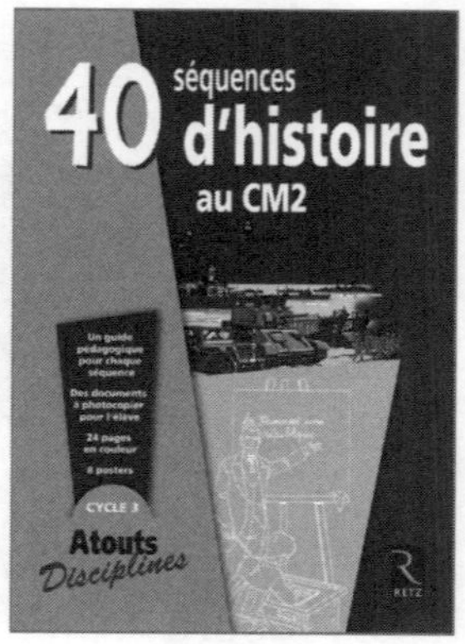

Niveau CM1
à paraître
en septembre 2009.

Avec la participation de Marc Gil

ISBN : 978-2-7256-2724-3
Conception graphique : Anne-Danielle Naname
Réalisation : Françoise Nolibois
Direction éditoriale : Sylvie Cuchin
Édition : Adeline Guérin-Grimouille
Correction : Florence Richard
Recherche iconographique : Anne Mensior
Cartes et schémas : Domino
N° d'impression : 90319
N° de projet : 10159571
Dépôt légal : septembre 2008
Achevé d'imprimer en France, en mars 2009, sur les presses de France Quercy, 46090 Mercuès.

Sommaire

Produire en France

1 • La Terre photographiée d'un satellite

2 • Une représentation de la Terre

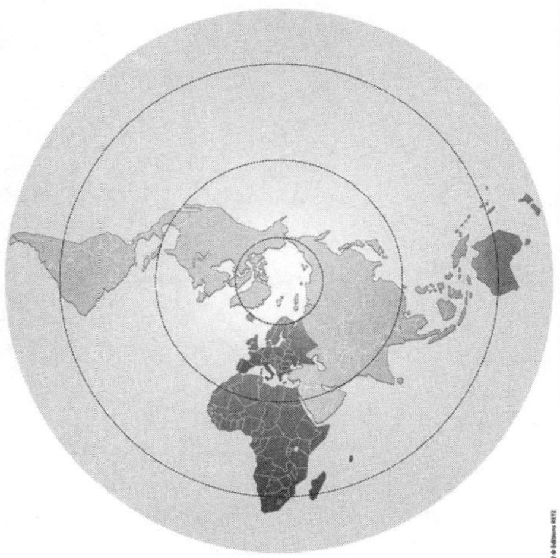

3 • Une image satellite de la Terre la nuit

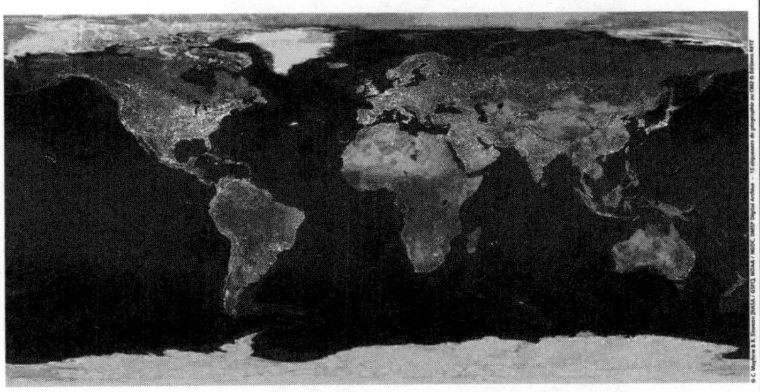

Posters

4 • La France d'outre-mer

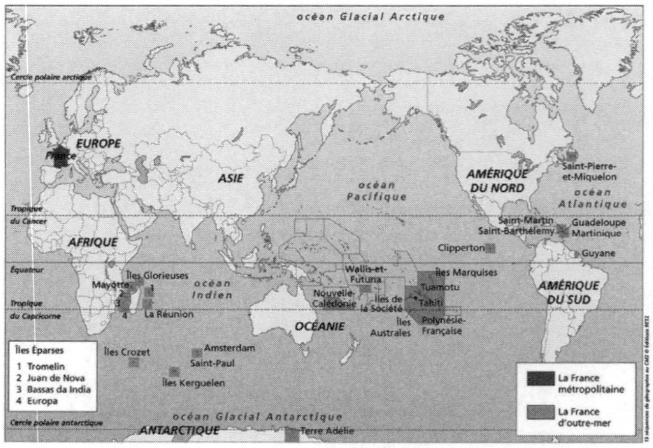

5 • Une vue aérienne du port de Dunkerque

6a • Vue aérienne du château de Fougères

6b • Camp d'Artus dans la forêt de Huelgoat

Présentation générale

Construire son savoir en géographie

La géographie est enseignée de l'école élémentaire au lycée. Tous les Français étudient donc la géographie, mais savent-ils ce que recouvre cette discipline ?

Pour les non-spécialistes, la géographie se résume à connaître la Terre, c'est-à-dire à localiser et à nommer des pays, des océans, des capitales... Pour les spécialistes, la géographie va au-delà de ces affirmations puisqu'elle est la science de l'organisation de l'espace. Si, aujourd'hui, cette idée est admise, il n'en a pas toujours été ainsi. En effet, les géographes se sont d'abord intéressés à l'exploration du monde, puis à la surface de la Terre, à son relief, sa végétation, ses climats, puis aux hommes qui vivaient dans ces milieux naturels. Au XXIe siècle, la géographie ne tourne pas le dos à ces différents éléments, bien au contraire, mais elle les englobe dans une analyse qui les met en relation afin d'aboutir à des explications.

Faire de la géographie dès le cycle 3, c'est prendre en compte les critères qui permettent d'expliquer l'organisation de l'espace. Ceux-ci se résument à cinq points fondamentaux :

- C'est d'abord dépasser la description (graphie) de la Terre (géo). Certes, cette description est une étape incontournable et la démarche proposée dans les différentes séances l'atteste, mais elle est un simple point de départ au questionnement ; des objets géographiques sont repérés.
- C'est ensuite sortir de l'inventaire formel. Les séances de géographie ne s'arrêtent donc pas à une liste d'« objets géographiques » perçus et repérés, mais elles se poursuivent par une recherche de réponses explicatives aux phénomènes constatés.
- C'est aussi un rapport à l'espace qui prend en compte la présence d'acteurs ayant des intérêts conflictuels. Ainsi, l'aménagement d'une zone rurale ou la lutte contre la pollution du littoral par des hydrocarbures sont des actions qui prennent en compte des points de vue différents. Cette dimension ne peut plus être ignorée en géographie puisque ce sont, d'abord et avant tout, les interactions dans les sociétés humaines qui donnent du sens aux espaces.
- C'est la recherche de réponses à des situations perçues par le biais d'un changement d'échelle. Ainsi, la carte, le schéma et la photo sont des outils privilégiés du géographe. Toute situation locale trouve une explication dans un contexte plus vaste. Par exemple, le développement d'un village trouve des explications liées à sa situation par rapport à la présence d'une ville et de voies de communication à proximité du lieu étudié. Par ces différentes entrées géographiques, l'élève commence à comprendre la spécificité de certains espaces géographiques.
- C'est enfin la prise en compte de la dimension temporelle qui permet d'expliquer les permanences et les mouvements d'un paysage.

Des références sont donc mises en place afin d'offrir aux élèves d'aujourd'hui et aux adultes de demain la possibilité d'agir en conscience. Parmi ces enjeux : acquérir quelques références politiques, sociales, économiques et culturelles à réinvestir dans d'autres domaines... Ces références contribuent à la constitution d'une culture citoyenne. La géographie vise ainsi à constituer une culture commune. Elle a aussi pour mission, à l'école, de permettre à l'élève de devenir le citoyen de demain, notamment en se forgeant un esprit critique.

Une pédagogie centrée sur l'élève

« Être géographe, c'est avoir un projet et être prêt à utiliser les approches propres à cette discipline comme outil de lecture du monde, du territoire organisé par les sociétés humaines », dit Robert Ferras. Au cycle 3, la géographie est une discipline qui développe des qualités d'observation, de questionnement, de mise en relation, d'explication. Pour acquérir ces compétences, deux démarches sont possibles : inductive (à partir de l'observation d'un exemple, on produit un modèle explicatif) et déductive (on vérifie un modèle général à l'aide d'exemples).

Au cours de la première année du cycle 3, les élèves se sont approprié la démarche inductive : formulation d'hypothèses, de problématiques, lecture de documents variés, construction d'outils de référence diversifiés.

En fin de cycle 3, la démarche déductive est parfois adoptée, car elle requiert une grande habitude de la part des élèves à élaborer des « modèles géographiques » qui seront validés au cours de la séance.

Exemple de démarche déductive

La démarche déductive propose un cheminement inverse à la démarche inductive. Les élèves se placent d'emblée dans l'abstraction en élaborant un modèle explicatif, solution à un problème posé, construisant ainsi un concept géographique. Cette solution est ensuite comparée à la réalité du terrain. La confrontation avec un « objet géographique » connu des élèves va leur permettre de construire les notions mises en jeu.
Au terme de ce cheminement, les élèves s'aperçoivent que la réalité coïncide avec le modèle. Celui-ci est alors associé à une loi géographique, c'est-à-dire à une représentation du concept. ■

Des séances de géographie au service de la maîtrise des autres disciplines

Les auteurs proposent des séquences de géographie en lien avec les nouveaux programmes 2008. Ainsi, les enseignants pourront aborder les thèmes retenus en tenant compte de la maîtrise des autres domaines disciplinaires.
Les nouveaux programmes font référence au lien entre la langue française et les autres disciplines. « Faire accéder tous les élèves à la maîtrise de la langue française, à une expression précise et claire à l'oral comme à l'écrit, relève d'abord de l'enseignement du français mais aussi de toutes les disciplines.[1] » Le souci des auteurs a donc été d'intégrer aux séances de géographie des compétences spécifiques à la maîtrise de la langue.

Différents travaux réalisés par les élèves permettent la compréhension de textes informatifs et documentaires. Grâce à des situations d'échanges variés, l'élève « apprend à tenir compte des points de vue des autres, à utiliser un vocabulaire précis appartenant à un niveau de la langue courante[2] ». Chaque séance, en indiquant le lexique à aborder, vise à l'acquisition d'un vocabulaire spécifique. Les programmes soulignent cet impératif en précisant que « tous les domaines d'enseignement contribuent au développement et à la précision du vocabulaire des élèves[3] ».

Les séances « font l'objet d'écrits divers, par exemple des résumés et frises chronologiques, des cartes et des croquis[4] ». La méthode suivie dans cet ouvrage permet en effet aux élèves de s'exprimer dans toutes formes d'écrits, dans le but de comprendre le monde dans lequel nous vivons. Les élèves sont donc amenés « à mobiliser leurs connaissances et compétences dans des situations progressivement complexes pour questionner, rechercher et raisonner par eux-mêmes ».

« Les capacités d'organisation et de gestion des données se développent par la résolution de problèmes de la vie courante ou tirés d'autres enseignements[5] ». Ainsi, les auteurs font référence aux mathématiques, aux sciences et à l'instruction civique pour faire de ces séquences de géographie une véritable démarche transdisciplinaire.

Les trois objectifs de la démarche scientifique du géographe

- Construire des connaissances articulées autour des grands concepts de la géographie.
- Engager les élèves dans la maîtrise de la langue.
- Atteindre des compétences transversales, des savoir-être. ■

1. *Programmes d'enseignement de l'école primaire*, B.O. hors-série, n° 3, 19 juin 2008, p. 21.
2. *Idem*.
3. *Ibid*, p. 22.
4. *Ibid*, p. 28.
5. *Ibid*, p. 23.

Avertissement de l'éditeur

Suite aux nouveaux programmes d'enseignement de l'école primaire parus en 2008, les *15 séquences de géographie* de la collection « Atouts disciplines » ont été entièrement revues et certaines séquences ont été déplacées d'un niveau à l'autre.

Thème	Compétences disciplinaires	Compétences méthodologiques
LES GRANDS REPÈRES DU MONDE		
Le planisphère	• Reconnaître et nommer sur un planisphère les différents continents et océans. • Localiser les océans et les continents par rapport à des repérages identifiés. • Comprendre la représentation sociale d'un phénomène en utilisant les points cardinaux. • S'approprier les informations permettant de localiser un point sur le planisphère.	• Analyser de manière précise une photographie de la Terre. • Se repérer par rapport à la position des continents et des océans, distinguer leur forme afin de les identifier (l'Afrique se situe au sud de l'Europe…). • Analyser des informations pour produire une localisation sûre.
Des représentations différentes de la Terre	• Identifier et nommer les continents et les océans à partir de projections différentes. • Expliquer et justifier ces cadrages différents.	• Utiliser le lexique spécifique de la localisation et le nom des océans.
Des climats variés sur la planète	• Définir les trois grands types de climats à la surface de la Terre. • Localiser ces grands ensembles climatiques sur le planisphère.	• Repérer sur des paysages variés des indices permettant d'identifier le climat (établir une relation climat / végétation). • Réaliser un planisphère où apparaissent les types de climats de la planète. • Lire et comprendre un document spécifique au climat : le diagramme ombrothermique.
La répartition de la population mondiale : des vides et des pleins	• Découvrir et comprendre l'inégalité de la répartition des hommes dans le monde.	• Localiser les grands ensembles humains sur le planisphère. • Utiliser les repères étudiés pour les situer à la surface du globe. • Mettre en relation deux cartes entre elles. • Comprendre un texte.
Pays riches et pays pauvres : un monde inégal	• Connaître l'état de l'éducation dans le monde. • Comprendre les causes des inégalités sur le plan du droit à l'éducation. • Connaître les programmes d'aide à l'éducation. • Comprendre la notion de bien de consommation, de richesse. • Saisir l'inégalité des populations du monde devant les biens de consommation.	• Comparer les données d'un texte et celles d'une carte. • Établir un lien entre l'éducation civique (les droits de l'enfant) et la géographie. • Lire une photographie. • Comparer des photographies entre elles. • Comparer des photographies. • Lire un texte. • Compléter un tableau. • Observer et comparer deux cartes.

Thème	Compétences disciplinaires	Compétences méthodologiques
LA FRANCE DANS LE MONDE		
Les territoires français dans le monde	• Situer la France d'outre-mer dans l'espace mondial. • Connaître la diversité des paysages et des climats des régions d'outre-mer. • Connaître la diversité économique des espaces d'outre-mer.	• Compléter une carte. • Lire et analyser une photographie. • Mettre en relation une photographie et des données climatiques. • Lire une carte météorologique. • Analyser un tableau. • Décrire et étudier une affiche publicitaire. • Analyser un texte documentaire. • Repérer des lieux sur une carte.
Un exemple de DOM : la Guyane française	• Connaître les spécificités géographiques de la Guyane. • Connaître des mesures de protection de l'environnement. • Comprendre la hiérarchie des villes en Guyane.	• Situer des lieux sur une carte. • Lire une carte. • Analyser un texte documentaire. • Localiser des lieux sur une carte. • Analyser un texte documentaire. • Travailler à partir d'une carte IGN à petite échelle. • Réaliser un croquis de modélisation.
La langue française dans le monde	• Comprendre l'importance de la culture francophone dans le monde. • Comprendre que la présence de la langue française dans le monde est liée à une explication historique.	• Observer et décrire des documents. • Répondre à un questionnement en lien avec le sujet. • Mettre en lien des documents variés pour donner des réponses. • Synthétiser les informations.
Des étrangers en France, des Français à l'étranger	• Comprendre les différents mouvements de population vers la France. • Connaître quelques caractéristiques des populations qui migrent.	• Lire un graphique. • Mettre en relation un graphique et une carte. • Lire une photographie. • Extraire des informations d'un texte.

Thème	Compétences disciplinaires	Compétences méthodologiques
PRODUIRE EN FRANCE		
L'industrie en France	• Localiser quelques lieux majeurs de l'industrie en France. • Appréhender la notion d'interaction régissant une industrie de pointe. • Réinvestir ses connaissances pour identifier des paysages industriels. • Prendre conscience de l'évolution d'un paysage industriel. • Construire la notion de reconversion d'un site industriel.	• Utiliser des cartes pour localiser un phénomène. • Mettre en relation un document photographique et un document cartographique. • Réaliser un croquis de paysage industriel en élaborant une légende hiérarchisée. • Lire des documents relatifs aux paysages industriels et les mettre en relation. • Établir, à partir d'une collection de documents, une courte synthèse expliquant les raisons de l'évolution de ce type de paysage.
Une zone industrialo-portuaire : Dunkerque	• Découvrir les caractéristiques d'un type d'aménagement du littoral : la zone industrialo-portuaire de Dunkerque.	• Analyser une photographie aérienne. • Comparer une photographie et un plan. • Tirer des conclusions à partir d'un texte.
L'espace agricole en France	• Connaître les types de paysages agricoles français. • Associer un paysage agricole à la culture pratiquée. • Comprendre les évolutions de l'agriculture française. • Appréhender la notion d'agriculture durable.	• Comparer des photographies. • Mettre en relation des photographies et une carte. • Effectuer des recherches dans un atlas. • Localiser sur une carte. • Comprendre des graphiques. • Comprendre des textes variés.
Une zone touristique : la Bretagne	• S'approprier les atouts du tourisme sur le littoral breton. • Connaître le potentiel et la fréquentation touristiques de la Bretagne. • Dresser une typologie du patrimoine culturel breton permettant l'essor du tourisme de la Bretagne intérieure.	• Lire une carte. • Décrire une photographie. • Lire et interpréter une publicité. • Réaliser une carte d'après les indications d'un texte. • Composer la légende d'une carte.
L'aménagement de l'espace montagnard pour le tourisme	• Aborder la notion de mise en valeur de l'espace montagnard. • Appréhender cette transformation de l'espace montagnard qui tient compte des possibilités locales.	• Élaborer un schéma explicatif simple mettant en évidence des interrelations entre les lieux et leur aménagement. • Donner à un dépliant touristique son statut de document.
Un centre tertiaire : Val d'Europe	• Comprendre la définition de secteur tertiaire. • Comprendre l'organisation d'un centre tertiaire. • Construire une carte avec sa légende organisée.	• Mettre en relation des cartes. • Effectuer des recherches sur une carte. • Lire un tableau. • Localiser sur une carte. • Comprendre des textes et des documents variés. • Comprendre des schémas.

Étude de planisphères

Informations pour l'enseignant

Comment se repérer sur la Terre ?

On se repère sur la Terre grâce à une série de points et de courbes tels que :

- **les pôles**, Nord et Sud, qui sont des points situés aux extrémités de l'axe imaginaire des pôles autour duquel tourne la Terre ;
- **l'équateur**, qui est le cercle imaginaire situé à égale distance des pôles. Ce cercle partage la Terre en deux hémisphères : l'hémisphère Nord et l'hémisphère Sud ;
- **les parallèles**, qui sont aussi des cercles imaginaires, parallèles à l'équateur. Ces lignes sont numérotées en degrés, de 0° à 90°, aussi bien dans l'hémisphère Nord que dans l'hémisphère Sud ;
- **les méridiens**, qui sont des demi-cercles perpendiculaires à l'équateur. Ces demi-cercles se rejoignent aux pôles et se répartissent de part et d'autre du méridien 0° (méridien d'origine passant par Greenwich en Angleterre) et s'échelonnent entre 0° et 180° vers l'est ou vers l'ouest.

Ainsi, pour repérer un point sur la Terre, on doit prendre en compte sa position sur un parallèle (on parle aussi de latitude) et sur un méridien (on parle aussi de longitude). Ce sont les coordonnées géographiques.

Les coordonnées géographiques d'un lieu sont toujours indiquées dans le même ordre : d'abord les parallèles puis les méridiens. Comme la Terre est séparée en deux de part et d'autre de l'équateur et de part et d'autre du méridien de Greenwich, il ne faut pas oublier d'indiquer le nord, le sud, l'ouest ou l'est : ex : 41° de latitude nord et 30° de longitude ouest.

Une planète « océanique »

71 % de la surface de la Terre est recouverte par les océans. Cette planète pourrait s'appeler la planète « Océan » tant l'importance de l'eau y est grande. Ce phénomène est encore plus marqué dans l'hémisphère Sud : sa surface est recouverte à plus de 80 % par la masse océanique.

Cinq océans occupent ainsi les parties les plus vastes de la planète : l'océan Atlantique, l'océan Pacifique, l'océan Indien, l'océan Glacial arctique et l'océan Glacial antarctique. Outre leur superficie, ces océans apparaissent comme les lieux les plus profonds du monde. Des fosses sous-marines peuvent atteindre des profondeurs supérieures à – 10 000 m comme pour la fosse des Mariannes, dans l'océan Pacifique, avec un record de – 11 034 m.

Ces océans communiquent tous entre eux. Le plus vaste, l'océan Pacifique, couvre à lui seul le tiers de l'espace terrestre. Les mers, moins vastes, prolongent les étendues marines à l'intérieur des continents ou en bordure de ceux-ci. Enfin, les mers fermées, comme la mer Caspienne, ne communiquent pas avec les océans.

Une planète constituée de six continents

Les terres émergées occupent près de 150 millions de km^2, soit environ 29 % de la surface de la Terre.

Elles constituent six continents :

L'Amérique couvre environ 42 millions de km^2. Ce continent s'étire du pôle Nord au pôle Sud et ressemble à deux masses liées par une bande de terre,

Lexique

La banquise : une immense couche de glace flottant sur l'océan.

Un continent : une immense étendue de terre, excepté l'Océanie qui est composée d'une multitude d'îles.

Un inlandsis : mot norvégien – une immense couche de glace qui recouvre une terre ; le pôle Sud comme le Groenland sont les derniers inlandsis depuis la fin des glaciations.

Une mer : une étendue d'eau salée de taille moyenne, qui borde généralement un continent.

Un océan : une immense étendue d'eau salée de grande profondeur.

Une projection : représentation à plat d'une sphère ou d'une partie de la sphère.

l'isthme de Panama. Le Groenland fait partie de ce continent. Un glacier appelé inlandsis le recouvre. Cette glace est formée par les précipitations. C'est donc de l'eau douce. Parfois, des morceaux de glace s'en détachent, formant ainsi des icebergs.

L'Afrique couvre 30 millions de km² et se situe de part et d'autre de l'équateur.

L'Océanie est le plus petit continent avec une superficie de seulement 9 millions de km². Ce continent se caractérise par une multitude d'îles dont la plus importante est l'Australie.

L'Europe et l'Asie : les géographes regroupent ces deux continents sous le terme d'Eurasie dans la mesure où ils constituent une masse s'étendant sur la moitié de l'hémisphère Nord. Le massif de l'Oural marque la limite géographique entre l'Europe, à l'ouest, et l'Asie, à l'est.

L'Antarctique s'étend autour du pôle Sud, sur 14 millions de km², et est presque entièrement recouvert de glace. L'Arctique, au pôle Nord, n'est pas un continent mais une immense étendue d'eau salée gelée (la banquise).

5 océans	océan Pacifique	179	plus des deux tiers de la surface terrestre
	océan Atlantique	100	
	océan Indien	74	
	océan Glacial Arctique	14	
	océan Glacial Antartique	20	
6 continents	Asie	44	moins d'un tiers de la surface terrestre
	Afrique	30	
	Amérique	42	
	Europe	10	
	Océanie	9	
	Antarctique	14	

Étendue des océans et des continents (en millions de km²).

Le planisphère

La seule représentation de la Terre est le globe terrestre. Cependant, cet outil est peu maniable et sa lecture imparfaite car elle ne permet pas une vision générale de la Terre. Seul le planisphère permet de voir l'ensemble des terres et des océans, comme si la planète était plate. De plus, cet outil géographique est beaucoup plus maniable que le globe. Ainsi, son utilisation permet une lecture plus aisée, une vue globale de la planète. Les deux hémisphères et les deux faces du globe sont alors visibles d'un seul coup d'œil. L'utilisation de cette carte est donc très intéressante lorsqu'on veut étudier un phénomène à l'échelle de la Terre.

Élaborer un planisphère a nécessité plus de 2 000 ans de travail. Dès le IIe siècle avant notre ère, les Grecs réussirent à prouver que la Terre était ronde et à en mesurer les principales dimensions. La rotondité de la planète est confirmée dix-huit siècles plus tard, par le voyage du portugais Magellan, qui, au XVIe siècle, réussit à faire un tour complet de la Terre. Les explorations du XIXe siècle permirent de découvrir l'intérieur des continents. Enfin, aujourd'hui, les satellites, instruments d'observation de plus en plus performants, permettent d'obtenir des informations sophistiquées (émission de chaleur sur n'importe quel point de la Terre, par exemple). Il existe différentes projections car on ne peut, à plat, respecter à la fois les distances et les angles.

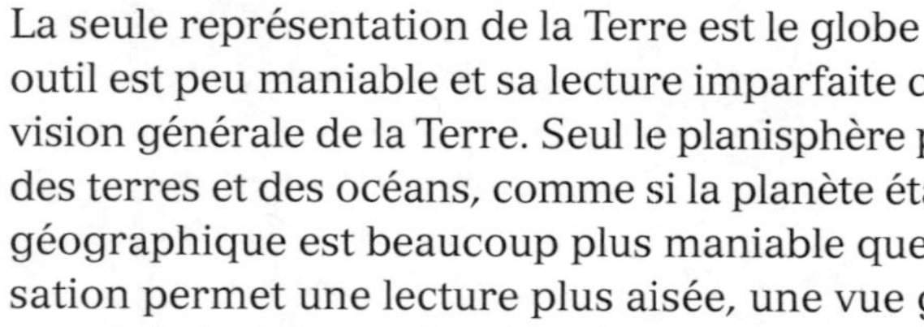

a **La projection cylindrique permet de comparer les surfaces.**

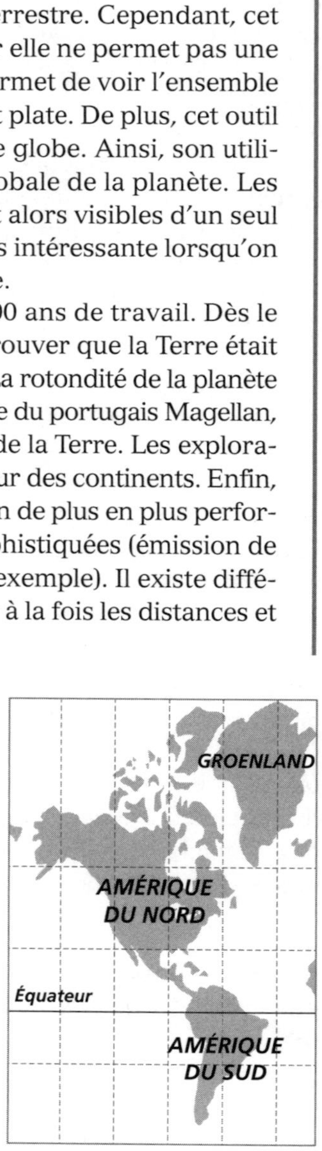

b **La projection de Mercator : tous les méridiens et tous les parallèles se coupent à angle droit ; les surfaces sont étirées vers les pôles.**

c **La projection de Robinson permet de présenter la Terre entière en portant une distorsion minimale.**

Le planisphère

Séance 1 – Réaliser un planisphère

Compétences disciplinaires

- Reconnaître et nommer sur un planisphère les différents continents et océans.
- Localiser les océans et les continents par rapport à des repérages identifiés.
- Comprendre la représentation sociale d'un phénomène en utilisant les points cardinaux.

Compétences méthodologiques

- Analyser de manière précise une photographie de la Terre.
- Se repérer par rapport à la position des continents et des océans, distinguer leur forme afin de les identifier (l'Afrique se situe au sud de l'Europe…).

Problématique

Comment élaborer un document lisible dans sa globalité (le planisphère) à partir d'un document spécifique de la géographie (un globe terrestre) ?

Lexique

Continent, océan, planisphère, mer, pôle, pays.

Durée de la séance : 60 minutes.

Matériel

Poster 1 Une photographie de la Terre vue d'un satellite.
doc. 1 Un texte : témoignage d'Olivier de Kersauson lors du trophée Jules-Verne 2004.
doc. 2 Une carte de localisation de Brest.
doc. 3 Un planisphère vierge.
Un globe terrestre par groupe de 3 élèves.
Une feuille bleue (format raisin) par groupe de 3 élèves.
Une dizaine de feuilles blanches (10 x 5 cm) par groupe.
Un gros feutre par groupe.
Un planisphère mural.

Étape 1

Observer un document photographique : la Terre

Matériel

Photographie satellite de la Terre (poster 1).

Organisation de la classe

Travail collectif.

L'enseignant propose à l'ensemble de la classe d'observer la photographie satellite de la Terre. Oralement, les enfants répondent aux questions posées et l'enseignant note les observations des élèves au tableau.

- ▸ De quoi s'agit-il ?
- ▸ Comment cette photographie a-t-elle pu être prise ?
- ▸ Que représentent les différentes taches colorées ? Quelle est la couleur la plus importante ? Que peut-elle représenter ?
- ▸ Voit-on toute la Terre sur ce cliché ?

Résultats attendus

Il s'agit d'une photo de la Terre prise par un satellite. Les taches brunes représentent les continents (certains élèves parleront de « pays ») ; les taches sombres, les plus importantes, représentent les océans. On ne voit qu'une partie de la Terre sur ce cliché.

Remarques : ces résultats correspondent, à ce stade de la séance, aux représentations des élèves. Les idées fausses (pays) ne sont pas relevées par l'enseignant mais seront vérifiées et reformulées au cours de l'étape suivante.

Étape 2

Vérifier les hypothèses explicatives énoncées au cours de l'étape 1

Matériel
Un globe terrestre pour trois.

Organisation de la classe
Phase orale, les élèves sont regroupés par trois.

Au cours de cette phase, les définitions de continent, d'océan, de pays sont construites en fonction des observations faites sur le globe.
Le pays est alors identifié comme étant une partie d'un continent, délimitée par des frontières. La notion de mer est évoquée au cours de cette étape.

- Pourquoi certaines zones sont appelées mer et non océan ?
- Qu'ont-elles de différent par rapport aux océans ? *Les mers recouvrent des surfaces beaucoup moins importantes que les océans, situées parfois à l'intérieur des continents.*

Notion à communiquer aux élèves

Les cosmonautes qui ont vu la Terre pour la première fois de l'espace l'ont appelée la « planète bleue » car l'eau de mer recouvre plus des deux tiers de sa surface.
Les cinq océans (immenses étendues d'eau salée de grande profondeur) occupent les parties les plus vastes et les plus profondes du globe. Les mers moins étendues prolongent les océans en bordure des continents. ■

Étape 3

Lire un témoignage pour prélever des informations

Matériel
- Le témoignage d'Olivier de Kersauson (doc. 1 à photocopier).
- La carte de localisation de Brest (doc. 2 à photocopier).

Organisation de la classe
Travail individuel puis mise en commun collective. La dernière question est travaillée individuellement, puis par trois avec mise en commun collective.

L'enseignant propose le document 1 qui traite du trophée Jules-Verne.
Il informe les élèves que Jules Verne était un auteur de romans fantastiques ; l'un d'eux traite d'un tour du monde en 80 jours.

- Pourquoi appeler une course à la voile « trophée Jules-Verne » ?

Mise en commun collective
Les élèves formulent collectivement leurs hypothèses. L'enseignant explique alors qu'il s'agit de réaliser le tour du monde en voilier, le plus rapidement possible, en équipage, sans arrêt et sans assistance. (Le départ et l'arrivée se font à Brest, en Bretagne.)

- Quel est le parcours des navigateurs ?

Les élèves notent sur une feuille individuelle leur réponse en fonction des informations relevées. Mise en commun à trois, puis collectivement.

Résultat attendu
Les navigateurs quittent la France, longent le continent européen par le sud, longent l'Afrique, entrent dans l'océan Indien, contournent par l'est l'Antarctique, entrent dans le Pacifique en suivant les côtes d'Amérique du Sud par le cap Horn puis pénètrent à nouveau dans l'océan Atlantique pour rejoindre le port d'arrivée à Brest.
L'enseignant note au tableau le chemin décrit et justifié par les élèves.

Étape 4

Réaliser un planisphère

Matériel
- Un globe pour trois.
- Le témoignage d'Olivier de Kersauson (doc. 1).
- Une feuille support bleue (format raisin) et dix feuilles blanches (5 x 10) pour trois.

Organisation de la classe
Par groupes de trois élèves.

L'enseignant propose aux élèves la problématique suivante :

- Est-ce que le parcours de la course serait entièrement visible si on le traçait sur le globe ? *Non.*
- Sur la feuille support bleue, réalisez un document permettant de suivre la route empruntée par les navigateurs pendant toute la course. Attention, on doit identifier les continents, les océans et le parcours des navigateurs. Vous pouvez utiliser le globe et le document sur la course.

Durée de la recherche : 20 minutes.

Informations complémentaires
Les élèves découperont la forme générale de chaque continent dans du papier blanc et la colleront sur la feuille bleue. Le chemin sera tracé à l'aide d'un feutre.

Étape 5

Présenter le résultat de sa recherche, critiquer et valider les résultats

Mise en commun des résultats

La validation s'effectue à l'aide du planisphère mural, en fonction des propositions des différents groupes qui argumentent leurs choix quant au positionnement des continents et à la localisation des océans sur leur feuille.

Résultats possibles et exploitation

Les élèves confrontent leurs résultats. Des différences et des similitudes apparaissent sur les planisphères obtenus.

La validation s'effectue en confrontant les résultats aux informations données par le globe. Par exemple, problème de positionnement d'un continent par rapport à un autre.

Étape 6

Synthétiser les connaissances

Matériel

Un planisphère vierge par élève (doc. 3 à photocopier).

Organisation de la classe

Travail individuel.

Chaque élève écrit le nom des océans et des continents sur son planisphère.

Résultat attendu

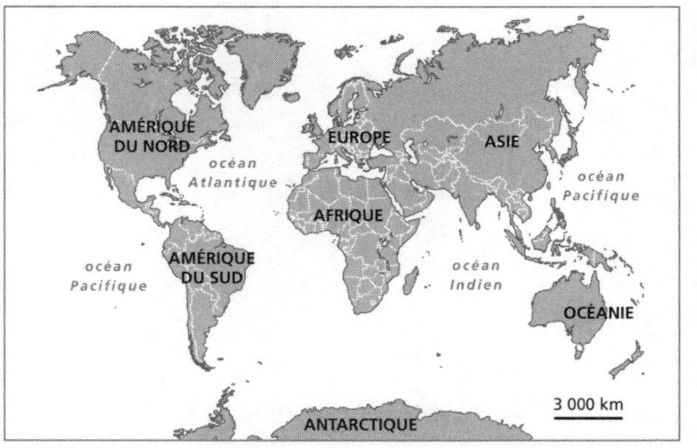

Ce que nous avons appris

La trace écrite insistera sur la définition de continent, d'océan, de planisphère :

Un continent est une vaste étendue de terres entourées par des océans. On en compte six : l'Amérique, l'Europe, l'Afrique, l'Asie, l'Océanie et l'Antarctique.

Un océan est une vaste étendue d'eau salée et profonde.

Un planisphère est la représentation à plat du globe terrestre.

1

Fiche documents

Réaliser un planisphère

Document 1

Olivier de Kersauson pendant le trophée Jules-Verne 2004

Départ le 25 février 2004.

1er mars 2004, océan Atlantique. L'unique chose qui nous habite est de savoir si nous arriverons à Brest en décrochant le trophée Jules-Verne. On fait notre travail avec application. C'est parfois délicieux.

16 mars 2004, océan Atlantique. J'ai trouvé la glisse rêvée. On a l'impression que le bateau ne fait qu'effleurer la mer. C'est un tapis volant.

22 mars 2004, océan Atlantique. La brume, la glace. C'est un cauchemar d'avancer à l'aveugle. Nous sommes dans l'attente. Le meilleur et le pire peuvent arriver.

29 mars 2004, océan Indien. La mer est très puissante, très dure. De tous les cotés, ça gigote, ça bouillonne, dans un boucan terrible. C'est comme si nous étions précipités dans un mur.

5 avril 2004, océan Pacifique. Notre quotidien est fait de fatigue et de peur. En regardant la tête des hommes, je me disais en moi-même, on va y rester, c'est sûr.

19 avril 2004, océan Atlantique. Les hommes manœuvrent sans cesse. Parfois, un filet d'air nous emporte, puis on reprend à la vitesse d'une balade.

26 avril 2004, océan Atlantique. Toujours la même allure. Si c'était un concours de souffrances, on serait en train de gagner. Pourtant, on a accompli un parcours exigeant et périlleux. Je crois qu'on peut être fiers de nous.

30 avril 2004, Europe. Je ne m'explique pas comment ce bateau a tenu ! C'était traumatisant, car il faut ramener les hommes à la maison. On a eu de la chance de s'en sortir. On a fait un tour magnifique jusqu'aux Kerguelen ; après, tout n'était que peur et froid.

D'après des interviews réalisés par *Libération*.

Document 2

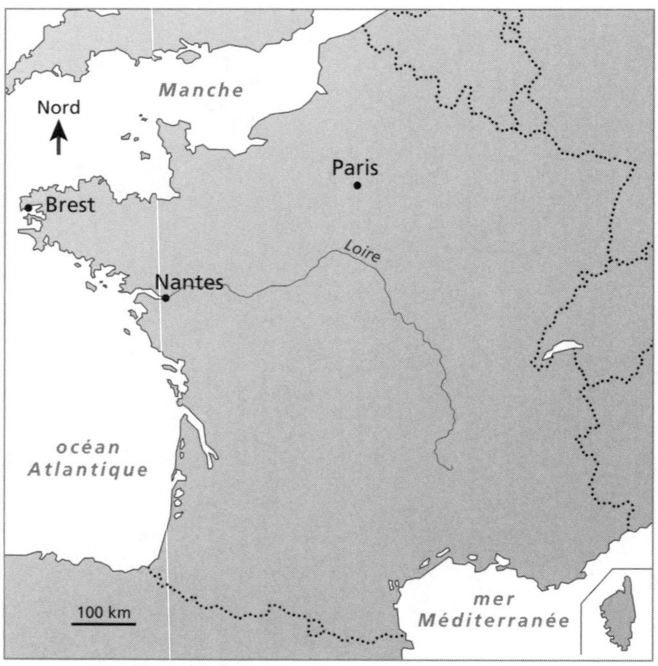

Brest, en Bretagne.

Réaliser un planisphère

Document 3

Indique les noms des continents et des océans.

Un planisphère représentant la Terre.

Séance 2 – Les repères sur le planisphère

Compétence disciplinaire
- S'approprier les informations permettant de localiser un point sur le planisphère.

Compétence méthodologique
- Analyser des informations pour produire une localisation sûre.

Problématique de la séance
Comment localiser un point à la surface du globe en l'absence de tout repère physique ?

Lexique
Hémisphère, pôle, équateur, Greenwich, tropique, méridien, parallèle.

Durée de la séance : 60 minutes.

Matériel
doc. 3 Le planisphère vierge.
doc. 4 Des repères sur le planisphère.
doc. 5 La position du voilier sur le planisphère.
Un globe terrestre pour 3 élèves.
Une feuille de brouillon.

Étape 1

Élaborer une stratégie pour résoudre un problème de localisation

Matériel
– Le planisphère vierge de tout élément de repérage sur lequel l'enseignant aura tracé un point différent pour chaque élève (doc. 3 à photocopier).
– Une feuille de brouillon.

Organisation de la classe
Le travail est réalisé par groupes de deux.
Remarque : chaque élève reçoit un planisphère sur lequel la position du bateau est différente de celle de son coéquipier.

L'enseignant propose aux élèves de résoudre le problème suivant :
▸ Pendant la course autour du monde en voilier, un concurrent appelle les secours après avoir découvert une voie d'eau dans son bateau. Le voilier est très abîmé et le concurrent ne peut plus continuer sa course.
Sur le planisphère distribué est indiquée, par une croix, la position du voilier en détresse. Vous devez rédiger un texte, le plus précis possible, qui permettra à votre voisin d'envoyer un bateau pour le secourir.

Durée de la recherche : 10 minutes.

À la fin de la recherche, les deux élèves échangent leur texte. D'après les renseignements contenus dans le texte, chacun doit localiser le voilier par une croix sur son planisphère.

Étape 2

Confronter la réponse du secouriste avec la position de départ

Matériel
Les mêmes documents que lors de l'étape 1.

Organisation de la classe
Confrontation à deux, puis collectivement.

Les élèves confrontent leurs résultats : chaque binôme compare la position initiale sur le planisphère avec la position trouvée par le secouriste.

Résultats attendus
Faute d'éléments très précis, le voilier aura sans doute été repéré dans le bon océan mais sa position n'est qu'approximative.

L'enseignant demande alors :
▸ Pourquoi les secouristes n'ont-ils pas réussi à localiser très précisément les voiliers en difficulté ?
▸ Que peut-on proposer pour localiser de manière plus précise ?

Les élèves, collectivement, suggèrent des solutions possibles.

Remarque : dès ce moment de la séance, des élèves pourront proposer l'utilisation de repères artificiels comme la latitude et la longitude visibles sur les globes.

Étape 3

Vérifier les hypothèses, les informations annoncées par les élèves en observant le globe terrestre

Matériel
Un globe pour trois.

Organisation de la classe
Travail collectif.

► En observant le globe, ne voyez-vous pas des informations qui pourraient nous aider à localiser de façon très précise un lieu, même quand celui-ci est situé en plein océan ? *On voit des lignes sur le globe, verticales, horizontales. Ces lignes sont repérées par une numérotation.*

Notion à communiquer aux élèves

Pour se repérer à la surface de la Terre, on a tracé des lignes imaginaires pour former un quadrillage. Des lignes relient les deux pôles (les méridiens), d'autres les croisent et sont parallèles à l'équateur (les parallèles).
L'équateur est un parallèle qui sépare la Terre en deux morceaux identiques : les hémisphères. La partie située au nord est l'hémisphère Nord, la partie située au sud s'appelle l'hémisphère Sud. ■

Étape 4

Observer et comprendre la répartition de ces parallèles et de ces méridiens

Matériel
- Un planisphère quadrillé (doc. 4 à photocopier).
- Un crayon rouge, un crayon bleu, une règle.

Organisation de la classe
Travail collectif.

L'enseignant distribue à chaque élève le planisphère quadrillé. Il demande aux élèves, individuellement, de repasser avec le crayon rouge un parallèle et de repasser en bleu un méridien.
► Comment sont numérotées ces lignes imaginaires ? Y a-t-il un premier méridien, un premier parallèle ? Comment les utiliser pour établir une localisation ?

Résultats attendus
L'équateur est le parallèle 0. Au nord de ce parallèle, les numéros s'accroissent jusqu'à 60. Au sud, la numérotation est identique.
Les méridiens sont numérotés à partir de 0. Un accroissement des numéros s'établit à l'est comme à l'ouest.

Sur le tableau, l'enseignant note les observations des élèves.

Étape 5

Se repérer en utilisant les méridiens et les parallèles

Matériel
Le planisphère quadrillé (doc. 4) sur lequel l'enseignant a placé le positionnement d'un bateau, soit un bateau A, soit un bateau B. (Exemple : A sur 40° de latitude nord et 140°de longitude ouest, B sur 40° de latitude sud et 140° de longitude est).

Organisation de la classe
La classe est partagée en deux groupes : un groupe reçoit la carte avec le positionnement de A tandis que le deuxième groupe reçoit la carte avec la position de B.
Des binômes formés par une association des deux groupes sont constitués pour la mise en commun.
Travail collectif ensuite.

Chaque groupe prend connaissance de son document. L'enseignant donne la consigne suivante :
► Précisez la position de votre bateau en utilisant les lignes imaginaires que nous avons découvertes tout à l'heure. À la fin de votre recherche, vous vous regrouperez par deux avec un camarade de l'autre groupe pour confronter vos textes et découvrir la position du deuxième bateau.

La mise en commun permet de constater que chaque binôme a un texte similaire malgré une position différente des bateaux.

L'enseignant soulève alors la problématique suivante :
► Comment faire pour différencier les deux localisations ?

Afin que les élèves répondent à cette question, l'enseignant oriente la recherche :
► Les bateaux A et B sont-ils localisés au même endroit ? *Non.*
► Les bateaux sont-ils localisés dans le même hémisphère ? *Non.*
► Voit-on des éléments identiques aux deux bateaux ? *Oui. Les deux bateaux sont sur le même méridien 140°, mais l'un est à l'ouest de Greenwich et l'autre à l'est. Les deux bateaux sont aussi sur le même parallèle 40° mais l'un est dans l'hémisphère Nord et l'autre dans l'hémisphère Sud.*

L'enseignant demande aux élèves de reprendre leur texte de localisation et de le modifier en prenant bien en compte la différence d'hémisphère et la différence entre l'est et l'ouest de Greenwich.

Étape 6

Synthétiser

Matériel
Le planisphère quadrillé (doc. 5 à photocopier).

Organisation de la classe
Travail collectif.

Les élèves proposent leur nouveau texte qui doit tenir compte du paramètre relatif au repérage des deux hémisphères.

Résultat attendu
Au tableau, l'enseignant note les informations données par les élèves, comme ci-dessous :

Propositions de localisation du bateau	Ce que l'on doit dire
Bateau A : se situe dans l'hémisphère Nord, sur le méridien 140° à l'ouest de Greenwich et sur le parallèle 40°.	Bateau A : se situe à 140° de longitude ouest et à 40° de latitude nord. Sa position : dans l'océan Pacifique.
Bateau B : se situe dans l'hémisphère Sud, sur le méridien 140° à l'est de Greenwich et sur le parallèle 40°.	Bateau B : se situe à 140° de longitude est et à 40° de latitude sud. Sa position : au sud de l'Australie.

Notion à communiquer aux élèves

Pour faciliter la localisation, on a imaginé un quadrillage de la Terre, constitué de parallèles et de méridiens tous numérotés en degrés. Le parallèle 0 s'appelle équateur et le méridien 0 « méridien de Greenwich ». Les parallèles indiquent la latitude, les méridiens indiquent la longitude.
Pour faire la différence entre la latitude de l'hémisphère Nord et la latitude de l'hémisphère Sud, on parle de latitude nord ou de latitude sud.
Pour faire la différence entre la longitude à l'ouest de Greenwich et celle située à l'est, on parle de longitude ouest ou de longitude est. ■

Les élèves notent ces informations sur leur cahier et collent le planisphère (doc. 5) en ayant pris soin d'indiquer la localisation du point situé dessus : 60° de longitude ouest et 30°de latitude nord.

1
Fiche documents

Les repères sur le planisphère

Document 4

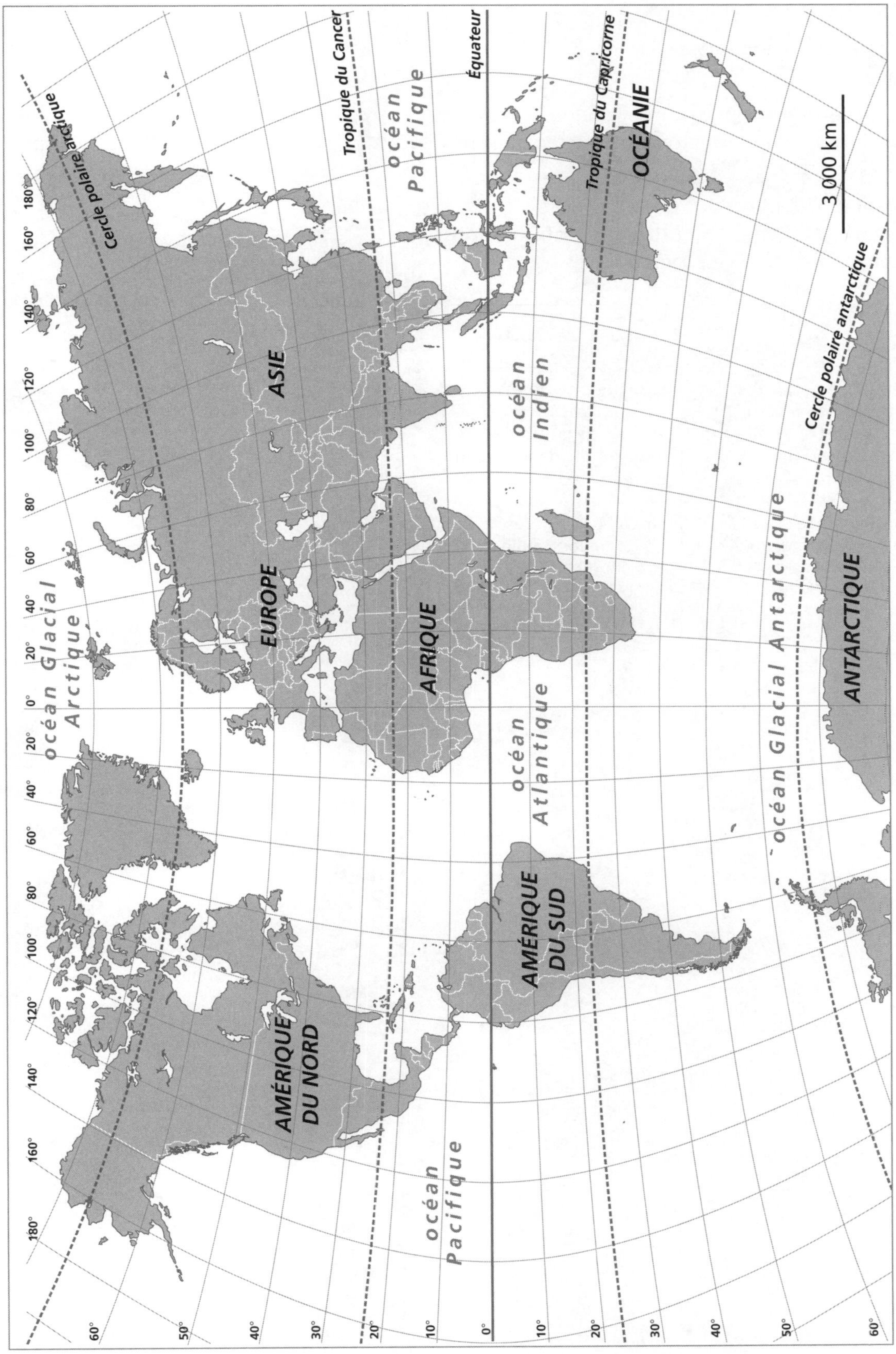

Des repères sur le planisphère.

1 Fiche documents

Les repères sur le planisphère

Document 5

Donne la localisation exacte de ce bateau.

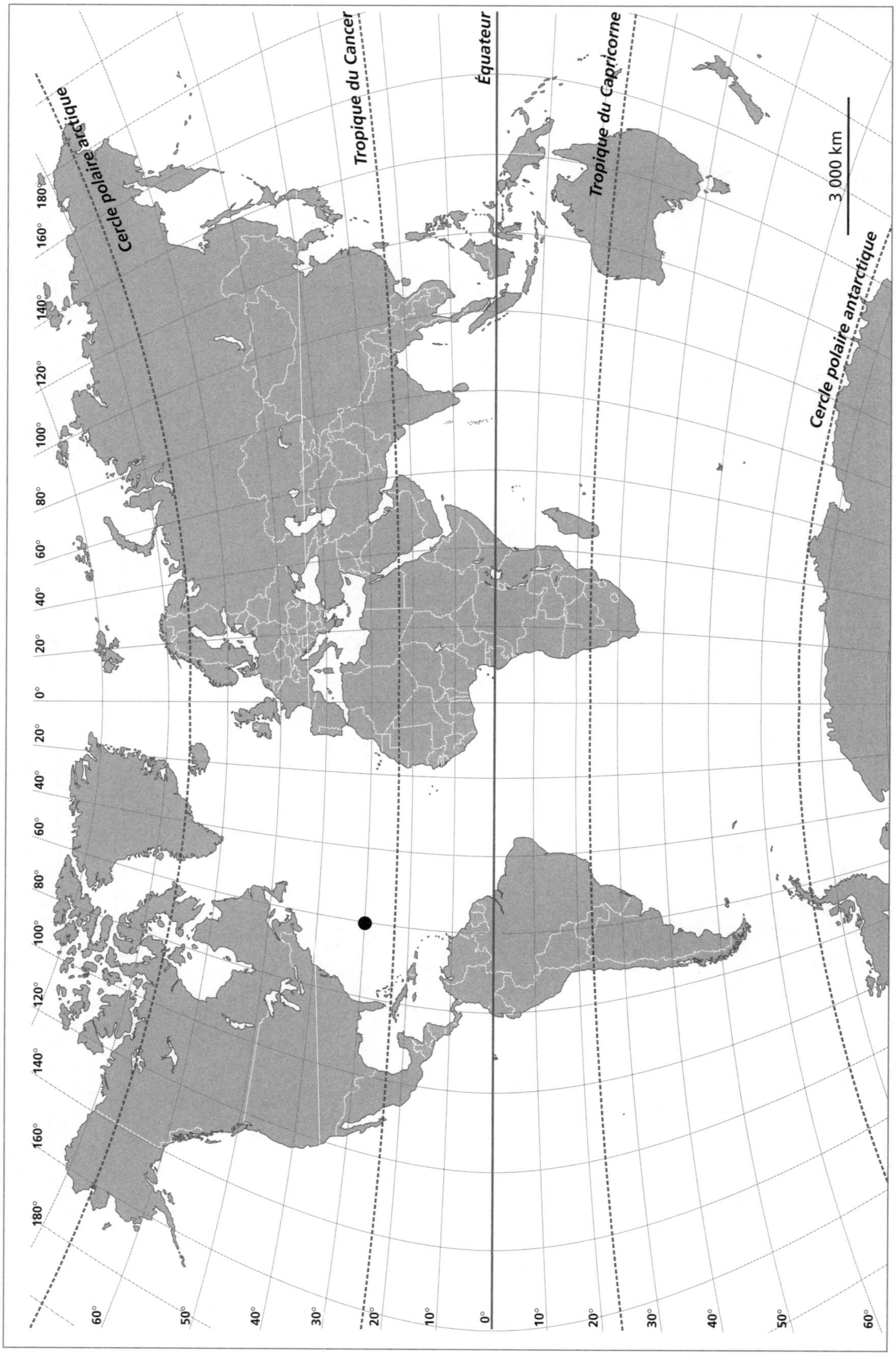

Position du voilier sur le planisphère : ....

Des représentations différentes de la Terre

Compétences disciplinaires

- Identifier et nommer les continents et les océans à partir de projections différentes.
- Expliquer et justifier ces cadrages différents.

Compétence méthodologique

- Utiliser le lexique spécifique de la localisation et le nom des océans.

Problématique

Est-il possible d'identifier des continents et des océans sous d'autres points de vue ?

Lexique

Projection.

Durée de la séance : 60 minutes.

Matériel

Poster 2 Représentation de la Terre centrée sur le pôle Nord.
doc. 1 Un planisphère centré sur le pôle Nord.
doc. 2 Un planisphère centré sur l'Asie.
Un fil de laine par élève et un pour l'enseignant.
Une grande affiche papier pour 4 élèves.
Un lot de 7 morceaux de papier de couleurs différentes.
Un planisphère mural « classique ».

Étape 1

Observer un planisphère inhabituel

Matériel
Le planisphère centré sur le pôle Nord (poster 2).

Organisation de la classe
Travail collectif.

En préambule à cette première étape, l'enseignant, sous la conduite des élèves, liste au tableau le nom des continents et océans connus des élèves.
Chacun observe ensuite le poster.

- De quoi s'agit-il ?
- Remarquez-vous des différences avec les planisphères habituellement observés ?
- À quelle partie de la Terre correspond le centre du document ?

Résultat attendu
Il s'agit d'un planisphère centré sur le pôle Nord. On reconnaît les continents à partir de leur forme.

Remarque : il n'est pas nécessaire, au cours de cette étape d'aller plus loin dans le repérage ; cela sera effectué au cours de l'étape suivante.

Étape 2

Identifier et localiser les différentes parties du planisphère

Matériel

- Le planisphère centré sur le pôle Nord (poster 2 et doc. 1 à photocopier).
- Des étiquettes grand format sur lesquelles sont notés les noms des continents et des océans.
- Un planisphère centré sur l'Europe.

Organisation de la classe
Recherche individuelle puis par groupes de quatre.

Chaque élève note individuellement sur son planisphère les continents et les océans qu'il peut identifier.
Par groupe de quatre, chacun confronte ses résultats. Les groupes se mettent d'accord sur les réponses argumentées qui seront présentées ensuite à l'ensemble de la classe.
La mise en commun permet de placer les étiquettes « continents » et « océans » préparées par l'enseignant sur le poster affiché au tableau. Chaque réponse est argumentée.

Résultat attendu
On a identifié des continents grâce à la reconnaissance de leurs formes, grâce aussi à leur positionnement par rapport à un autre continent.

La vérification des informations est faite avec la comparaison de ce qui est indiqué sur le planisphère centré sur l'Europe.

Les élèves complètent ou corrigent leur planisphère avec les informations qui viennent d'être recueillies. On pourra noter dessous que la forme arrondie de la Terre permet de la représenter à plat de différentes manières.

Étape 3

Placer les lignes imaginaires permettant la localisation

Matériel
- Le planisphère centré sur le pôle Nord (poster 2 et doc. 1).
- Un fil de laine par élève et un pour l'enseignant.
- Un planisphère mural « classique ».
- Quelques globes dans la classe.

Organisation de la classe
Travail individuel puis par deux.

L'enseignant rappelle qu'au cours de la séance sur les planisphères [1], on avait remarqué qu'il était nécessaire d'utiliser des lignes imaginaires pour localiser facilement un lieu à la surface de la Terre. L'enseignant fait rappeler le nom de ces lignes. Les élèves nomment alors l'équateur et le méridien 0, dit « de Greenwich ».

► Sur le planisphère que vous avez sous les yeux, placez les lignes dont on a rappelé le nom. Pour cela, vous utiliserez le fil de laine plutôt que de faire un tracé au crayon. Vous confronterez ensuite vos trouvailles avec celles de votre voisin. Vous pouvez vous aider du globe qui est à votre disposition.

Au cours de la mise en commun, les élèves constatent que seul l'équateur peut être matérialisé. Il a la forme d'un cercle qui passe par des points remarquables comme le centre de Java, vers l'embouchure de l'Amazone au Brésil, le nord du lac Victoria en Afrique.
Pour compléter le document 1, les élèves se munissent du compas et tracent la ligne de l'équateur.
Le document ainsi complété est collé dans le cahier.

Étape 4

Rechercher la raison de cadrages différents

Matériel
Le planisphère centré sur l'Asie (doc. 2 à photocopier).

Organisation de la classe
Travail collectif.

L'enseignant propose un nouveau planisphère et demande à l'ensemble de la classe ce qu'elle en pense.
► Est-ce qu'il est différent de ceux déjà étudiés ?
► Qu'est-ce qui est différent ?
► Qui, à votre avis, utilise ce type de document ?
► Qu'est-ce que l'on voit au centre du document ?
Au centre du planisphère, on reconnaît l'Asie et l'Australie, pays qui appartient au continent Océanie.

Notion à communiquer aux élèves

Parfois, les pays qui produisent un planisphère situent leur continent au centre du document ; la représentation du monde est ainsi changée. Ce choix porte un nom : c'est une projection. On a ainsi la projection européenne ou américaine… (*cf.* « Informations », pp. 13-14). ■

Le document 2 est collé dans le cahier.

Étape 5

Imaginer une projection du monde

Matériel
- Une grande affiche pour quatre élèves.
- Sept feuilles symbolisant les continents (deux pour l'Amérique).

Organisation de la classe
Élaboration du planisphère par groupes de quatre.

L'enseignant propose aux élèves de réaliser un planisphère en choisissant la projection de leur choix. Ils disposent d'une grande feuille sur laquelle ils représentent les océans, et de petites feuilles pour les continents. Ils placent l'équateur, les deux tropiques et le méridien de Greenwich.
Durée du travail : 15 minutes.

1. Séance 2, p. 21.

Au cours de la mise en commun, les élèves devront deviner quelle projection chaque groupe a privilégiée.
Cette mise en commun permet :
- d'insister sur l'importance du positionnement des continents les uns par rapport aux autres, pour pouvoir ensuite localiser des points ou lieux précis ;
- de constater qu'en fonction du choix dans le centre du planisphère, la représentation de la Terre est modifiée et les informations sont plus ou moins complètes (ce deuxième constat est noté sur le cahier) ;
- de remarquer que les lignes imaginaires passent forcément aux mêmes endroits (par exemple, l'équateur se situe au nord de l'Amérique du sud).

Évaluation

Compétences évaluées

- Connaître des mots spécifiques du lexique.
- Localiser les continents et les océans sur le planisphère.
- Se repérer sur une projection différente.
- Localiser un point en utilisant les coordonnées géographiques.

Corrigé

1. a)

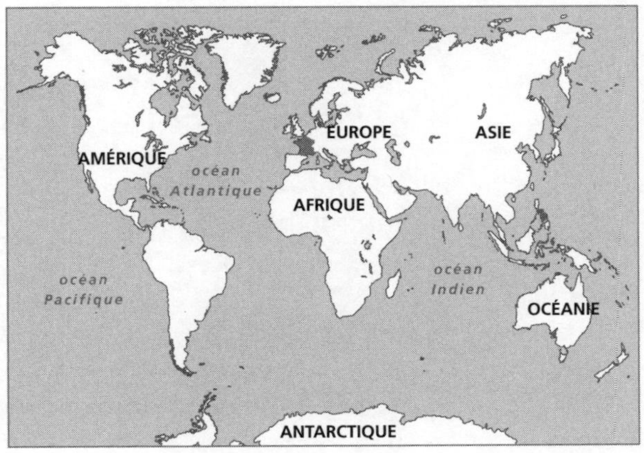

b) Un continent est une immense étendue de terre (excepté l'Océanie qui est composée d'une multitude d'îles).
Un océan est une immense étendue d'eau salée de grande profondeur.

2.

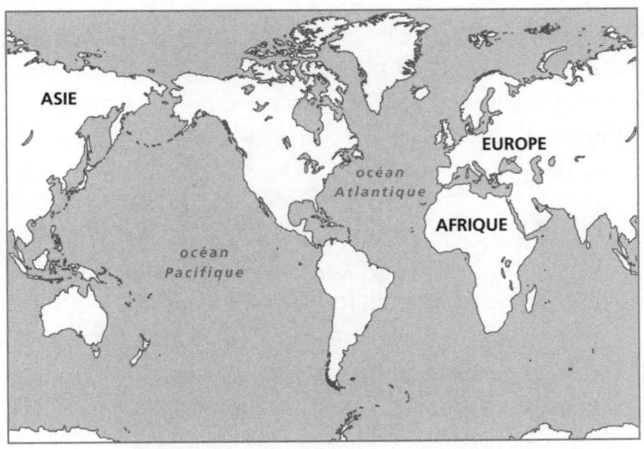

3. L'Asie est bordée par l'océan Indien (au sud) et l'océan Pacifique (à l'est).

4. Itinéraire 1 (vers l'ouest) : on traverse l'océan Atlantique.
Itinéraire 2 (vers l'est) : on traverse l'Europe, l'Asie puis l'océan Pacifique.

5. L'équateur.

6. L'hémisphère Nord et l'hémisphère Sud.

7. 50° de latitude sud et 120° de longitude ouest.

2 Fiche documents

Des représentations différentes de la Terre

Document 1

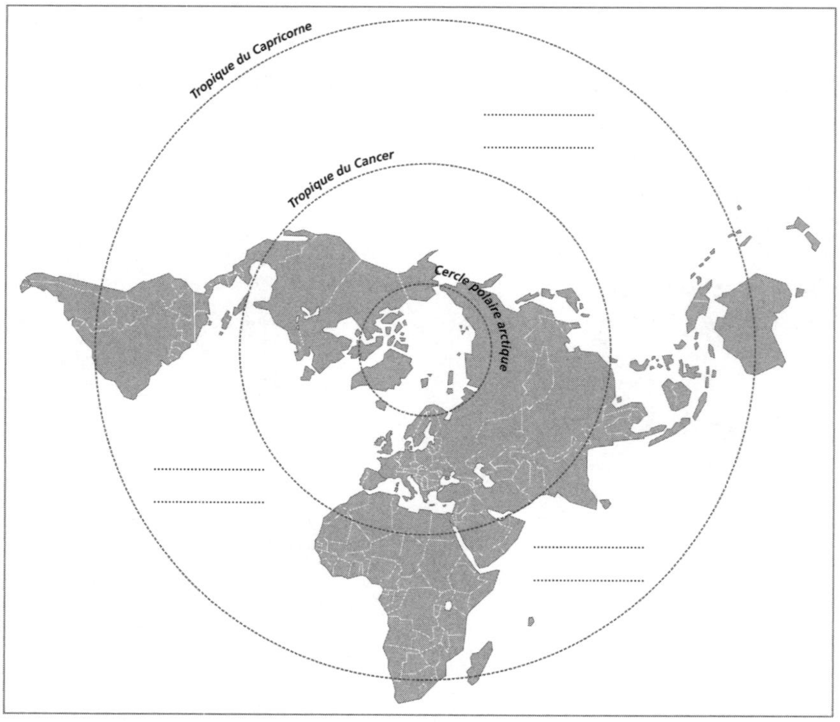

Planisphère centré sur le pôle Nord.

Document 2

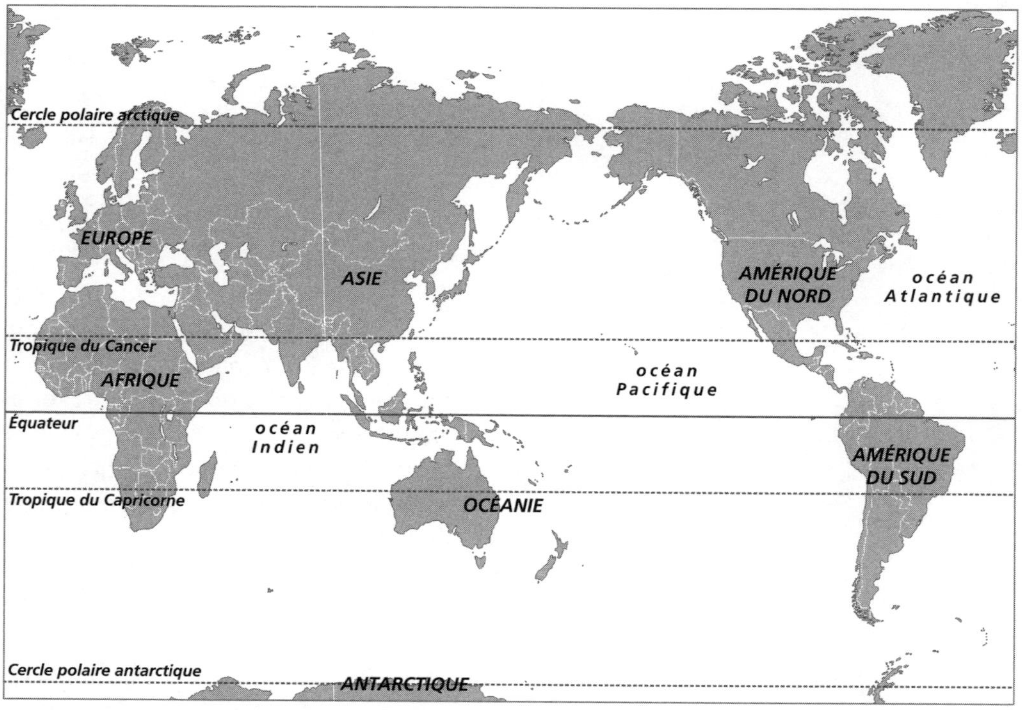

Planisphère centré sur l'Asie.

2
Fiche évaluation

Étude de planisphères

1. **a) Place sur ce planisphère le nom des continents et des océans.**

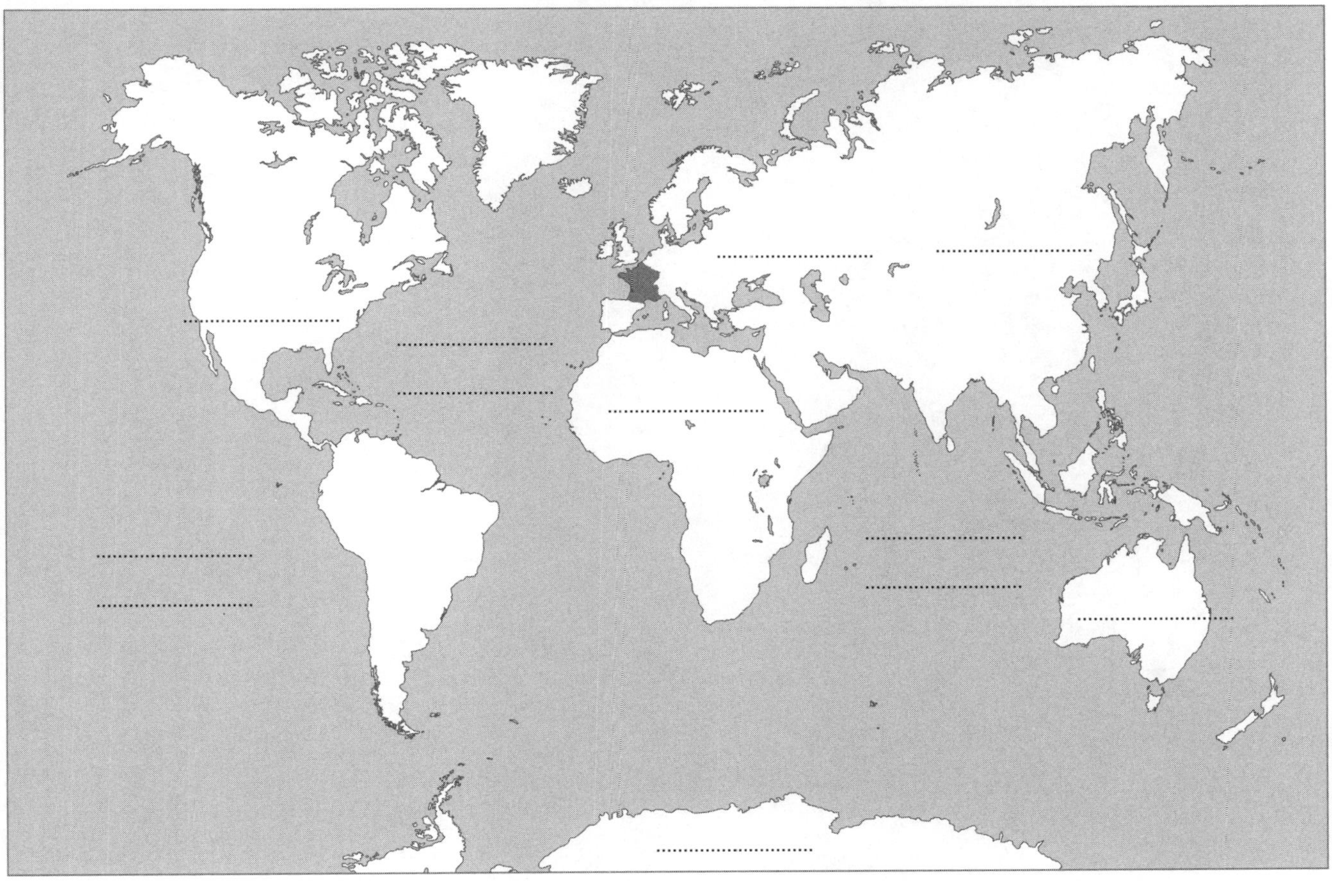

b) Donne une définition des mots « continent » et « océan ».

un continent : ....

....

....

un océan : ....

....

....

Étude de planisphères

2. Complète cet autre planisphère aux endroits indiqués.

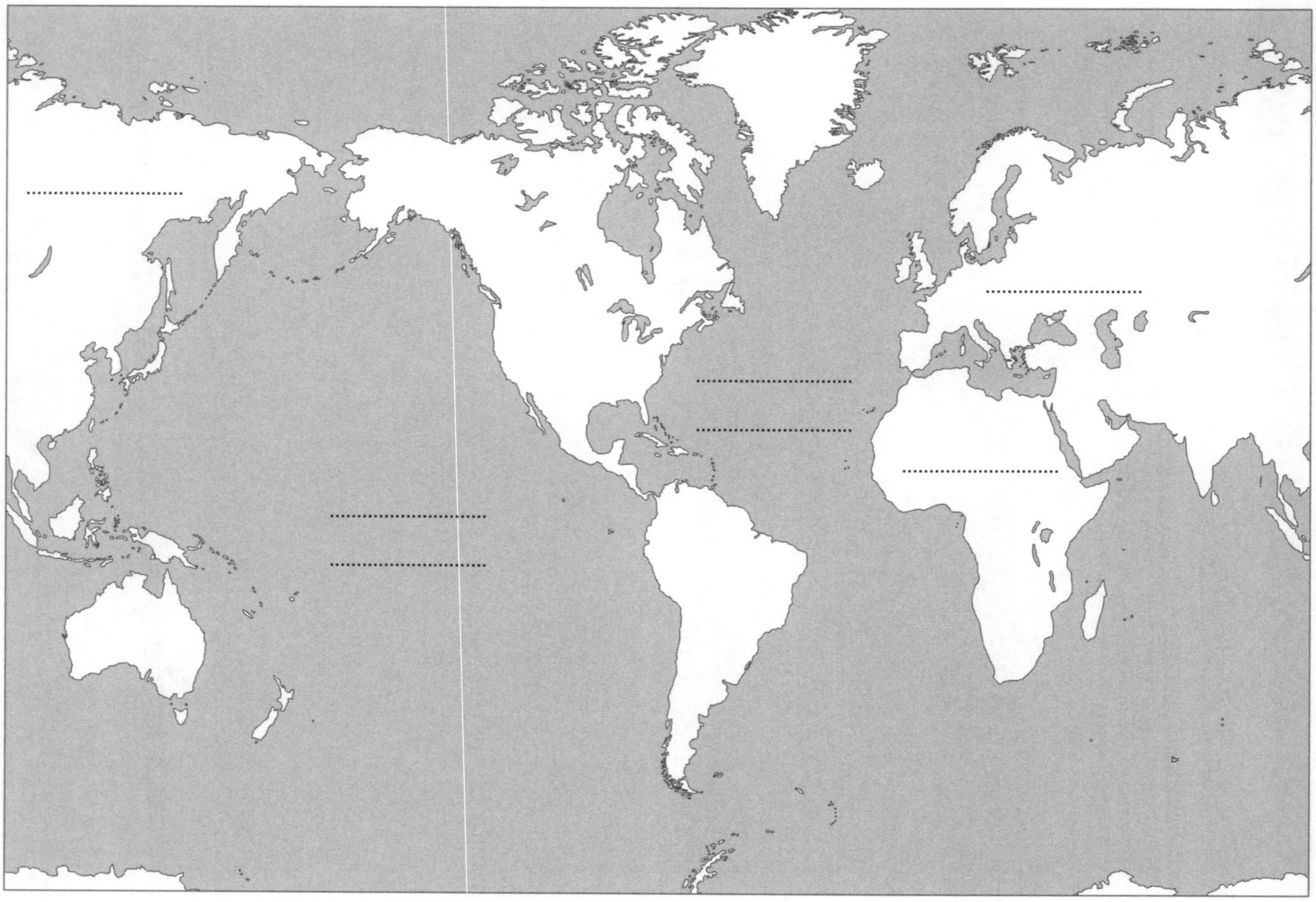

3. Quels océans bordent l'Asie ?

....

4. Quel(s) océan(s) et/ou continent(s) faut-il traverser pour se rendre d'Europe en Amérique ?

Itinéraire 1 : ....

....

Itinéraire 2 : ....

....

5. Comment s'appelle la ligne imaginaire qui sépare les deux parties de la Terre ?

....

6. Quel est le nom des deux parties de la Terre séparées par cette ligne imaginaire ?

....

Étude de planisphères

7. Trouve la localisation du point situé sur le planisphère.

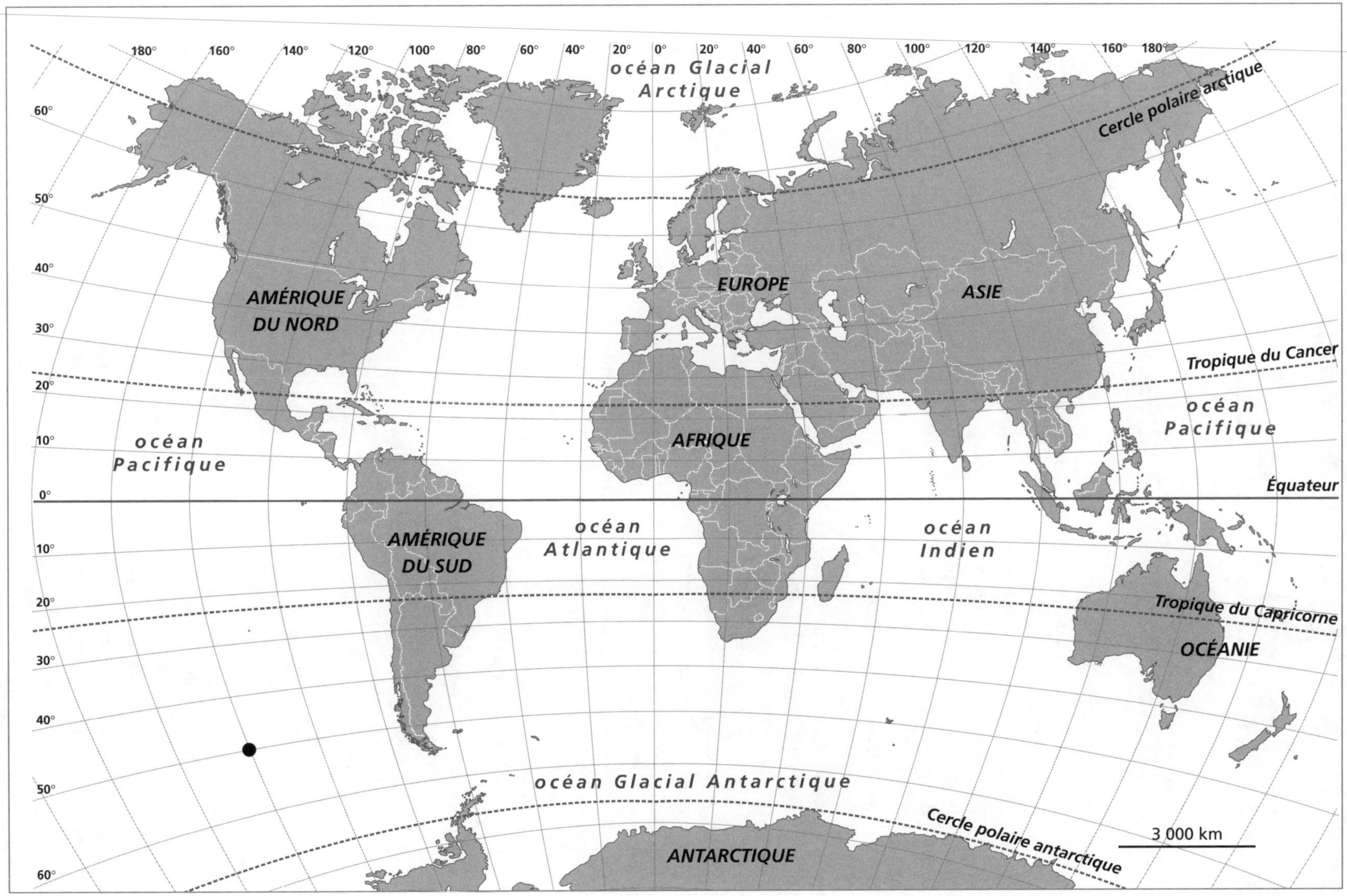

Le point se situe : ....

Des climats variés sur la planète

Informations pour l'enseignant

Au cours de cette séance, il s'agit d'observer les grands contrastes climatiques de la planète à travers des ensembles dont on étudiera les formes, les limites et la distribution.

« Le climat est l'ensemble des qualités de l'atmosphère d'un lieu sur la longue durée, dans leur manifestations fréquentes, rares ou exceptionnelles : c'est la synthèse du temps qu'il fait. [1] »

Le mot « climat » a une signification double. Il indique, d'une part, les caractéristiques climatiques d'une zone, d'une région et, d'autre part, le temps qu'il peut faire à un moment donné. Il n'est pas directement visible, contrairement à d'autres phénomènes géographiques, qu'ils soient physiques, comme un relief particulier, ou liés à l'action de l'homme (une route, une zone artisanale…). Caractériser un climat, c'est exprimer le résultat d'une accumulation de phénomènes dans la durée. Il doit être défini à partir de mesures ; il se décrit par l'étude statistique de séries archivées pendant plusieurs décennies pour les différents éléments atmosphériques : température, précipitations, vitesse et direction du vent, nébulosité, insolation, humidité, pollution ; on en fait des mesures de moyennes et d'écarts.

Les climats des lieux étant caractérisés, on constitue des ensembles : *climats zonaux* (polaire, tempéré, méditerranéen, tropical, voire subtropical et équatorial), *régionaux ou locaux* (de montagne, océanique, de mousson, d'abri…) ; voire d'après des caractères élémentaires : *climats froids, chauds, arides, secs, humides*.

Les variations climatiques : tous les climats ont trois caractéristiques

D'abord, les climats sont stationnaires sur quelques décennies, sans évolution ; c'est ce qui permet de définir des probabilités d'événement dans un avenir proche (une dizaine d'années) à partir des archives du passé récent (deux à trois décennies), sans avoir à faire d'hypothèse d'évolution.

Ceci n'est plus vrai sur des durées plus longues, et peut même être contredit localement sur une courte période : les grandes villes s'échauffent au rythme de leur croissance démographique, par exemple. Pire, on envisage, d'ici un demi-siècle, sous l'effet de la pollution atmosphérique, une hausse importante des températures qui remettrait en cause ce principe fondamental de non-évolution du climat à l'échelle de la planète.

En second lieu, les climats connaissent des rythmes saisonniers et diurnes dont l'amplitude est une caractéristique fondamentale.

Enfin, ils sont affectés d'une variabilité interannuelle aléatoire : dans une région, selon les années, l'été peut être très pluvieux ou très sec, chaud ou frais, précoce ou tardif…

Le climat et la vie humaine

Le climat peut être analysé du point de vue de la biologie humaine : climats rudes, salubres, toniques ; ou de l'agriculture : climats favorables ou défavorables.

Lexique

Acclimater : adapter au climat.

Climatique : qui a trait au climat ; on parle d'accident climatique.

La climatologie : l'étude des climats ; on distingue parfois climatologie descriptive et climatologie explicative, celle-ci mettant en relation les climats avec les bilans énergétiques et la circulation atmosphérique.

Le microclimat : le climat d'un lieu restreint, différent du climat régional.

Une oasis : lieu couvert de végétation dans un désert.

Le paléoclimat : le climat du passé.

1. *Cf.* R. Brunet, *Les Mots de la géographie : dictionnaire critique*, Documentation française, 2005.

Ainsi, à chaque zone climatique correspond une végétation naturelle déterminée par les températures et les précipitations. Une partie de la zone froide, englacée, n'a pas de végétation. Dans ses parties non glacées, c'est le domaine de la toundra, végétation composée de mousses et de lichens. La population de ces zones s'adapte aux conditions.
Dans les déserts chauds, la végétation est absente sauf dans les points d'eau. Dans la partie humide de cette zone (oasis), chaleur et humidité se conjuguent pour permettre le développement d'une végétation luxuriante.
Dans la zone intertropicale à deux saisons, on trouve une végétation de savane, formée de hautes herbes, d'arbustes et de quelques arbres. Desséchée en saison sèche, elle reverdit en saison humide.
Enfin, les milieux tempérés offrent une grande variété de végétation, depuis la taïga (forêt de conifères et de bouleaux supportant des hivers très froids) jusqu'aux zones de forêts de feuillus supportant des hivers plus doux. Ces zones sont très favorables à l'agriculture.
Lorsqu'il parle de « climats », le géographe fait appel aux diagrammes ombrothermiques. Ce document graphique permet de visualiser sur une année, mois par mois, la hauteur des précipitations (neige et pluie), donnée en millimètres, et la courbe des températures.

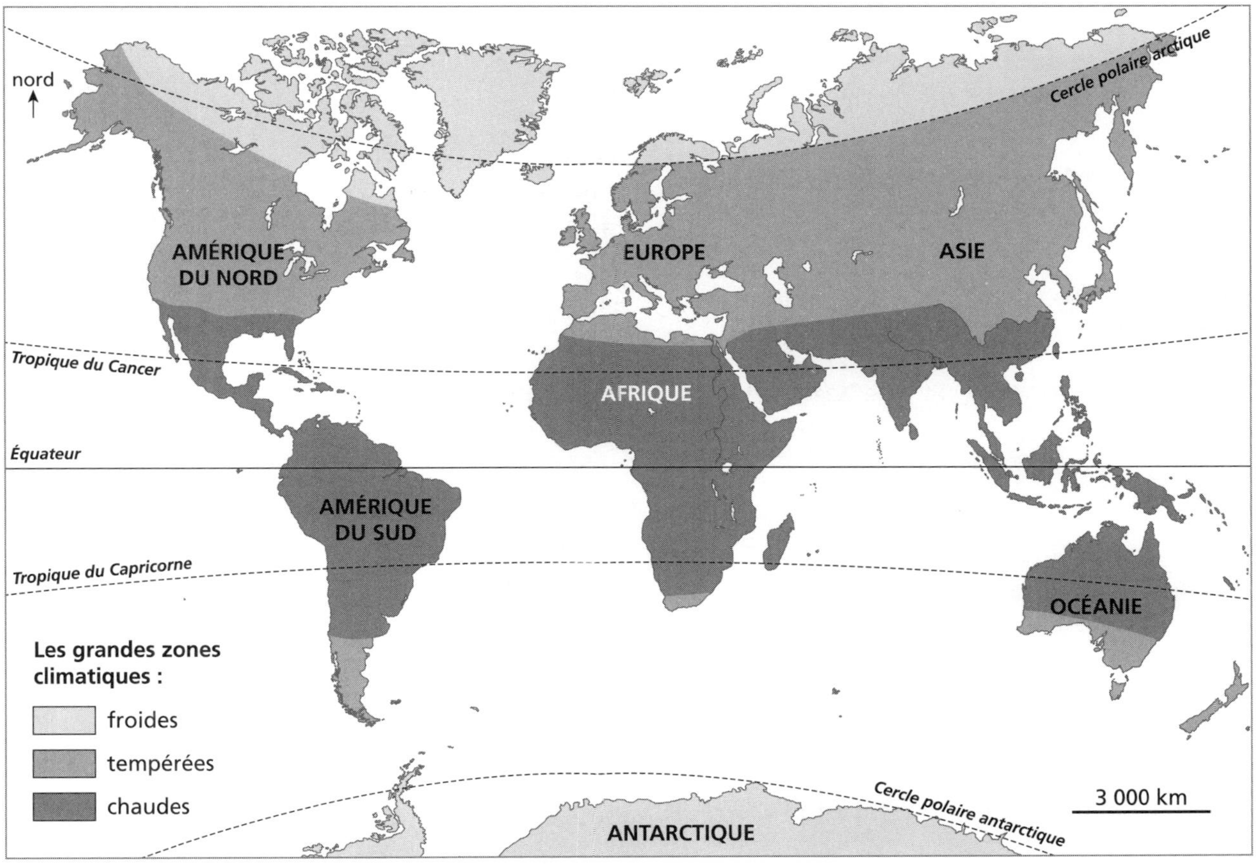

Les grandes zones climatiques dans le monde.

Compétences disciplinaires
- Définir les trois grands types de climats à la surface de la Terre.
- Localiser ces grands ensembles climatiques sur le planisphère.

Compétences méthodologiques
- Repérer sur des paysages variés des indices permettant d'identifier le climat (établir une relation climat / végétation).
- Réaliser un planisphère où apparaissent les types de climats de la planète.
- Lire et comprendre un document spécifique au climat : le diagramme ombrothermique.

Problématique
Peut-on partir en voyage sur l'ensemble de la planète avec une valise remplie de vêtements identiques tout au long de l'année ?

Lexique
Saison, climat froid, climat chaud, climat tempéré, précipitation, diagramme.

Durée de la séance : 60 minutes.

Matériel
doc. 1 Deux bulletins météo de la France (février et août).
doc. 2 Un diagramme ombrothermique de Bordeaux.
doc. 3 Une photographie du Cap et un diagramme ombrothermique du Cap.
doc. 4 Une photographie de Kuala Lumpur et un diagramme ombrothermique de Kuala Lumpur.
doc. 5 Une photographie de Bamako et un diagramme ombrothermique de Bamako.
doc. 6 Une photographie de Kerguelen et un diagramme ombrothermique de Kerguelen.
doc. 7 Une photographie d'Anchorage et un diagramme ombrothermique d'Anchorage.
doc. 8 Un planisphère.
doc. 9 Un planisphère avec la limite des zones climatiques.
Un planisphère mural.

Étape 1

Observer un bulletin météo et s'interroger

Matériel
Les deux bulletins météo de la France (doc. 1 à photocopier).

Organisation de la classe
Travail collectif.

L'enseignant propose aux élèves d'observer les deux bulletins météo distribués. Ils les interroge :
- De quoi s'agit-il ? Quelles sont les informations que l'on peut lire sur ces deux documents ?
- Qu'ont-ils en commun ? Qu'ont-ils de différents ?
- Qui est intéressé par ce genre d'informations et pourquoi ?

L'enseignant fait lire la légende qui permet d'identifier l'icône du soleil, des nuages, de la pluie ainsi que le chiffre désignant les températures. Les élèves répondent ensuite oralement.

Résultats attendus
Il s'agit de cartes météo pour la France, que l'on peut trouver dans les journaux ou voir à la télévision. Sur une carte, il s'agit du temps en février, les températures ne sont pas très élevées. Sur l'autre, il s'agit du temps en août ; les températures sont plus élevées.
Il est intéressant de connaître les températures pour savoir comment s'habiller, par exemple.

Notion à communiquer aux élèves

En France, le temps varie dans l'année : en hiver (décembre, janvier, février, mars), il fait froid ; en été (juin, juillet, août, septembre), les températures sont élevées.
Les températures sont l'une des caractéristiques du temps.
Chaque année, on retrouve toujours le même temps. On parle alors de climat. ■

L'enseignant propose alors aux élèves de répondre à la question suivante :
- Est-ce que vous connaissez d'autres documents qui parlent du temps ?

Étape 2

Observer et comprendre un autre document géographique lié au climat : le diagramme ombrothermique

Matériel
Le diagramme ombrothermique de Bordeaux (doc. 2 à photocopier).

Organisation de la classe
Travail collectif.

La classe étudie collectivement le diagramme et répond aux questions de l'enseignant :

- Que nous indique ce document ? Quelles sont les informations qu'on peut y lire ?
- Finalement, de quoi s'agit-il ?

Remarque : afin que chacun puisse s'approprier le document, l'enseignant peut aussi poser des questions comme : « Quel est le mois le plus chaud ? Le plus froid ? »...

Résultats attendus
Grâce au questionnement de l'enseignant, les élèves retiennent les éléments suivants :

- sur une ligne horizontale sont rangés les mois de l'année dans l'ordre chronologique ;
- sur une ligne verticale, on lit (en mm) la hauteur d'eau tombée pour chaque mois (plus la colonne est haute, plus il a plu ou neigé) ;
- sur une autre ligne verticale, on lit (en degré Celsius) les températures relevées pour chaque mois.

Il s'agit d'un diagramme ombrothermique.

Notion à communiquer aux élèves

Le graphique retrace le temps qu'il a fait pendant toute l'année à un endroit en indiquant les températures et les précipitations relevées.
Une précipitation est l'eau qui tombe au sol sous la forme de pluie ou de neige. ■

Étape 3

Émettre des hypothèses sur le climat de l'ensemble de la Terre

Matériel
Une affiche sur laquelle seront notées les hypothèses des élèves.

Organisation de la classe
Travail collectif.

L'enseignant propose aux élèves de répondre à la question suivante :

- D'après vous, est-ce que sur l'ensemble de la Terre, le climat ressemble à celui que l'on trouve en France ?

Les élèves donnent leur opinion et l'enseignant note sur l'affiche les hypothèses énoncées.

Résultat attendu
Les réponses sont variées : certains vont affirmer que l'hiver et l'été sont présents partout ; d'autres vont évoquer une seule saison... La lecture de l'affiche va dégager des incertitudes.

Étape 4

Lire, observer, interpréter et rédiger une carte d'identité climatique d'un lieu

Matériel

- La photographie et le graphique ombrothermique de cinq lieux : Le Cap, Kuala Lumpur, Bamako, Kerguelen et Anchorage (doc. 3 à 7, cahier couleur pp. 3-4, un lieu par groupe d'élèves).
- Le planisphère (doc. 8 à photocopier).

Organisation de la classe
La classe est partagée en cinq groupes.

- Imaginez : vous travaillez dans une agence de tourisme et vous organisez des voyages un peu partout sur la planète. Pour informer les futurs touristes sur le type de vêtements à emporter dans leurs bagages, vous réalisez une enquête sur le climat qu'il fait tout au long de l'année en un lieu de voyage.
  Votre travail sera terminé quand votre groupe pourra présenter à l'ensemble de la classe le type de vêtements à emporter pour janvier et pour juillet.

Durée de la recherche : 20 minutes.

Questionnaire à afficher au tableau pour guider les élèves dans leur recherche :

1. Avec ton planisphère, cherche sur quel continent est situé le lieu sur lequel tu travailles.
2. Indique, en observant la photographie, des renseignements sur le climat en ce lieu.
3. Note la liste des vêtements à emporter pour juillet.
4. Note la liste des vêtements à emporter pour janvier.
5. Argumente tes réponses.

Étape 5

Présenter son travail et conclure

Matériel

- Un planisphère mural sur lequel l'enseignant a localisé les cinq lieux étudiés.
- Trois lots de deux gommettes de couleur (jaune, vert, bleu).

Organisation de la classe
Un porte-parole par groupe.

Chaque porte-parole présente le travail effectué par son groupe. L'enseignant note sur un tableau de synthèse les informations données.

Résultat attendu

Villes	Continent	Particularité du climat	Dans les valises	
			en janvier	en juillet
Bordeaux	Europe	chaud l'été ; plus froid l'hiver	Vêtements chauds	Vêtements légers
Le Cap	Afrique	chaud l'été ; plus froid l'hiver	Vêtements chauds	Vêtements légers
Kuala Lumpur	Asie	chaud et humide toute l'année	Vêtements légers	Vêtements légers
Bamako	Afrique	chaud et humide toute l'année	Vêtements légers	Vêtements légers
Kerguelen	Océanie	très froid l'hiver ; été frais	Vêtements chauds	Vêtements chauds
Anchorage	Amérique	très froid l'hiver ; été frais	Vêtements chauds	Vêtements chauds

L'enseignant propose une réflexion collective :

▸ Compte tenu de ces résultats, peut-on regrouper des lieux du point de vue de leur climat ?

Réponse attendue

On peut regrouper Le Cap et Bordeaux ; Kuala Lumpur et Bamako ; Kerguelen et Anchorage.

Pour chaque groupe ainsi constitué, l'enseignant propose de coller une gommette de même couleur sur le planisphère affiché au tableau.

▸ Que constatons-nous ?

Résultat attendu

Trois zones climatiques apparaissent : une zone de climat très froid en direction des deux pôles ; une zone de climat chaud autour de l'équateur ; et une zone, entre les deux, où le climat est plus tempéré.

Étape 6

Synthétiser

Matériel

Un planisphère avec les limites des zones climatiques (doc. 9 à photocopier).

Organisation de la classe

Travail individuel, puis en grands groupes.

L'enseignant demande aux élèves de repérer les trois zones climatiques et de les colorier. La légende est complétée.

La classe est répartie en trois groupes qui réfléchissent chacun sur un type de climat.

Chacun dispose ensuite de cinq minutes pour élaborer un texte court qui définisse les critères du type climatique.

Ce que nous avons appris

Il existe trois grands types de climats sur la Terre : les climats très froids, les climats tempérés et les climats chauds.
On retrouve chacun de ces trois types sur les deux hémisphères.
Des climats très froids se situent autour des pôles et se caractérisent par des températures très froides l'hiver et fraîches l'été.
Des climats très chauds se répartissent autour de l'équateur et se caractérisent par des températures chaudes tout au long de l'année.
Entre ces deux zones, se situe la zone tempérée marquée par des saisons, c'est-à-dire des moments dans l'année où le temps est très différent.
On remarque que, pour la zone tempérée, les saisons sont inversées d'un hémisphère à l'autre.

On colle dans le cahier le planisphère sur la répartition des zones climatiques.

Évaluation

Compétences évaluées

- Localiser les trois grands types de climat sur le planisphère.
- Identifier les caractéristiques des différents types de climat.
- Construire une légende.

Corrigé

1. On doit retrouver les trois zones climatiques identifiées sur le document 9.

2 et 3. De gauche à droite :
A. Inuits sur la banquise.
C. Le printemps est arrivé.
D. Touareg dans le désert de sable.
B. Pêche dans la forêt équatoriale.

3 Fiche documents

Des climats variés sur la planète

Document 1

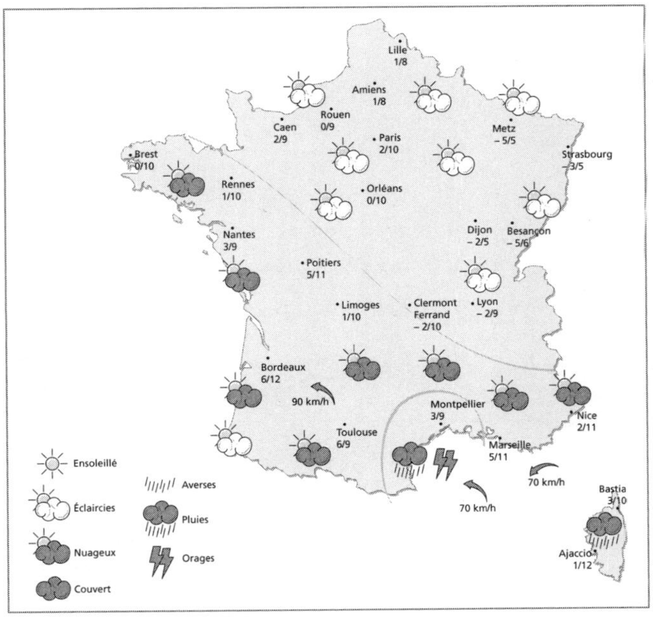

Prévisions météo pour le 7 février 2007.

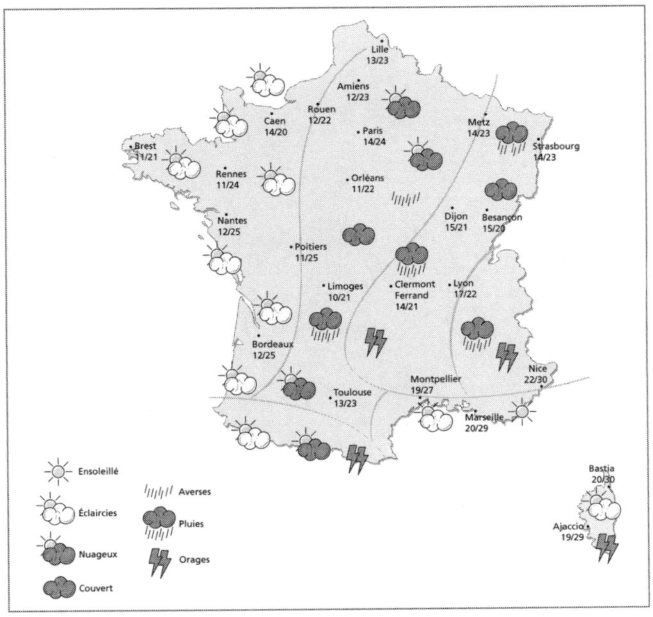

Prévisions météo pour le 2 août 2007.

Document 2

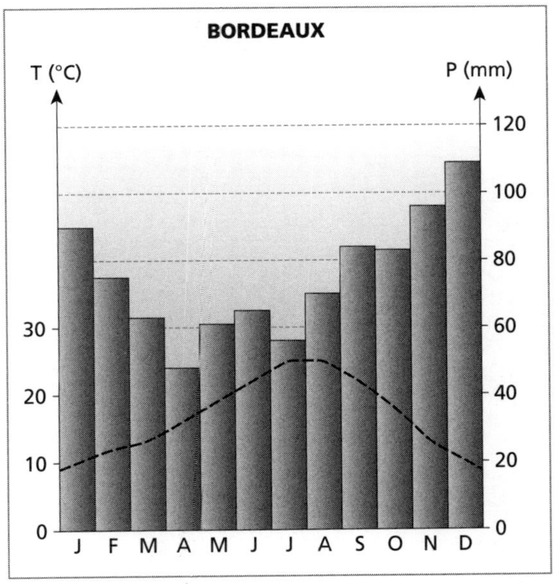

Diagramme ombrothermique de la ville de Bordeaux (France).

3
Fiche documents

Des climats variés sur la planète

Document 8

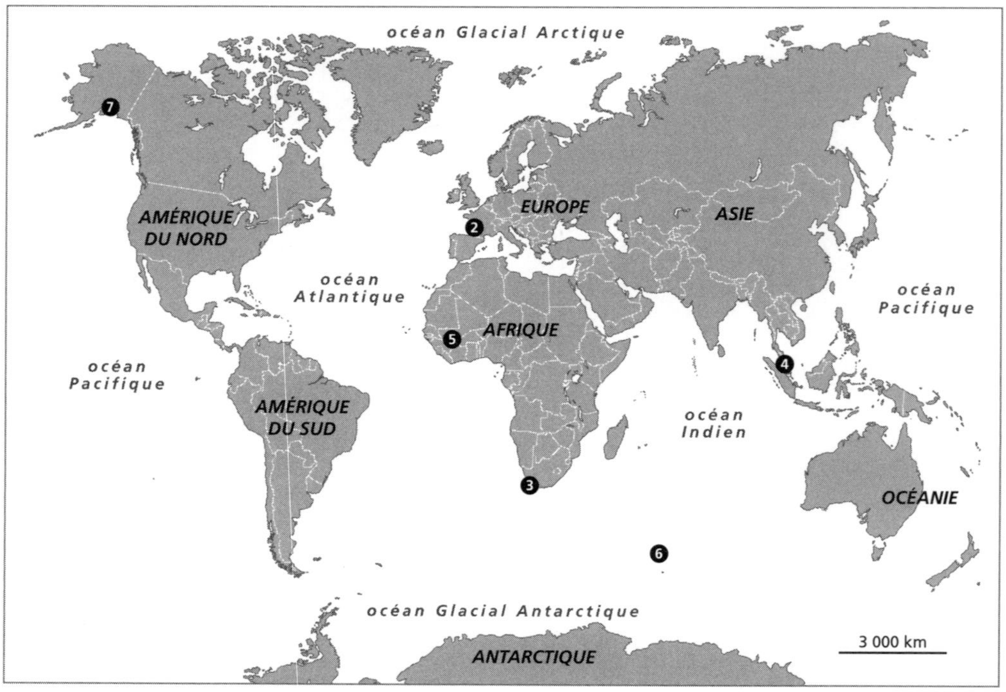

Localisation des lieux photographiés.

3
Fiche documents

Des climats variés sur la planète

Document 8

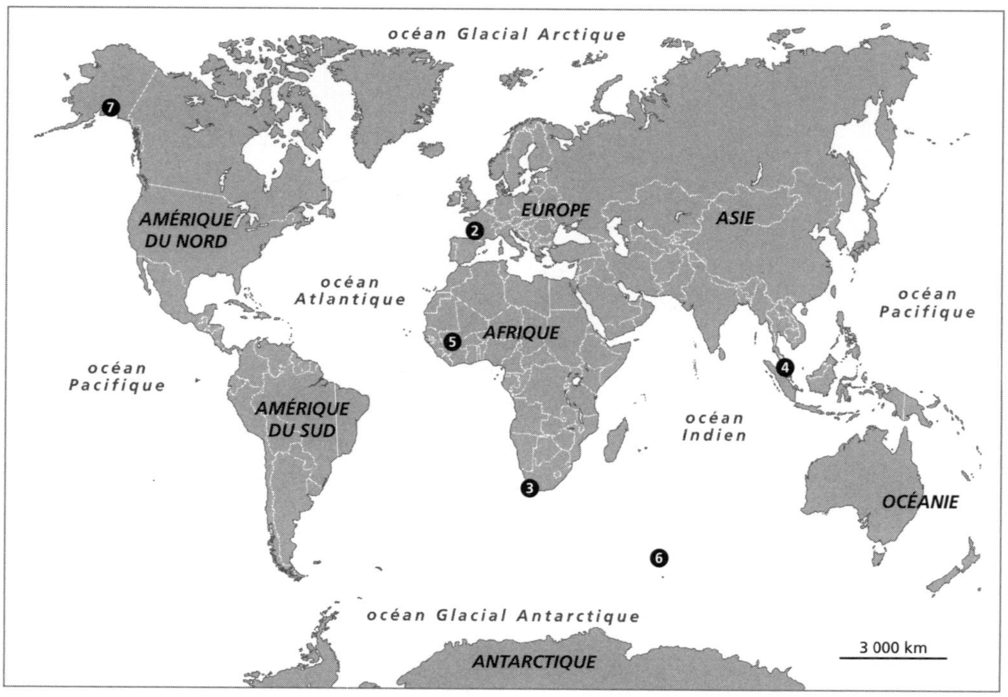

Localisation des lieux photographiés.

Des climats variés sur la planète

Document 9

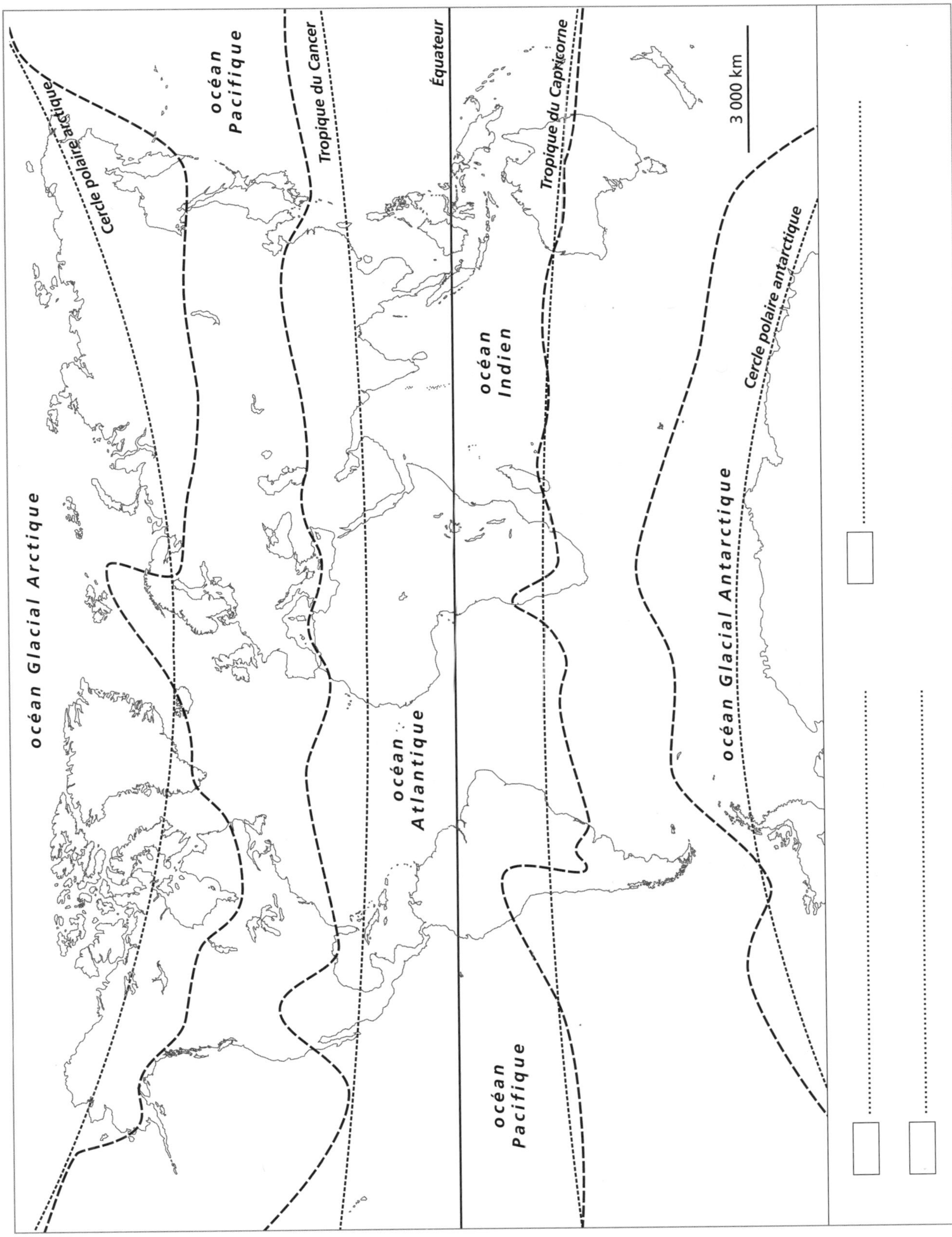

Les zones climatiques.

3
Fiche évaluation

Des climats variés sur la planète

1. Retrouve et colorie sur le planisphère les grandes zones climatiques que tu connais.

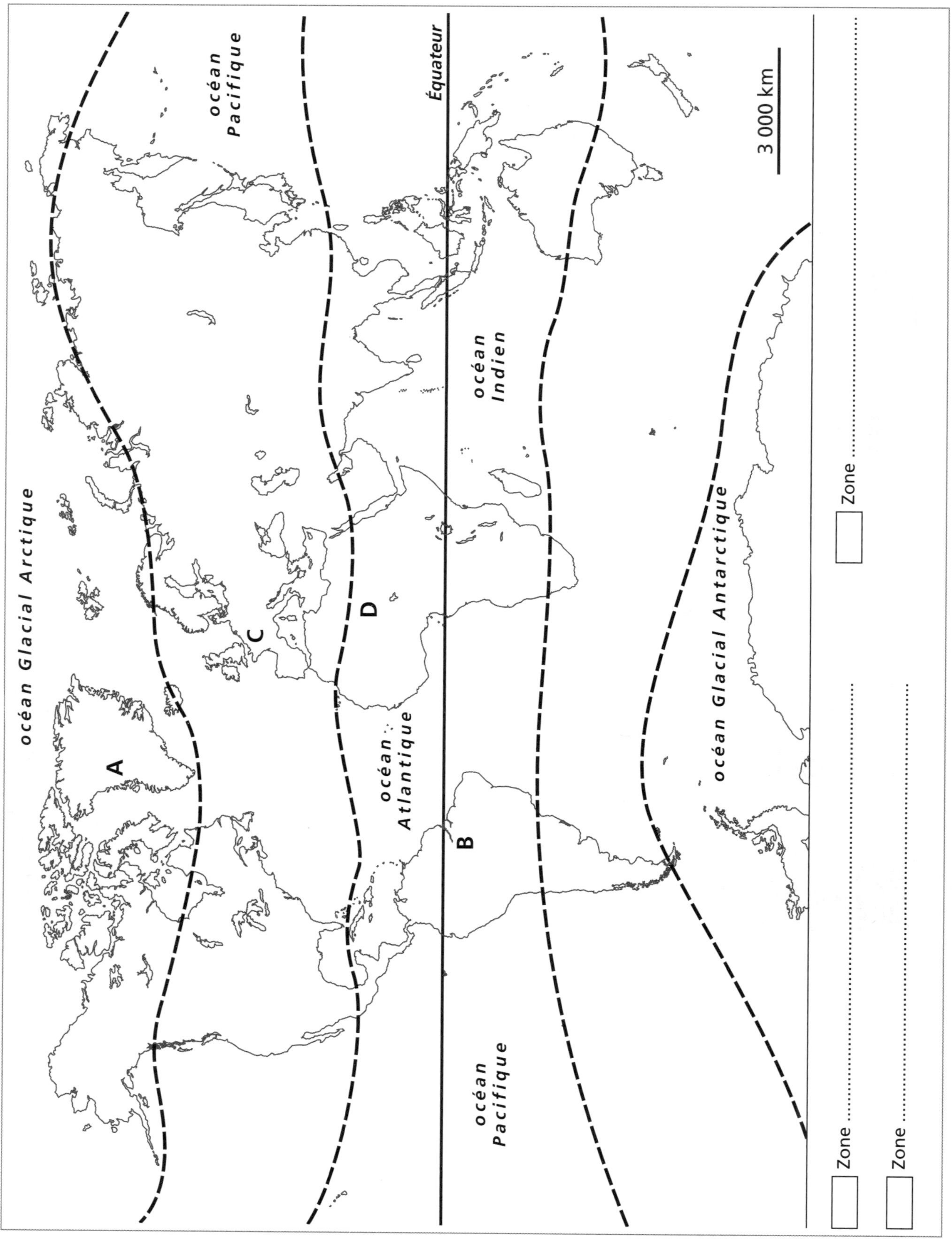

Des climats variés sur la planète

2. Voici quatre photographies. Écris sous chacune d'elles la légende qui te paraît le mieux convenir :

Le printemps est arrivé.

Touareg dans le désert de sable.

Inuits sur la banquise.

Pêche dans la forêt équatoriale.

© Widstrand S. / Corbis

....

© Morand-Grahame / Hoa-Qui

....

© Mattes R. / Explorer / Hoa-Qui

....

© Dubois J.-L. / Explorer / Hoa-Qui

....

3. Devant chaque légende que tu viens de copier, place la lettre qui correspond à sa localisation sur le planisphère (A, B, C ou D).

4

La répartition de la population mondiale : des vides et des pleins

Informations pour l'enseignant

L'objectif de l'enseignant est de faire prendre conscience aux élèves du fait que la plus grande partie de la population mondiale se concentre sur une faible surface et que les parties vides d'hommes sont majoritaires. On peut tenter ensuite d'en expliquer les causes.

La population à la surface de la Terre

En 2007, la Terre compte environ six milliards et demi d'hommes (6 625 millions [1] d'habitants dont 70 % vivent sur 12 % de la surface des continents). 90 hommes sur 100 vivent dans l'hémisphère Nord. À la surface des continents, il apparaît que la population se masse sur les espaces périphériques : près des côtes et à moins de 500 m d'altitude.

Les grands foyers de peuplement rassemblent 3/5e des hommes sur 1/10e des terres.

- C'est l'Asie (surtout l'Asie du Sud-Est et du Sud) qui arrive en tête des continents avec 60 % de la population mondiale.
  Dans ces espaces fortement peuplés, la densité peut atteindre 800 habitants /km^2 (Inde, Java). La population est concentrée dans de grandes agglomérations : plaines et deltas en Asie du Sud-Est, Inde, îles comme le Japon, les Philippines. Elle est très dense dans les campagnes. L'Asie du Sud-Est est une véritable fourmilière humaine. Au Bangladesh, la densité peut atteindre 1 087 habitants /km^2.
- C'est ensuite l'Europe où la densité de population atteint 112 habitants/km^2. Le réseau urbain est très dense à l'ouest avec l'arc de la moyenne Europe qui s'étend de l'Angleterre à la plaine du Pô en Italie.
- On observe d'autres foyers de peuplement plus dispersés : ce sont les zones côtières du nord-est des États-Unis (région de New York), le centre-est de l'Amérique centrale, quelques zones de la côte est de l'Amérique du Sud (São Paulo-Rio de Janeiro ; Buenos Aires), le Proche et le Moyen-Orient avec de fortes densités dans la basse vallée du Nil en Égypte, le golfe de Guinée avec le Nigeria en Afrique.

De vastes espaces sont pratiquement vides où la densité est souvent inférieure à 20 habitants au km^2. Ce sont les régions voisines des pôles, le centre et le nord de l'Asie, le cœur de l'Afrique et l'Amérique du Sud, le Canada.

Des facteurs divers interviennent pour expliquer la répartition de la population mondiale

Des facteurs physiques

- Le climat : les zones polaires glacées, pratiquement désertiques, sont soumises à des conditions climatiques très rudes (Groenland, Sibérie, Nord du Canada, Antarctique). La permanence du gel y exclut l'agriculture.
- Le relief : il a moins d'influence que le climat sauf si les montagnes sont importantes ou les plateaux très élevés.

Lexique

L'émigration (un émigré) : le départ d'une population qui part s'installer dans un autre pays.
L'immigration (un immigré) : l'arrivée de population qui vient s'installer dans un pays.
Une migration : le déplacement d'une population d'un pays à l'autre.
La répartition de la population : le partage des hommes à la surface des continents.

1. Source : INSEE, revue *Population et Société*, juillet-août 2007.

- L'altitude : à moins de 500 m d'altitude, les terres sont faciles à cultiver, elles sont fertiles, irrigables, proches des côtes. Les cours d'eau sont navigables. Mais cela varie en fonction des continents et des pays. Le volume des reliefs, la nature des terrains, les formes topographiques exercent également une action (vallées, plaines, bas plateaux).
- La distance par rapport à la mer intervient pour les zones désertiques chaudes (Sahara, déserts en Australie, Gobi) ou tempérées (sauf s'il y a irrigation).
- La présence d'une végétation importante comme dans les zones de forêt dense explique la faible densité de population des cuvettes amazonienne et congolaise proches de l'Équateur.

Les facteurs historiques et économiques

Il faut en particulier tenir compte :

- de la longue tradition d'occupation de l'espace agricole (par exemple : les anciennes civilisations rurales du riz) ;
- de l'irrigation dans les deltas et les vallées du Moyen-Orient, de l'Afrique du Nord ;
- du rôle de l'industrialisation (bassins houillers en Europe) ;
- de la mécanisation qui nécessite de grands espaces (grandes plaines en Amérique du Nord).

Il n'est pas question d'étudier les facteurs de répartition de la population mondiale dans le détail au cycle 3. Cependant, l'enseignant doit pouvoir répondre aux questions que les élèves pourront lui poser.

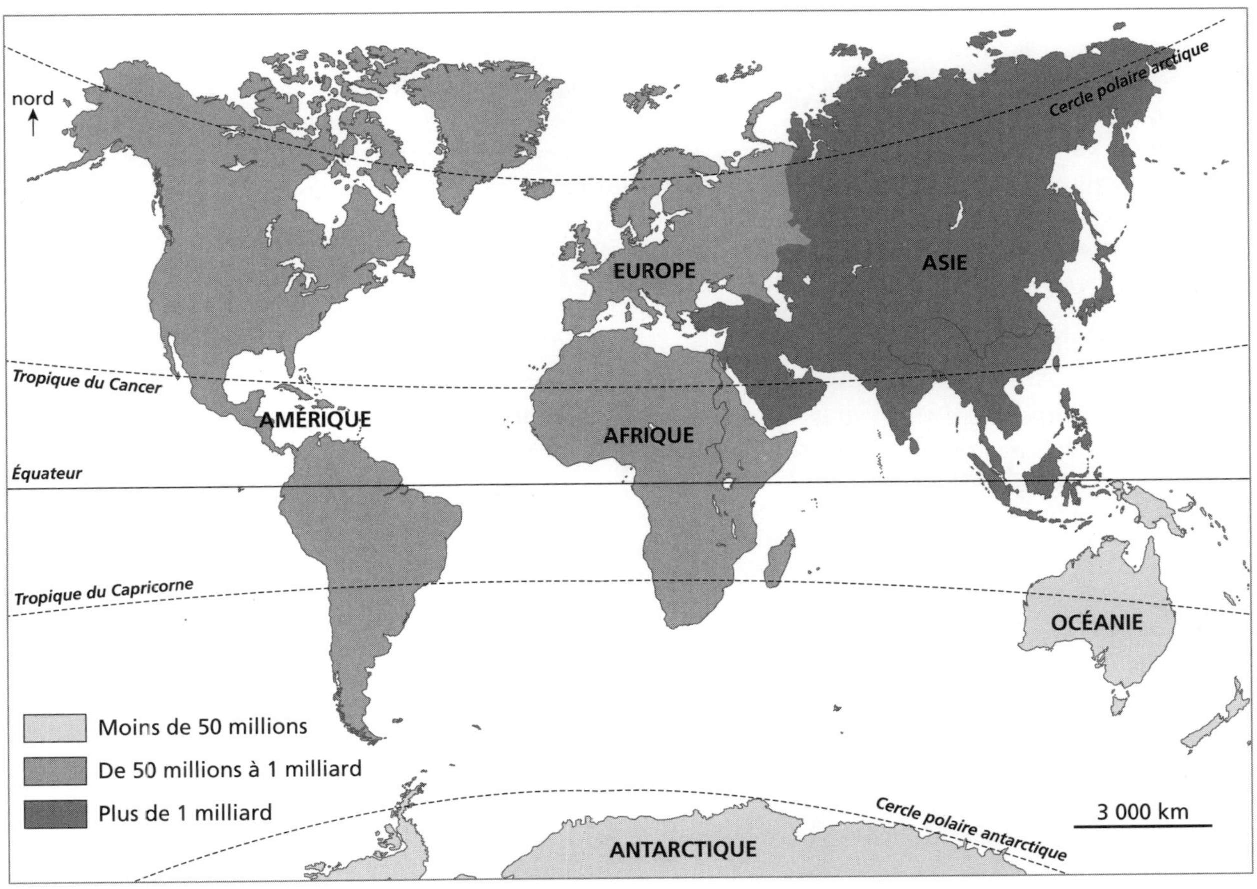

Population mondiale par continent en 2008 (en nombre d'habitants).

Compétence disciplinaire

- Découvrir et comprendre l'inégalité de la répartition des hommes dans le monde.

Compétences méthodologiques

- Localiser les grands ensembles humains sur le planisphère.
- Utiliser les repères étudiés pour les situer à la surface du globe.
- Mettre en relation deux cartes entre elles.
- Comprendre un texte.

Problématique

La Terre est-elle également peuplée ?

Lexique

Répartition de la population, émigration (émigré), immigration (immigré), migration.

Durée de la séance : 60 minutes.

Matériel

Poster 3 Une image satellite de la terre la nuit.
doc. 1 Un planisphère vierge.
doc. 2 Un tableau statistique de la population mondiale.
doc. 3 Un texte : « Le Limousin, nouvelle frontière des Britanniques ».
Un planisphère mural.
Un atlas.

Étape 1

Lire et comparer des cartes

Matériel

- Une image satellite de la planète la nuit (poster 3).
- Atlas : une carte de relief du monde.
- Le planisphère vierge (doc. 1 à photocopier)

Organisation de la classe

Travail collectif puis individuel.

L'enseignant donne la problèmatique suivante :

▸ Comment prendre conscience de l'occupation humaine sur la Terre ?

Il présente à la classe l'image satellite de la planète, la nuit.
Dans un premier temps, il ne fait aucun commentaire et laisse les élèves observer le poster affiché au tableau. Puis, il interroge :

▸ Quelle est la nature de ce document ? *Une image satellite.*

Notion à communiquer aux élèves

Une image satellite est une image de la Terre, ou d'une de ses parties, composée à partir des informations données par les satellites envoyés dans l'espace par les scientifiques. ■

▸ En quoi présente-t-il un intérêt pour travailler sur la population du globe ? *Il permet de voir où sont les villes et les villages éclairés la nuit, donc les zones de concentration des hommes.*

Chaque élève dispose d'un planisphère individuel vierge (document 1).
L'enseignant donne la consigne de l'exercice : les élèves doivent repérer les zones éclairées sur le planisphère du poster, les entourer sur leur carte. Ils recherchent ensuite le nom de ces régions sur l'atlas et les écrivent. Le maître aide au repérage sur la carte.

L'enseignant fait la mise en commun au tableau : les élèves indiquent le nom des zones lumineuses, donc peuplées, qu'ils ont localisées sur leur carte.

Le maître les écrit dans une colonne. Dans une autre colonne, il peut lister les régions peu peuplées ou vides, celles qui restent noires sur la carte satellite.

Carte attendue

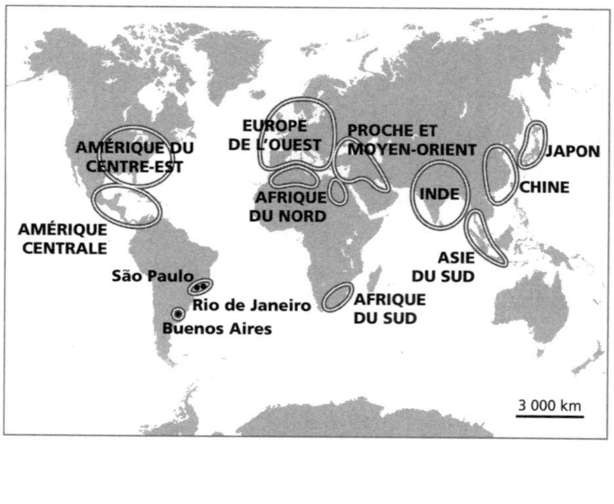

Étape 2

Travailler sur des statistiques

Matériel
Le tableau de statistiques de la population mondiale (doc. 2 à photocopier).

Organisation de la classe
Travail collectif.

L'enseignant pose la problématique suivante :
- Les résultats des observations des photographies et des cartes correspondent-ils aux statistiques récentes concernant la population ?

Il distribue aux élèves le tableau de statistiques de la population mondiale et commente les données avec les élèves :
- Quel est le continent le plus peuplé ? *L'Asie.* Le moins peuplé ? *L'Océanie.*

Il leur demande, en se reportant au planisphère ou à l'atlas, d'expliquer ce dernier résultat. *L'Océanie est composée d'un ensemble d'îles disséminées dans l'hémisphère Sud.*

L'enseignant fait alors remarquer que les disparités observées à l'intérieur d'un même continent ne sont pas lisibles sur ce tableau. Il faudrait examiner un tableau qui présente les statistiques pour les pays composant les continents.
- Comment représenter ces données chiffrées de façon plus lisible ?

Remarque : les élèves, qui ont déjà travaillé sur différents graphiques, en mathématiques particulièrement, évoquent souvent des « lignes » de différentes longueurs. Le maître pourra proposer de découper des bandes de papier de couleurs différentes qui seront collées les unes à côté des autres de façon à permettre une comparaison aisée.
Le problème se pose alors de trouver une échelle de représentation. Un parallèle peut être fait avec les cartes IGN. On peut choisir avec les élèves de trouver une échelle du type 1 cm = 100 millions d'habitants. Les chiffres seront arrondis pour faciliter les calculs.
Le tableau de calcul peut être réalisé en mathématiques.

Résultat attendu

Continent	Chiffre réel	Chiffre arrondi	Longueur de la bande (1 cm = 100 millions d'habitants)
Océanie	34	35	3,5 mm
Europe	733	730	7 cm et 3 mm
Asie	4010	4000	40 cm
Amérique	904	900	9 cm
Afrique	944	950	9,5 cm

Collage attendu

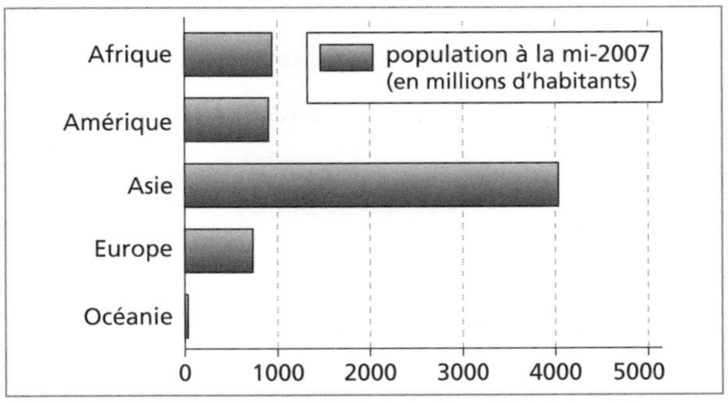

L'analyse du tableau statistique montre bien l'existence d'un foyer de peuplement important en Asie et la faible concentration de population en Océanie. La carte permet de mieux identifier les zones de répartition de la population sur les autres continents.

Étape 3

Expliquer la répartition de la population à travers un exemple en France

Matériel
- Un texte : « Le Limousin, nouvelle frontière des Britanniques » (doc. 3 à photocopier).

Organisation de la classe
Travail collectif.

L'enseignant annonce la problématique suivante :
- Quelles raisons peuvent expliquer la répartition de population ?

Il demande aux élèves de lire le texte, puis il pose les questions suivantes :
- Quelle est la nature de ce texte ? *Un article extrait du journal* Le Monde.
- Quel est le titre de cet article de presse ? *« Le Limousin, nouvelle frontière des Britanniques ».*
- Quelle est sa signification ? *Les Britanniques s'installent en Limousin.*
- Où se trouve le Limousin ? *En France ; c'est une région située au centre de l'hexagone.*
- Quelles sont les deux villes mentionnées dans le texte ? *Liverpool et Limoges.*
- Dans quel pays se trouve Liverpool ? *En Angleterre.*
- Et Limoges ? *En France ; c'est la capitale du Limousin.*

Les élèves recherchent la région Limousin et les villes sur un atlas.
- Quelles sont les professions que ces personnes ont choisies ? *Les Britanniques qui s'installent dans le Limousin sont agriculteurs, brocanteurs, restaurateurs, salariés de l'industrie.*
- Surligne le mot utilisé dans le texte qui signifie « personnes qui se déplacent pour travailler ». *Migrants.*

▸ Quelle est la conséquence de l'arrivée des Britanniques dans la région Limousin ? *Cette migration ralentit le dépeuplement de la région et lui donne une nouvelle vie.*

Notion à communiquer aux élèves

L'enseignant explique alors que le fait de quitter son pays d'origine pour s'établir dans un autre pays s'appelle *l'émigration*. Les Britanniques dont il est question dans le texte sont *des émigrés*. Mais lorsqu'ils arrivent en France où ils s'installent, ce sont *des immigrés* qui viennent de l'étranger (d'où le terme d'*immigration*).
Les déplacements de population d'un pays à l'autre sont *des migrations*. ■

L'enseignant indique ensuite que la recherche de conditions de vie agréables n'est qu'un exemple des raisons motivant les personnes à migrer ; d'autres raisons interviennent dans la répartition des hommes comme les causes naturelles (climat, eau, surfaces cultivables, conditions de vie), l'histoire des peuples… (Se reporter aux « Informations pour l'enseignant ».)

Étape 4

Trace écrite

Elle comporte trois parties :

1) **La carte et un résumé** élaborés en commun à partir des observations des documents des étapes 1 et 2.

La répartition de la population dans le monde est très inégale.
Les zones peuplées sont situées surtout dans l'hémisphère Nord, près des côtes et le long des fleuves. Les régions vides comme les déserts sont nombreuses, elles s'étendent entre les tropiques et dans les régions polaires.

2) **Les définitions** des mots et expressions « répartition de la population », « émigration », « immigration », « migration » notées en étape 3.

3) **Quelques raisons des migrations** des hommes à travers le monde relevées en étape 3.

Évaluation

Compétences évaluées

- Mémoriser des éléments de la répartition de la population dans le monde.
- Cartographier des éléments de cette répartition.
- Construire un graphique.
- Utiliser une définition à bon escient.

Corrigé

1. Exemple de réponse : les pôles, le Canada.
2. A = l'est des États-Unis ; B = l'Europe de l'Ouest ; C = l'Inde.
3.

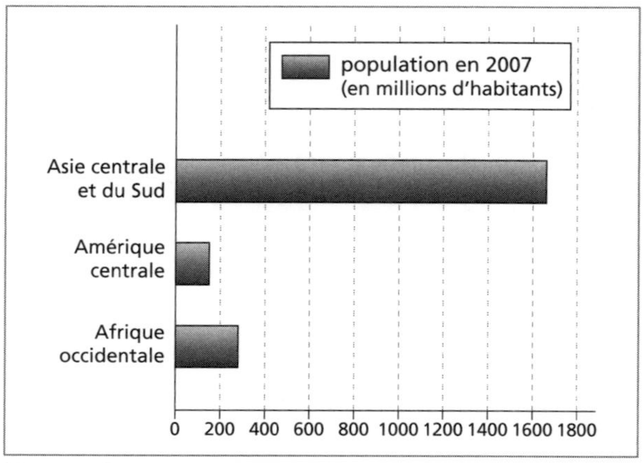

5. Meilleures conditions de vie, recherche d'eau, surpopulation.

4 Fiche documents

La répartition de la population mondiale : des vides et des pleins

Document 1

1. Repère les zones éclairées sur le planisphère du poster et entoure-les sur la carte.

2. Recherche le nom de ces régions sur un atlas et écris-les sur le planisphère.

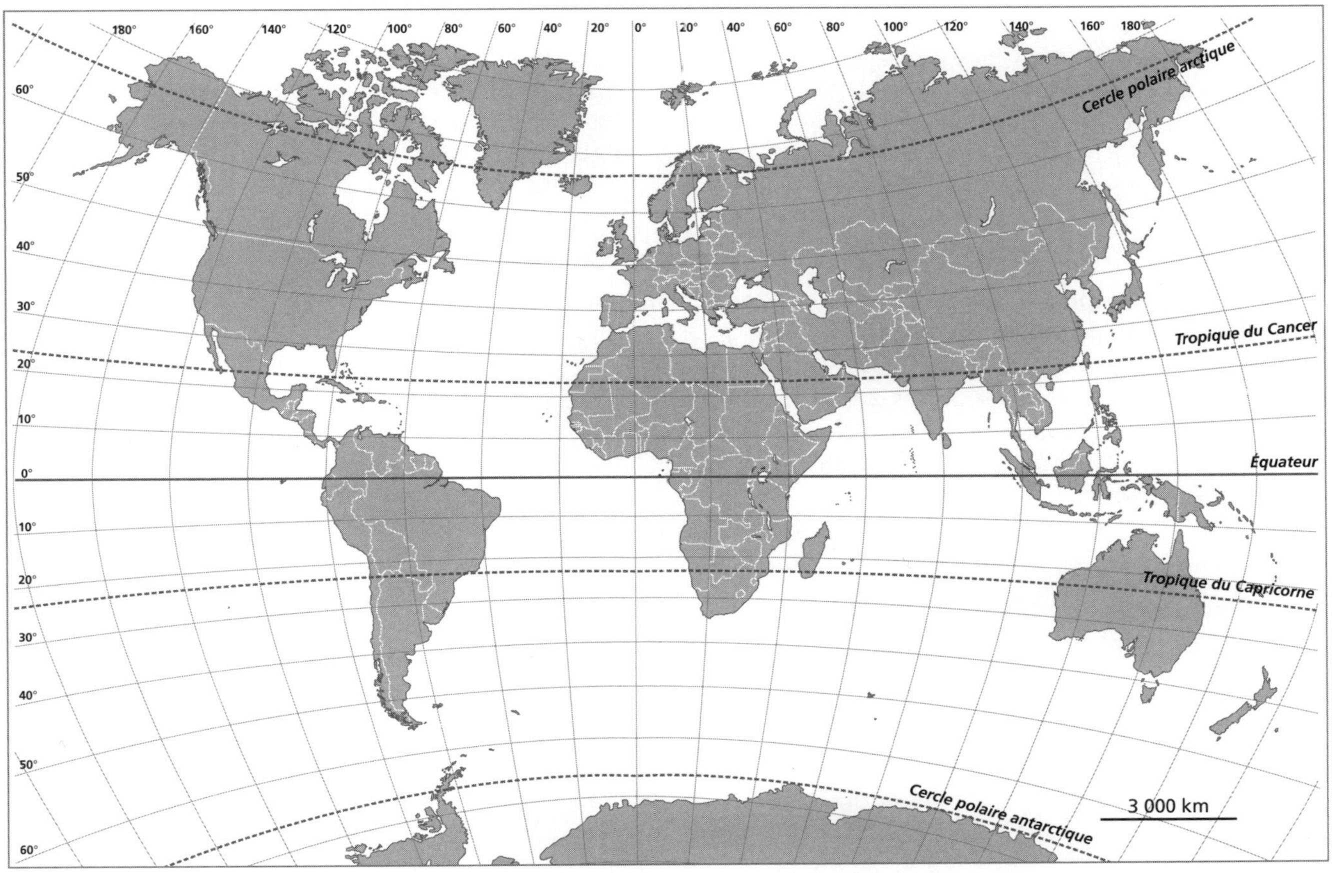

Document 2

Tableau de statistiques de la population mondiale

Continents	Population à la mi-2007 (en millions d'habitants)
Océanie	34
Europe	733
Asie	4 010
Amérique	904
Afrique	944

Source : INSEE, revue *Population et Société*, juillet-août 2007.

4 Fiche documents

La répartition de la population mondiale : des vides et des pleins

Document 3

Le Limousin, nouvelle frontière des Britanniques

La ligne aérienne Liverpool-Limoges est ouverte depuis le 19 avril. Les Britanniques viennent pour passer leurs vacances, leur retraite, mais aussi travailler et se faire soigner dans le centre de la France.
Le trafic aérien a doublé depuis 1999 et devrait dépasser, en 2006, 600 000 passagers. Ces chiffres confirment l'arrivée massive de Britanniques dans le Limousin. Ces migrations concernent des installations professionnelles dans la région : des agriculteurs, des brocanteurs, des restaurateurs, des salariés de l'industrie...
L'installation de ces migrants dans les campagnes en voie de dépopulation permet de rendre à ces régions une nouvelle vie. Ainsi, le journal mensuel *French News*, né voici vingt ans en Dordogne, a créé un supplément Limousin-Poitou-Charentes.

D'après Georges Châtain et Hélène Pommier,
***Le Monde* du 21 avril 2004.**

4 Fiche documents

La répartition de la population mondiale : des vides et des pleins

Document 3

Le Limousin, nouvelle frontière des Britanniques

La ligne aérienne Liverpool-Limoges est ouverte depuis le 19 avril. Les Britanniques viennent pour passer leurs vacances, leur retraite, mais aussi travailler et se faire soigner dans le centre de la France.
Le trafic aérien a doublé depuis 1999 et devrait dépasser, en 2006, 600 000 passagers. Ces chiffres confirment l'arrivée massive de Britanniques dans le Limousin. Ces migrations concernent des installations professionnelles dans la région : des agriculteurs, des brocanteurs, des restaurateurs, des salariés de l'industrie...
L'installation de ces migrants dans les campagnes en voie de dépopulation permet de rendre à ces régions une nouvelle vie. Ainsi, le journal mensuel *French News*, né voici vingt ans en Dordogne, a créé un supplément Limousin-Poitou-Charentes.

D'après Georges Châtain et Hélène Pommier,
***Le Monde* du 21 avril 2004.**

La répartition de la population mondiale : des vides et des pleins

1. Indique le nom de deux espaces peu peuplés dans le monde.

....

2. Écris le nom des zones peuplées entourées sur la carte.

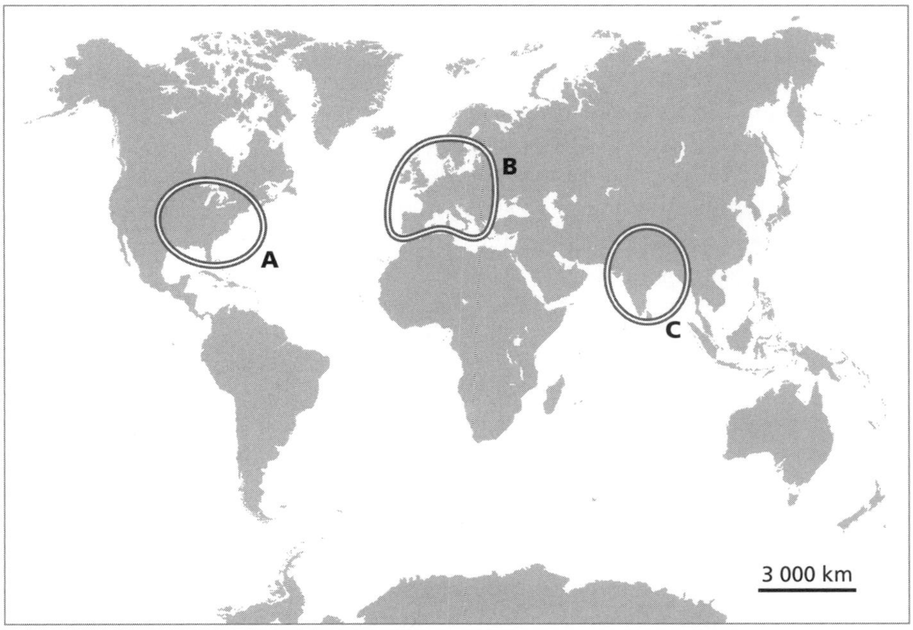

3. Voici trois chiffres de population. Construis un graphique avec des barres (1 cm représente 100 millions d'habitants).

Pays	**Population** en millions d'habitants (2007)	**Longueur du trait** si 1 cm = 100 milions d'habitants
Afrique occidentale	280	
Amérique centrale	150	
Asie centrale et du Sud	1 660	

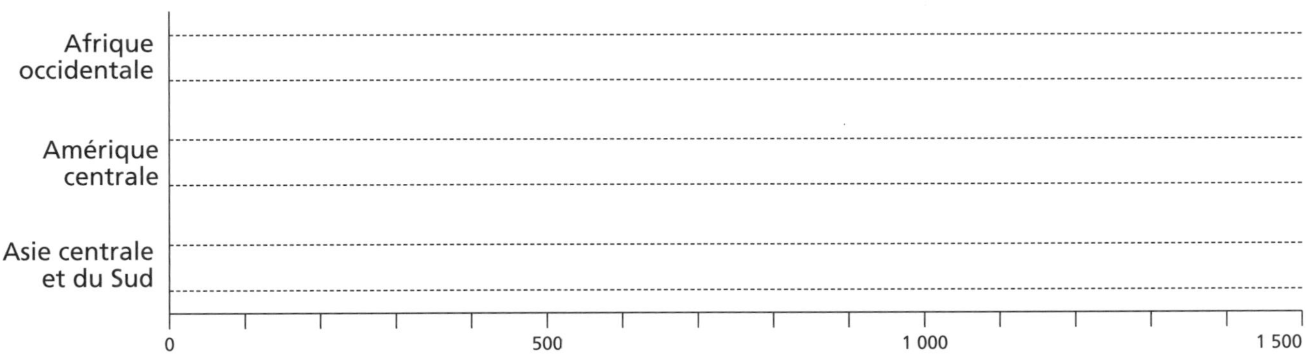

4. Utilise le mot migration dans une phrase.

....

5. Cite trois raisons qui poussent les hommes à migrer.

....

Pays riches et pays pauvres : un monde inégal

Informations pour l'enseignant

Comprendre comment les hommes vivent dans le monde passe par la prise de conscience de la répartition inégale des richesses dont ils disposent. Dans cette séquence, nous proposons d'étudier la notion de richesse sous l'angle de l'éducation dans le monde, d'une part, et des biens de consommation, d'autre part. Comme la géographie a un lien fort avec l'éducation civique, nous ferons référence au texte de la Déclaration internationale des droits de l'enfant dans la première séance afin de permettre aux élèves de prendre une distance critique pour éclairer des situations, ici celles des enfants dans les pays en développement.

Au sens courant, la richesse est perçue comme l'ensemble des biens dont peut disposer un individu ou une population. À l'échelle d'un État, les richesses sont synonymes de ressources. La définition du développement, quant à elle, est double. Ainsi, François Perroux, économiste, définit le développement comme « la combinaison des changements mentaux et sociaux d'une population qui la rendent apte à faire croître, cumulativement et durablement, son produit réel global ».

Pour Sylvie Brunel, géographe et spécialiste de la faim dans le monde, le développement est perçu comme « la capacité d'une société à satisfaire les besoins de sa population et à permettre à cette dernière d'acquérir un mieux-être nécessaire à son épanouissement ».

Quelle que soit l'entrée choisie, la notion de développement renvoie à l'état économique et social d'une population. On pourra ainsi distinguer un pays dont la population est parvenue à un haut niveau de vie (se traduisant aussi bien par l'abondance des biens matériels que par l'accès à la culture ou à l'éducation), d'un pays moins avancé (appelé pays en développement) caractérisé par une population démunie.

D'autres critères permettent de distinguer le développement d'un État. Ainsi, la démocratie, le respect des droits de l'Homme et des libertés sont des facteurs qui permettent aux citoyens d'un État de participer aux objectifs sociaux de leur pays. Néanmoins, ces critères sont parfois absents. Les niveaux de développement sont alors très inégaux et les formes de développement contribuent à créer des disparités énormes entre les États du monde.

Mesurer le développement

Plusieurs indices définissent la richesse d'un pays :

- Le produit intérieur brut (PIB).
- L'indice de développement humain (IDH) prend en compte non seulement la progression du revenu national mais aussi d'autres éléments comme l'espérance de vie à la naissance (qui donne une idée de l'état sanitaire de la population), le niveau d'instruction de la population et le poids économique du pays mesuré par le PIB. Cet indice varie entre 0 (indice le plus bas) et 1 (indice le plus élevé).
- L'indice de pauvreté humaine (IPH) mesure le dénuement en prenant en compte la capacité de vivre longtemps et en bonne santé, le savoir, les moyens économiques et la participation à la vie sociale.

Lexique

L'analphabétisme : l'état de ceux qui ne savent ni lire ni écrire, les analphabètes.

L'illettrisme : l'état des personnes qui ont appris à lire et à écrire, mais qui ont tout oublié.

L'indice de développement humain (IDH) : l'indice qui permet de mesurer le développement humain d'un pays. Il est défini à partir de plusieurs données : l'espérance de vie à la naissance (qui donne une idée de l'état de la santé de la population), le niveau d'instruction de la population et le poids économique du pays mesuré par le produit intérieur brut (PIB).

La malnutrition : la mauvaise alimentation qui ne permet pas de se développer et d'avoir une bonne santé.

La richesse (d'un pays) : l'ensemble des biens dont disposent les individus.

Une disparité nord / sud

Le terme « sud » désigne l'ensemble des pays en développement (PED) ; les géographes distinguent *des* sud, tant les situations deviennent hétérogènes. L'expression « disparité nord/sud » fait référence à une opposition entre les pays du nord, essentiellement composés de pays riches et des pays du sud, surtout pauvres.

Si notre planète a connu depuis les dernières décennies une augmentation des richesses sans précédent, les écarts sont toujours aussi marqués : l'Afrique sub-saharienne stagne depuis 1990 avec un indice de moins de 0,5 % alors que celui des pays de l'OCDE est passé de 0,90 à 0,95. Les pays d'Amérique latine, d'Asie du Sud-Est et du Sud connaissent des progrès sensibles[1].

Cependant, revenu national et progrès n'évoluent pas forcément de pair. Ainsi un pays ayant un revenu national peu élevé peut connaître un progrès : par exemple, le Bénin, pays pauvre, souhaite scolariser tous les enfants en âge de fréquenter le primaire d'ici 2015 ; au contraire, le Qatar, dont les revenus sont vingt fois supérieurs, est moins en avance dans ce domaine.

L'éducation

Le monde compte plus de deux milliards d'enfants, dont plus de 85 % dans les pays en développement. Un milliard d'entre eux connaît la pauvreté, caractérisée par de graves privations, en particulier dans le domaine de l'école.

L'éducation pour tous figure parmi les objectifs du Millénaire pour le développement, définis à Dakar, au Sénégal, en 2000. Il s'agit de « donner à tous les enfants, garçons et filles, les moyens d'achever un cycle complet d'études primaires d'ici à 2015 ». Les objectifs sont au nombre de six : développer la protection et l'éducation de la petite enfance, rendre l'enseignement primaire obligatoire et gratuit pour tous en 2015, garantir l'égalité dans l'accès aux programmes d'apprentissage et d'acquisition des savoir-faire, augmenter de 50 % le taux d'alphabétisation des adultes, éliminer les disparités entre les sexes, instaurer l'égalité dans ce domaine en 2015, améliorer la qualité de l'éducation. 191 États membres de l'ONU se sont engagés dans ce programme.

Le rapport mondial de suivi sur l'éducation de l'Unesco[2] indique qu'en 2006, le nombre d'enfants scolarisés a crû depuis l'an 2000 et présente un taux de scolarisation des filles élevé. 96 millions d'enfants n'étaient pas scolarisés en 1999, ils sont 72 millions en 2005. Les politiques nationales sont plus efficaces (en Éthiopie, en Inde...), les budgets consacrés à l'éducation en hausse (+ 5 % par an en Afrique sub-saharienne et en Asie de l'Ouest et du Sud), les aides sont en net progrès, la parité entre les sexes s'étend, mais le but fixé en 2000 est loin d'être atteint. Le système éducatif reste médiocre, l'analphabétisme des adultes important et les coûts élevés de l'éducation limitent les chances de parvenir dans tous les pays à une éducation pour tous en 2015.

L'indice de développement de l'éducation (IDE[3]) calculé pour 125 pays montre que 25 d'entre eux sont loin de l'éducation pour tous. La mauvaise qualité de l'éducation est un problème d'envergure mondiale : abandon des études, résultats médiocres, manque d'enseignants et insuffisance de temps. En 2015, le besoin d'enseignants se fera durement sentir en Afrique sub-saharienne, en Asie du Sud et de l'Ouest. L'alphabétisation des adultes

1. « Un monde plus prospère mais toujours aussi inégalitaire », *Le Monde*, 21 novembre 2006, p. V.
2. 6e rapport mondial de suivi sur l'éducation, édition 2008 : portal.unesco.org/education.
3. La qualité de l'éducation est mesurée par l'indice de développement de l'éducation (IDE) à partir de quatre objectifs quantifiables : l'éducation primaire universelle, l'alphabétisation des adultes, la survie scolaire à partir de la 5e année du primaire, la parité entre les sexes.

est négligée : 1 sur 5 dans le monde est dépourvu de compétences minimales en matière d'alphabétisme. Les femmes représentent encore, dans certains pays, 60 % de la population adulte analphabète. L'aide extérieure est insuffisante pour les pays à faibles revenus et elle concerne autant l'éducation globale que l'éducation de base. Or, cette dernière devait être prioritaire. L'aide totale au développement a chuté de 8,4 % en 2007, ce qui affecte certainement l'éducation primaire et « met en péril la réalisation des objectifs de développement humain », selon le directeur du rapport mondial de suivi sur l'éducation.
Les pays ayant atteint les objectifs de l'éducation pour tous ou qui y sont à peu près parvenus sont l'Amérique du nord, l'Europe mais aussi l'Argentine, Bruneï Darussalam, Bahreïn, le Mexique et la République de Corée. La Norvège possède l'IDE le plus élevé, suivie par le Royaume-Uni, la Slovénie, la Suède, la Corée et l'Italie. Au niveau des perspectives régionales, les progrès sont les plus remarquables en Asie du Sud et de l'Ouest et en Afrique (Tanzanie et Ethiopie)[4].

La consommation

Il existe également un vaste écart de consommation entre les pays industrialisés et les pays en développement (PED), surtout les plus pauvres. Les 20 % des hommes vivant dans les régions à revenus élevés (Europe occidentale, Japon, Amérique du Nord et Australie) représentent plus des 4/5e de la consommation privée totale.
Par ailleurs, l'évolution de la consommation montre que davantage de ressources (combustibles fossiles, bois, eau) sont utilisées par de plus en plus de personnes et d'industries dans tous les points de la planète et tous les écosystèmes.
Le rapport sur l'état de la population mondiale publié en 2001 par le Fonds des Nations unies souligne « le féroce appétit des pays riches pour les biens et services » qui a « un impact direct sur les pauvres » : surpêche, émission de gaz à effet de serre contribuant au changement climatique... Il met en évidence que la consommation d'un habitant moyen d'un pays industrialisé est trois fois plus élevée pour les produits forestiers et cinq fois plus pour le dioxyde de carbone qu'un habitant moyen des pays en développement.

La pauvreté est un phénomène relatif. Ainsi, les pauvres des pays riches ont un revenu supérieur à celui des pauvres des pays en développement. Nombre de personnes vivent avec moins de 1 dollar par jour (près de 50 % en Afrique d'après les chiffres de la Banque mondiale). Dans le monde, les salaires des femmes ne s'élèvent qu'à 74 % de ceux des hommes.

Un tiers des pays ne dispose pas des richesses vitales, c'est-à-dire celles dont on ne peut se passer sans mettre sa vie en jeu : nourriture, énergie, logement, eau.

Le rapport de la Banque mondiale sur le développement en Afrique du 30 octobre 2006 montre les performances de l'Afrique subsaharienne. Mais cette croissance est encore insuffisante pour réduire la pauvreté. Elle repose sur une meilleure répartition des revenus et sur « l'exploitation équitable et durable des ressources naturelles[5] ».

4. Institut statistique de l'Unesco, 16 mai 2008 : www.uis.unesco.org.
5. *L'environnement en Afrique*, Rapport PNUE, Nairobi, 27 juin 2006.

Séance 1 – Richesse et éducation dans le monde

Compétences disciplinaires

- Connaître l'état de l'éducation dans le monde.
- Comprendre les causes des inégalités sur le plan du droit à l'éducation.
- Connaître les programmes d'aide à l'éducation.

Compétences méthodologiques

- Comparer les données d'un texte et celles d'une carte.
- Établir un lien entre l'éducation civique (les droits de l'enfant) et la géographie.
- Lire une photographie.
- Comparer des photographies entre elles.

Problématique

Le droit à l'éducation est-il le même pour tous les enfants dans le monde ?

Lexique

Analphabétisme, illettrisme, indice de développement humain (IDH).

Matériel

doc. 1 Une carte de la fréquentation de l'école primaire par les enfants dans le monde.
doc. 2 Un texte : « Résumé de la Convention internationale relative aux droits de l'enfant ».
doc. 3 Une carte de l'indice de développement humain (IDH) dans le monde.
doc. 4 Deux photographies d'écoles :
a) au Kenya.
b) au Japon.
Un atlas.

Durée de la séance : 60 minutes.

Étape 1

Connaître la situation des enfants scolarisés dans le monde

Matériel

– La carte de la fréquentation de l'école primaire par les enfants dans le monde (doc. 1 à photocopier).
– Le résumé de la Convention des droits de l'enfant (doc. 2 à photocopier).
– Un atlas.

Organisation de la classe

Travail collectif puis individuel.

L'enseignant propose d'observer la carte du document 1 (que l'on peut aussi photocopier en format A3 et afficher au tableau). Il pose les questions suivantes :

► Quel est le titre de cette carte ? *Fréquentation de l'école primaire par les enfants dans le monde.*

► Que représentent les triangles ? *Les pays dans lesquels moins de 6 enfants sur 10 (c'est-à-dire moins de 60 %) sont inscrits à l'école ou la fréquentent.*

► Quels continents sont concernés ? *L'Afrique et l'Asie (3 pays).*

Les élèves peuvent se reporter à un atlas pour identifier ces pays asiatiques (Afghanistan, Bangladesh, Nouvelle-Guinée).

L'enseignant précise que des progrès sont constatés, surtout en Asie du Sud et de l'Ouest (Inde) ainsi que dans certains pays d'Afrique, comme l'Éthiopie. Il propose ensuite aux élèves de prendre connaissance du document 2 et de le mettre en parallèle avec la carte proposée.

► Quelle est l'origine de ce texte ? *La Convention des droits de l'enfant.*

► Avez-vous déjà entendu parler de la Convention des droits de l'enfant ?

Notion à communiquer aux élèves

Ce texte est un extrait d'un texte beaucoup plus important intitulé « Convention internationale relative aux droits de l'enfant ». Il précise les droits des enfants dans le monde entier.
Cette convention a été adoptée le 20 novembre 1989 par 192 États dans le monde, mais ni par les États-Unis, ni la Somalie.
En ratifiant cette convention, c'est-à-dire en la reconnaissant, les États s'engagent à respecter des règles de conduite envers les enfants.
La Convention se présente sous forme d'un texte écrit en trois parties, complété par une introduction (un « préambule ») et une annexe (un document qui complète, explique les indications).
Après son adoption, des progrès importants ont été faits par la société des adultes vis-à-vis des enfants.
Des aides sont apportées par les pays riches aux pays pauvres pour mettre en œuvre des programmes de développement. ■

▸ S'agit-il ici du texte complet de la Convention ? *Non, il ne s'agit que d'un résumé de l'article 28.*

L'enseignant demande aux élèves d'entourer les expressions essentielles :

1. droit à l'éducation – égalité des chances – fréquenter gratuitement – obligatoire – fréquenter l'école.
2. coopérer – aidés.

▸ Comparez les indications données par la carte et le texte. Quelles conclusions pouvez-vous en tirer ? *Les pays d'Afrique situés autour de l'équateur n'appliquent pas l'article 28.*

Le maître pose alors la problématique suivante :
▸ Pourquoi les enfants des pays identifiés sur la carte ne bénéficient-ils pas d'une bonne éducation ?

Étape 2

Comparer la carte du développement et celle de la fréquentation de l'école dans le monde

Matériel
- La carte de l'indice de développement humain (IDH) dans le monde (doc. 3, cahier couleur p. 5).
- Un atlas.

Organisation de la classe
Travail collectif.

L'objectif est de constater que les pays qui respectent le moins le droit à l'éducation sont des pays en développement, c'est-à-dire ceux où la richesse est la moins élevée.
L'enseignant explique que la richesse d'un pays peut se mesurer de différentes manières. Il propose de la définir par l'indice de développement humain, notion complexe dont il précise la définition de façon simple :

Notion à communiquer aux élèves

L'indice de développement humain est publié chaque année par le Programme des Nations unies pour le développement (PNUD) depuis 1990. Il est exprimé par un chiffre (de 0 à 1). Il renseigne sur la richesse de la population dans le monde. Il est calculé en fonction du pouvoir d'achat des familles, de l'espérance de vie et du nombre d'élèves qui fréquentent l'école primaire, le lycée et l'université.
Les pays qui ont un indice voisin de 1 sont les plus riches alors que ceux qui sont plus près de zéro sont très pauvres. ■

L'enseignant organise une lecture collective de la carte et propose une analyse de la légende.
La carte de l'IDH comporte des zones de différentes couleurs...
▸ Quelle est la couleur utilisée pour les pays les plus développés ? *Jaune pour un IDH compris entre 0,8 et 1.*
▸ Quels sont-ils ?
Les élèves les citent en se reportant si nécessaire à un atlas : *Canada et États-Unis, Mexique, Europe de l'Ouest, Grèce, Crète, Chypre, Israël, Brésil, Chili, Argentine, Guyane française, Corée, Japon, Australie, Nouvelle-Zélande, Russie.*
▸ Quelle est la couleur utilisée pour les pays les moins développés ? *Violet pour un IDH compris entre 0,3 et 0,6 : pays d'Afrique situés autour de l'équateur...*
▸ Pour quelques pays, on ne connaît pas l'IDH. Comment sont-ils représentés ? *En gris.*
▸ Les autres pays du monde ont un indice moyen compris entre 0,5 et 0,8 (couleur orange). Citez-en trois en vous reportant à l'atlas. *Par exemple : l'Inde, la Chine, l'Algérie.*

L'enseignant ajoute que les statistiques pour l'IDH de 2007/2008 montrent que l'Islande rejoint la Norvège au premier rang des pays dont le niveau est le plus élevé (IDH = 0,968), que la France rejoint les dix premiers pays de ce groupe et que le pays ayant le niveau le plus bas est la Sierra Leone (0,336) en Afrique.

Il propose ensuite de comparer la carte de fréquentation de l'école avec celle du développement.
Les élèves constatent aisément que les pays industrialisés qui ont un indice élevé connaissent un bon niveau d'éducation. Au contraire, les pays où les enfants fréquentent peu l'école sont ceux qui sont les moins riches (pays d'Afrique sub-saharienne).
L'enseignant peut préciser que, dans les pays les plus pauvres, moins de la moitié des femmes adultes sont alphabétisées à cause du poids des traditions et de l'extrême précarité. Des progrès sont sensibles en Inde, par exemple, où la scolarisation des filles progresse vite dans le primaire ainsi que dans certains pays d'Afrique, comme l'Éthiopie.

Étape 3

Comparer la situation matérielle d'enseignement

Matériel

- Les deux photographies d'écoles au Kenya et au Japon (doc. 4, cahier couleur p. 6).
- Le cahier de brouillon.

Organisation de la classe

Travail en groupes de deux élèves, puis collectif.

Par deux, les élèves choisissent l'une des photographies pour l'observer en détail. Ils peuvent prendre des notes sur leur cahier de brouillon.

Lors de la mise en commun collective, les éléments essentiels de chaque photographie sont notés au tableau. Les élèves essaient de trouver des indices pour situer ces écoles dans un pays, puis le maître en donne la localisation réelle. On aboutit au tableau suivant :

Photo	Description	Localisation possible	Localisation réelle
a	De nombreux élèves assis par terre assistent à la classe. Leur livre ou leur cahier sont posés sur leurs genoux. Un tableau est suspendu au fond, sur le mur. La salle de classe paraît très vétuste.	*Suggestion des élèves*	Kenya
b	Les élèves travaillent devant des ordinateurs. Ils disposent d'un matériel moderne dont ils savent se servir. Cela ressemble à notre école.	*Suggestion des élèves*	Japon

L'enseignant fait ensuite la synthèse de ces observations et ajoute les précisions suivantes :

La plupart des pays riches essaient d'offrir les meilleures conditions matérielles aux élèves (des salles de classe bien équipées, du matériel informatique, la gratuité de l'enseignement). Dans les pays pauvres, les États ne peuvent pas supporter le coût de l'éducation, dont le financement est assuré par les parents (achat de matériel pédagogique, salaires des enseignants, entretien des écoles).

Ces observations pourront figurer dans la trace écrite.

Étape 4

Trace écrite

Elle comporte :

- les conclusions sur la fréquentation de l'école dans le monde : ce sont les pays d'Afrique qui connaissent la proportion la plus faible d'enfants scolarisés dans le monde ;
- la carte sur la fréquentation de l'école dans le monde ;
- l'équipement des écoles dans le monde : synthèse de l'étape 3.

5
Fiche documents

Richesse et éducation dans le monde

Document 1

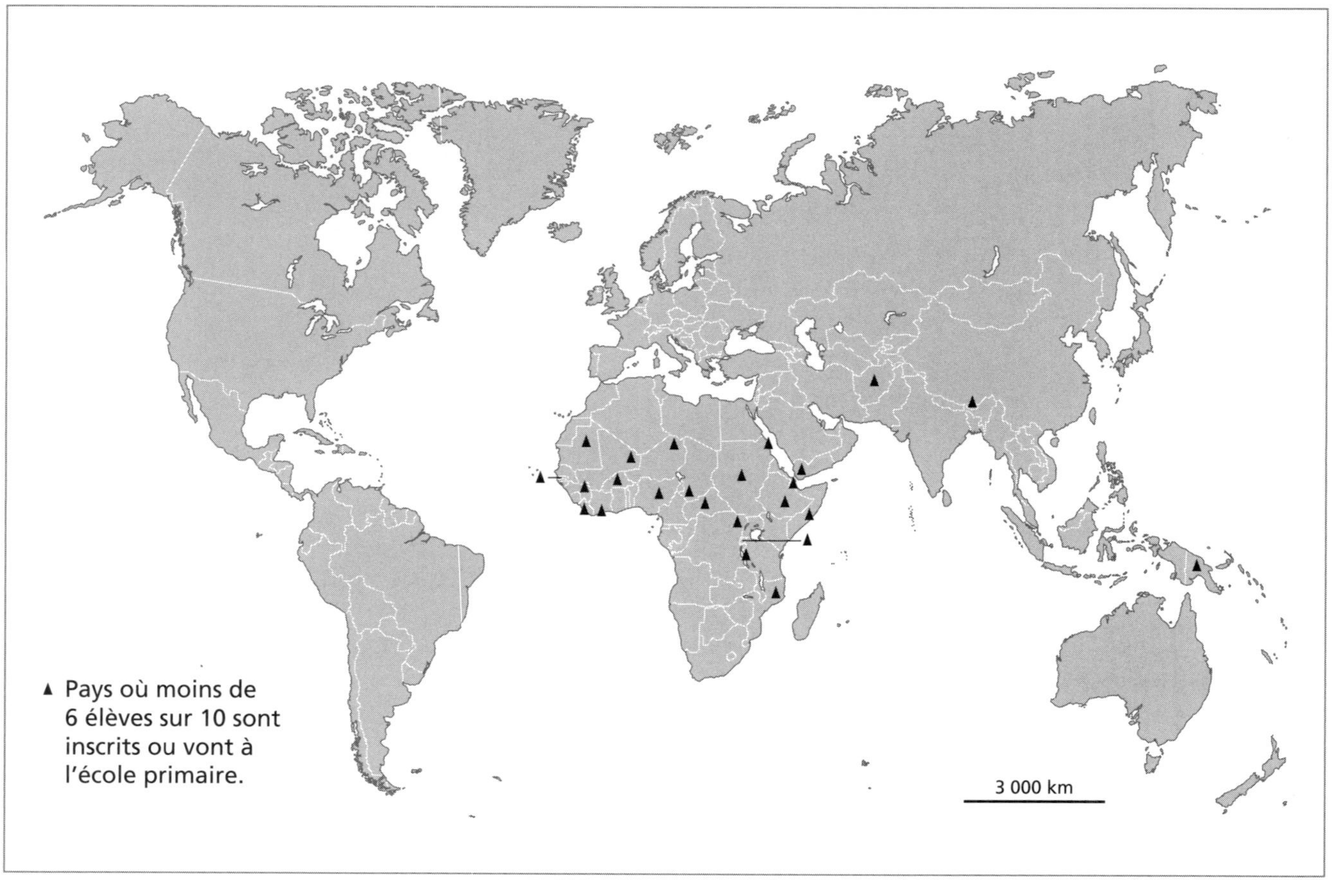

Fréquentation de l'école primaire par les enfants dans le monde.

Document 2

Voici ce que précise l'article 28 :

Tu as droit à l'éducation.

1. Les États te reconnaissent le droit à l'éducation sur la base du principe de l'égalité des chances. Pour cela :
   – Tu dois pouvoir fréquenter gratuitement l'enseignement primaire. Cet enseignement est obligatoire [...].
   – Tout doit être fait pour t'encourager à fréquenter l'école [...].
2. Les États doivent coopérer (travailler ensemble) pour éliminer l'ignorance et l'analphabétisme (absence d'instruction) dans le monde pour développer l'accès aux connaissances scientifiques et techniques. Les pays en développement doivent être aidés.

Résumé adapté de l'article 28 de la Convention internationale relative aux droits de l'enfant.

Séance 2 – Richesse et biens de consommation

Compétences disciplinaires
- Comprendre la notion de bien de consommation, de richesse.
- Saisir l'inégalité des populations du monde devant les biens de consommation.

Compétences méthodologiques
- Comparer des photographies.
- Lire un texte.
- Compléter un tableau.
- Observer et comparer deux cartes.

Problématique
Les populations dans le monde sont-elles égales sur le plan des biens de consommation ?

Lexique
Richesse (d'un pays), indice de développement humain (IDH), bien de consommation, malnutrition, ONG (organisation non gouvernementale).

Durée de la séance : 60 minutes.

Matériel

doc. 3 Une carte de l'indice de développement humain dans le monde en 2004.

doc. 5 Deux photographies d'intérieur de maison : l'une au Royaume-Uni, l'autre en Albanie.

doc. 6 Un texte : « Vivre à Mungo, en Angola (Afrique centrale) ».

doc. 7 Une carte de la malnutrition dans le monde en 2005.

doc. 8 Un tableau à compléter : classement des régions en fonction du niveau de malnutrition.

Un atlas.

Étape 1

Définir la notion de bien de consommation

Organisation de la classe
Travail collectif.

L'enseignant fait émerger la représentation de la notion de richesse chez les élèves par un rapide échange collectif autour de la question :
▸ Qu'évoque pour vous le mot « richesse » ?
Il note les réponses au tableau.

▸ Parmi les idées exprimées, quels sont les mots qui évoquent la consommation, c'est-à-dire les choses que l'on achète ? *L'automobile, les meubles, les jouets, une maison, un appartement, la nourriture…*

À partir des réponses, la notion de bien de consommation est définie comme un bien qui satisfait immédiatement un besoin.
L'enseignant prend soin de différencier les biens de consommation renouvelables et ceux qui ne le sont pas, comme les sources d'énergie (pétrole, charbon…).
Cette définition sera retenue par les élèves et notée pour la trace écrite avec les exemples cités.

Étape 2

Décrire le cadre de vie dans un pays riche et dans un pays pauvre

Matériel
Les deux photographies d'intérieur de maison (doc. 5, cahier couleur p. 7).

Organisation de la classe
Travail collectif puis individuel.

L'objectif de cette étape est de mettre en évidence l'écart concernant la pression de biens d'équipement de la maison en fonction de la richesse des familles.
Pour cela, l'enseignant propose aux élèves d'observer la première photographie.
▸ Que montre cette photographie ? *Une cuisine.*
▸ Que nous indique la légende ? *Le pays dans lequel la photographie a été prise : le Royaume-Uni.*
Le pays est situé sur une carte murale.

Il demande ensuite aux élèves de lister sur leur cahier de brouillon les différents éléments qui figurent dans cette cuisine en les regroupant par catégories, puis de résumer en une phrase les caractéristiques de cet aménagement.

Réponses attendues

- Des éléments de rangement (tiroirs, placards, étagères).
- Des appareils ménagers : un lave-linge ou un lave-vaisselle sous le plan de travail, une cuisinière, un four à micro-ondes, un grille-pain.
- Un téléphone.
- De nombreux ustensiles de cuisine.
- De la vaisselle (verres, tasses...).
- Quelques produits d'alimentation (une orange, une plante aromatique dans un pot, des produits dans des bocaux).

Cette cuisine est celle de la maison d'une famille aisée.

L'enseignant demande alors aux élèves d'observer la seconde photographie : c'est celle de l'intérieur d'une habitation en Albanie. Il situe ce pays sur la carte.
Les élèves analysent le document en s'attachant au cadre de vie et aux vêtements portés par la famille.

Description attendue

Une famille réunie autour d'un vieux poêle qui occupe le centre de la pièce. Le poêle est posé sur des briques.
La mère prépare le repas dans de grandes bassines usagées. Le père et l'enfant, assis sur un lit, attendent leur nourriture.
La pièce semble aussi servir de chambre : une banquette avec deux coussins occupe l'un des côtés.
Les murs sont vétustes. Deux images y sont accrochées.
Les trois personnes sont vêtues modestement.

Ensuite, les élèves comparent oralement les deux documents.
Doc. 5a : la cuisine présente un aménagement moderne, complet, avec une recherche esthétique dans les couleurs et les éclairages. C'est la cuisine d'une famille qui peut équiper sa maison avec de nombreux éléments ménagers.
Doc. 5b : il montre le cadre de vie d'une famille qui doit se contenter d'un équipement très restreint.

L'enseignant amène les élèves à conclure qu'il existe des modes de vie différents qui sont liés aux ressources des habitants.

- ▸ Cette remarque peut-elle être faite pour d'autres biens de consommation ?

Étape 3

Étudier un témoignage sur la pauvreté et la malnutrition en Afrique

Matériel

Le texte « Vivre à Mungo, en Angola » (doc. 6 à photocopier).

Organisation de la classe

Travail collectif.

L'objectif de l'étude de ce texte est de montrer que la population de l'Angola, privée de ressources à cause de la guerre qui sévit depuis de longues années, est confrontée à une extrême pauvreté.
Le maître lit le texte à haute voix, puis il situe l'Angola sur la carte murale. Il demande aux élèves de préciser la nature de ce document : *il s'agit du témoignage d'un observateur d'une ONG (organisation non gouvernementale) dont la mission est d'évaluer l'état de la population en Angola afin d'apporter une aide urgente : nourriture et biens de première nécessité.*

Il pose ensuite les questions suivantes :

- ▸ Que font les femmes et les enfants au bord de la rivière ? *Ils viennent s'approvisionner en eau.*
- ▸ Quelle expression indique ce que l'eau représente pour eux ? *« Ce précieux trésor. »*
- ▸ Cherchez dans le dictionnaire la définition du verbe « se réfugier ».
- ▸ Pourquoi la famille est-elle arrivée à Mungo ? *Le pays est en guerre.*
- ▸ Surlignez les biens qui équipent la maison de Mia. *Des gamelles, des couvertures, trois épis de maïs pour semer.*
- ▸ Quelles indications nous donne ce texte sur la nourriture des familles ? *Elle est très insuffisante, elle provient de la culture du champ familial (la parcelle). La famille a du mal à se nourrir, elle partage sa ration de fungh avec les deux autres groupes.*
- ▸ Comment vivent les habitants de la case ? *Ils dorment à même le sol. Ils ne possèdent qu'un vêtement en mauvais état.*

Le maître explique que les pays riches et des ONG envoient de l'argent, de la nourriture, des médicaments afin d'aider les populations touchées par la misère.
Les traits caractéristiques d'une situation de pauvreté sont écrits au tableau : accès difficile à l'eau potable, absence d'équipements, entassement des personnes dans la maison, quantité de nourriture insuffisante.

Étape 4

Prendre conscience de la malnutrition dans le monde

Matériel

- La carte de la malnutrition dans le monde en 2005 (doc. 7 à photocopier).
- La carte de l'IDH (doc. 3).

Organisation de la classe

Travail collectif, en binômes, puis à nouveau collectif.

L'enseignant pose la question suivante :

▸ Où sont situés les pays atteints de malnutrition dans le monde ?

Il demande aux élèves de se reporter à la légende pour comprendre la carte :

▸ Que représentent les carrés ? *La population qui souffre de malnutrition.*

▸ Pourquoi sont-ils de taille différente ? *Plus la population qui souffre de malnutrition est nombreuse, plus la taille du carré est grande. On dit que la taille du carré est proportionnelle à l'importance du chiffre de la population.*

Afin de hiérarchiser les régions indiquées, il demande aux élèves de se regrouper par deux et de lister dans le tableau du document 8 les cinq régions du monde qui souffrent le plus de malnutrition.
Remarque : ce travail peut être réalisé en liaison avec les mathématiques (exercices de classement des nombres décimaux).
En utilisant le document 3, les élèves reportent ensuite le niveau d'IDH des régions relevées.

Classement attendu

Régions du globe	Population souffrant de malnutrition (en millions d'habitants)	Niveau d'IDH
Asie du Sud	293,1	faible
Asie de l'Est	144,5	moyen
Afrique orientale	81,3	faible
Asie du Sud-Est et Océanie	67,6	moyen
Afrique centrale	47,6	faible

Les élèves constatent que les observations de la carte de la malnutrition et celle de l'indice de développement humain se complètent : ce sont les populations des pays en développement dont l'IDH est faible ou moyen, qui connaissent la faim.

Étape 5

Trace écrite

Elle comporte :

- la définition des biens de consommation ;
- les traits caractéristiques du mode de vie dans un pays confronté à une situation de pauvreté ;
- la carte de la malnutrition dans le monde ;
- les constatations sur une corrélation entre niveau de richesse et présence de biens de consommation.

Évaluation

Compétences évaluées

- Situer une région sur le globe.
- Acquérir un lexique spécifique.
- Identifier des critères de richesse pour un groupe de pays donnés.
- Savoir reconnaître un pays pauvre ou un pays riche.
- Décrire l'école dans un pays pauvre.

Corrigé

1.

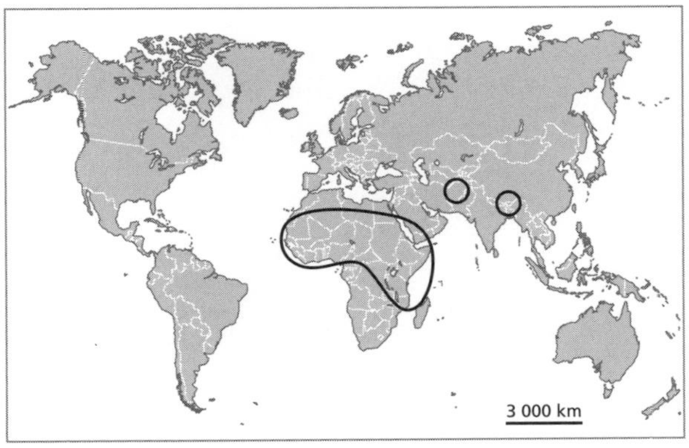

2. L'IDH renseigne sur la richesse de la population. Il prend en compte la pouvoir d'achat des familles, l'espérance de vie et le nombre d'élèves scolarisés.

3. L'IDH est supérieur à 0,8. – La majorité des enfants fréquentent l'école primaire.

4. a) La pénurie d'eau.
b) Il s'agit d'un pays pauvre ou assez pauvre : les habitants mangent du riz et des lentilles sur des feuilles de bananier ; l'eau manque, car les conduites d'eau, anciennes, ne sont pas réparées rapidement.

5. Absence de mobilier de classe, peu de matériel pour enseigner (livres, cahiers), rares affichages sur des murs souvent dégradés.

6. L'Afrique connaît la plus faible proportion d'enfants scolarisés. C'est l'Asie (Sud et Ouest) ainsi que quelques pays africains qui font des progrès au niveau de l'éducation.

5
Fiche documents

Richesse et biens de consommation

Document 6

Vivre à Mungo, en Angola (Afrique centrale)

Au détour d'une vallée, nous plongeons vers un pont qui enjambe une magnifique rivière qui accueille les femmes et les enfants venus chercher l'eau. Ils portent de leurs bras maigres ce précieux trésor vers la ville de Mungo, située sur une colline. À cause de la guerre, Véronika Checala et ses trois enfants se sont réfugiés chez une tante qui les a accueillis dans une case de 20 m^2 où vivent déjà deux autres familles de six et quatre personnes. Véronika et Alfonso, l'aîné des enfants, essayent de subvenir aux besoins alimentaires de leur famille en travaillant sur la parcelle de terre prêtée par la tante Mia. Les terres ne suffisent plus à nourrir toutes ces bouches [...]. Dans leur maigre coin de maison s'entassent des gamelles qui servent aux trois familles. Deux couvertures pour la tante et trois épis de maïs qu'ils conservent pour les prochains semis. Parfois, les autres familles partagent leur ration de *fungh* avec eux, mais ce n'est jamais suffisant [...]. À part les loques qu'ils portent, rien. Ils semblent dormir à même le sol [...].

D'après le témoignage d'un responsable d'une ONG chargée de l'évaluation de l'urgence en Angola.

Solidarités : Aide humanitaire d'urgence
Site Internet : http://www.solidarités.org/archives/archivesmenu.htm

5
Fiche documents

Richesse et biens de consommation

Document 6

Vivre à Mungo, en Angola (Afrique centrale)

Au détour d'une vallée, nous plongeons vers un pont qui enjambe une magnifique rivière qui accueille les femmes et les enfants venus chercher l'eau. Ils portent de leurs bras maigres ce précieux trésor vers la ville de Mungo, située sur une colline. À cause de la guerre, Véronika Checala et ses trois enfants se sont réfugiés chez une tante qui les a accueillis dans une case de 20 m^2 où vivent déjà deux autres familles de six et quatre personnes. Véronika et Alfonso, l'aîné des enfants, essayent de subvenir aux besoins alimentaires de leur famille en travaillant sur la parcelle de terre prêtée par la tante Mia. Les terres ne suffisent plus à nourrir toutes ces bouches [...]. Dans leur maigre coin de maison s'entassent des gamelles qui servent aux trois familles. Deux couvertures pour la tante et trois épis de maïs qu'ils conservent pour les prochains semis. Parfois, les autres familles partagent leur ration de *fungh* avec eux, mais ce n'est jamais suffisant [...]. À part les loques qu'ils portent, rien. Ils semblent dormir à même le sol [...].

D'après le témoignage d'un responsable d'une ONG chargée de l'évaluation de l'urgence en Angola.

Solidarités : Aide humanitaire d'urgence
Site Internet : http://www.solidarités.org/archives/archivesmenu.htm

Richesse et biens de consommation

Document 7

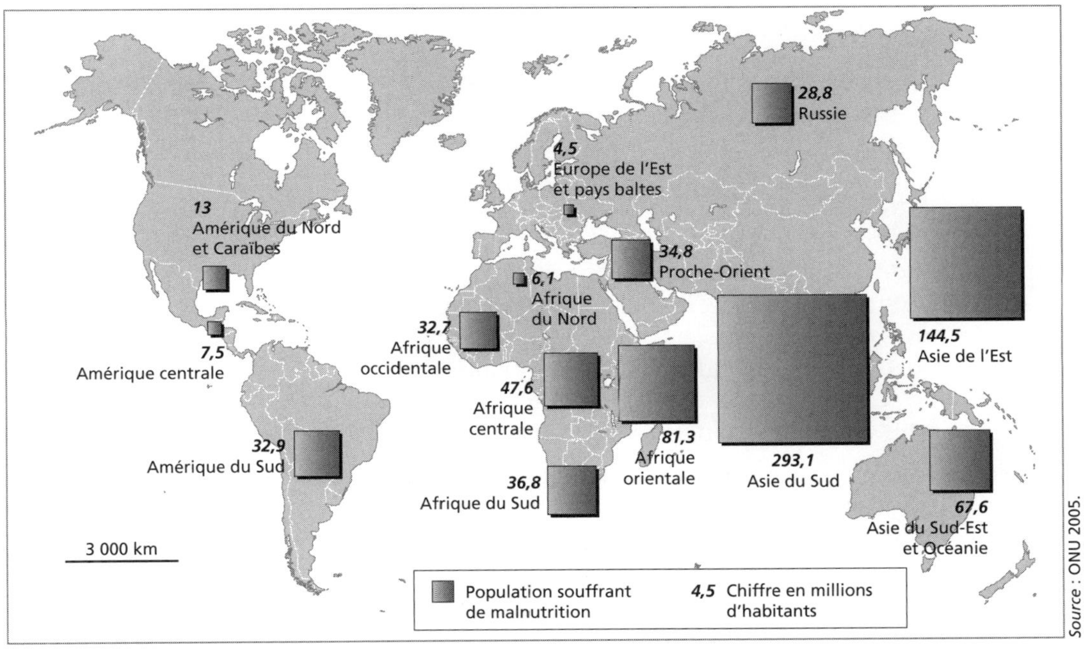

La malnutrition dans le monde en 2005.

Document 8

Classement des régions en fonction du niveau de malnutrition

À l'aide des cartes, complète le tableau suivant :

Régions du globe	Population souffrant de malnutrition (en millions d'habitants)	Niveau d'IDH

5 Fiche évaluation — Pays riches et pays pauvres : un monde inégal

1. Sur le planisphère, entoure les régions du globe où les enfants fréquentent le moins l'école primaire.

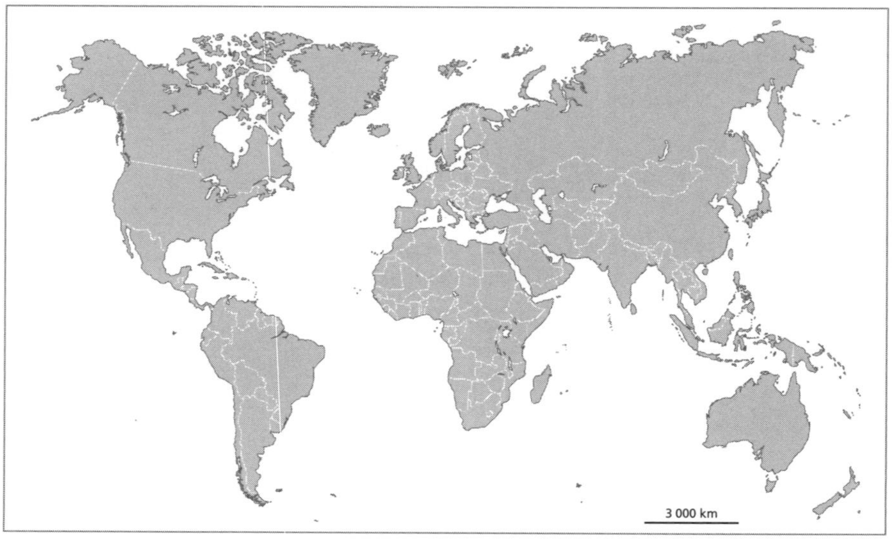

2. Que mesure l'indice de développement humain (IDH) ?

3. Parmi les affirmations suivantes, entoure celles qui s'appliquent aux pays riches.

Une partie seulement des filles vont à l'école. – L'indice de développement humain est inférieur à 0,5. – L'indice de développement humain est supérieur à 0,8. – On peut observer des situations de grande pauvreté. – La majorité des enfants fréquentent l'école primaire.

4. Lis le texte suivant :

> Dans tous les restaurants de la ville, du plus chic au plus modeste, riz et lentilles sont servis sur des feuilles de bananier pour faire l'économie d'une assiette et de son eau de vaisselle. Car dans la ville, à tous les robinets, l'eau coule faiblement et parfois pas du tout. Les conduites sont hors d'âge. Les réparations peuvent prendre des semaines…
>
> **D'après « Les Banlieues du monde », *Géo*, novembre 2006, n° 333, p. 60.**

a) Quel est le sujet évoqué dans ce texte ?

b) De quel type de pays peut-il être question ? Justifie ta réponse.

5. Décris l'aménagement d'une classe dans un pays en développement.

6. Quelles sont les caractéristiques de la fréquentation scolaire dans le monde ?

Les territoires français dans le monde

Informations pour l'enseignant

L'étude des territoires français dans le monde est mentionnée dans les nouveaux programmes de l'école primaire de 2008[1]. Ces espaces ultramarins, rattachés à la France, possèdent des statuts territoriaux divers et couvrent environ 120 000 km[2]. Nous avons choisi de les étudier dans le cadre du développement durable et de mettre en valeur les notions de ressources, de pollution, de risque et de prévention.

La France d'outre-mer aujourd'hui

Statut	Superficie[2]	Hémisphère	Océan ou continent	Distance avec la France[3]
DOM et ROM (départements et régions d'outre-mer)				
Guadeloupe	1 705 km²	Nord	Atlantique	6 700 km
Martinique	1 128 km²	Nord	Atlantique	6 800 km
Guyane	835 304 km²	Nord	Amérique du Sud	7 000 km
La Réunion	2 512 km²	Sud	Indien	9 300 km
COM (collectivités d'outre-mer)				
Polynésie-Française (Clipperton est placé sous juridiction de la Polynésie-Française)	3 800 km²	Sud	Pacifique	15 700 km
Wallis-et-Futuna	142 km²	Sud	Pacifique	19 000 km
Mayotte	374 km²	Sud	Indien	8 000 km
Saint-Pierre-et-Miquelon	242 km²	Nord	Atlantique	4 600 km
Saint-Barthélemy	21 km²	Sud	Indien	6 800 km
Saint-Martin	54 km²	Nord	Atlantique	6 800 km
TOM (territoire d'outre-mer)				
Terres australes et antarctiques (TAAF) : Îles Saint-Paul, Amsterdam, archipels Crozet, Kerguelen.	7 391 km²	Sud	Indien	12 000 km
Terre Adélie	432 000 km²	Sud	Antarctique	17 000 km
Îles éparses	44 km²	Sud	Indien	8 000 km
Pays d'outre-mer (depuis 2004)				
Nouvelle-Calédonie	18 600 km²	Sud	Pacifique	18 000 km

Lexique

Pour les élèves

Un atoll : récif de corail en forme d'anneau au cœur duquel se trouve un lagon. Les atolls se situent dans les mers chaudes.

Le chômage : état des personnes de quinze ans et plus, privées d'emploi et en recherchant un.

Un cyclone : il s'agit d'une tempête avec des vents violents. Les cyclones se développent dans les zones tropicales.

La métropole : désigne la France d'Europe.

Les pays d'outre-mer : les pays qui se situent au-delà des mers par rapport à la France métropolitaine.

Le secteur informel : désigne les activités qui ne sont pas prises en compte dans les évaluations économiques.

1. *Les Programmes de l'école primaire*, B.O. hors-série n° 3, 19 juin 2008, p. 25.
2. Données variables selon les sources.
3. Idem.

Les espaces d'outre-mer, appelés aussi « espaces ultra-marins », sont caractérisés par leur dispersion dans le monde, leur diversité climatique et économique, leurs statuts juridiques variés qui induisent des liens différents entre les territoires et la métropole, et surtout leur caractère insulaire qui donne à la France un immense territoire maritime. La France est, de ce fait, le 3e pays du monde, après les États-Unis et le Royaume-Uni, pour son espace maritime. Leur superficie est variable ; leur relief et leur climat sont souvent difficiles. Pour plusieurs d'entre eux, l'exiguïté des marchés locaux, un taux de chômage élevé, une population jeune avec une forte croissance démographique, un éloignement avec la métropole, une économie fragile, des migrations fréquentes, une balance commerciale en déséquilibre font que ces espaces sont de plus en plus dépendants de la métropole et de Bruxelles, d'autant que les perspectives de développement sont assez limitées, sauf pour la Nouvelle-Calédonie (grâce à l'exploitation du nickel).

La France d'outre-mer : le résultat de conquêtes historiques

Comme le montre ce tableau, les conquêtes se sont déroulées en deux temps :
– du milieu du XVIe siècle jusqu'au XIXe siècle, la France souhaitant rivaliser avec les Anglais, les Hollandais et les Espagnols et faire des colonies des sources de profit.
– au XIXe siècle et au XXe siècle, avec la naissance de l'industrialisation et la recherche de matières premières.

Terres d'outre-mer	Découvertes par les Européens	Prises de possession par la France
Guadeloupe	1493	XVIIe siècle (sauf Saint-Barthélemy)
Guyane	1498	1664
Martinique	1502	1635
Réunion	Début XVIIe siècle	1642
Saint Pierre-et-Miquelon	1520	1535
Mayotte	1591	1841
Polynésie-Française	De 1595 à 1797	XIXe siècle
Wallis-et-Futuna	1767 et 1616	1842 et 1888
Clipperton	1705	1858
Îles éparses	Début XVIe siècle et 1722 (Tromelin)	XIXe siècle 1761
Nouvelle-Calédonie	1774 et 1793	XIXe siècle
Terres australes et antarctiques françaises (TAAF) : – Île Crozet – Kerguelen – Nouvelle-Amsterdam et Saint- Paul. – Terre Adélie	 1772 1772 1522 1840	 1772 1843 1840 1840

D'après D. Benjamin et H. Godard, *Les Outre-mers français : des espaces en mutation*, Ophrys, 1999, p. 18.

En 1946, les territoires concernés acceptent le statut des DOM-TOM. Au milieu du XXe siècle, des bases scientifiques sont installées en Terre Adélie ; en 1965, le centre spatial guyanais (CSG) est installé à Kourou en Guyane ; des expériences atomiques débutent en 1966 à Mururoa, en Polynésie.

Les caractéristiques de la France d'outre-mer

La population et l'urbanisation

La France d'outre-mer regroupe 2,6 millions d'habitants. Les quatre DOM entretiennent des rapports privilégiés avec la métropole, alors que les autres collectivités « ont choisi l'indépendance dans la République[4] ».

Lexique

Pour les enseignants

COM (collectivité d'outre-mer) : remplace le terme « TOM ». Ces territoires disposent d'une organisation particulière et peuvent adopter des règles locales différentes de celles de la métropole.

DOM (département d'outre-mer) : territoires qui ont une organisation administrative identique à celle des autres départements français. Les DOM sont aussi des régions françaises (ROM). Certaines dispositions leur sont particulières (fiscales, par exemple).

TOM (territoire d'outre-mer) : ce terme n'est plus en usage depuis 2003 et n'est utilisé que par habitude. Seuls les TAAF (terres australes antarctiques françaises) restent des TOM.

Un lagon : étendue d'eau salée peu profonde située entre la terre et le récif corallien. Elle est reliée à la mer par des brèches où pénètrent les marées.

4. *La France d'outre-mer aujourd'hui*, La documentation française, 2007. www.ladocumentationfrançaise.fr.

La croissance démographique s'est accélérée à partir des années 1950, ainsi que l'exode rural vers les villes principales et le développement des agglomérations littorales. Les pays d'outre-mer à dominante urbaine sont la Martinique, « une île-ville dominée par l'agglomération de Fort-de-France », la Guadeloupe (à l'exception de Basse-Terre), la Réunion et Tahiti. Mayotte, Wallis-et-Futuna sont à dominante rurale et traditionnelle, tandis que la Guyane et la Nouvelle-Calédonie connaissent des clivages marqués entre les régions[5].
Certains territoires connaissent une forte immigration venant des territoires voisins. Cette situation est préoccupante à la Réunion et à Mayotte (immigrés des Comores), en Guyane (immigrés du Surinam)[6].

Une économie fragile

Les territoires de la France d'outre-mer paraissent prospères dans leurs contextes régionaux, mais cela tient au fait qu'ils bénéficient d'aides financières venant de la métropole et de l'Union européenne. En fait leur économie reste précaire car elle est peu diversifiée.

– L'agriculture est une activité essentielle de la plupart des territoires, en particulier des DOM. Certains espaces sont dynamiques avec une mise en valeur des terres, une périurbanisation croissante et une explosion urbaine ; en revanche, d'autres sont en crise ou en déclin avec des cultures vivrières ou traditionnelles. Les productions agricoles sont spécialisées (banane, rhum, canne à sucre) et exportées. Elles sont soumises aux aléas climatiques, en particulier aux passages des cyclones.

– L'exploitation des ressources de la mer est inégale en fonction des pays. Les exportations, lorsqu'elles existent, sont sources de revenus parfois importants : c'est le cas des perles noires de la Polynésie-Française qui viennent en tête pour la valeur de la production. En revanche, l'exportation des produits de la pêche apporte de faibles revenus (langoustes de la Nouvelle-Amsterdam et de Saint-Paul, pêche industrielle de la crevette au large de la Guyane envoyée en métropole ou poissons guyanais exportés vers les DOM antillais).

– Quelques activités des secteurs industriel et tertiaire sont productives, comme l'extraction et les travaux autour du nickel en Nouvelle-Calédonie, les activités de la base spatiale de Kourou en Guyane et le tourisme, surtout en Polynésie-Française[7].

Le poids du tourisme dans les économies d'outre-mer croît sans cesse. Il est cependant concurrencé par les pays voisins qui attirent davantage de touristes : les salaires y sont bas et les équipements touristiques plus modernes. La clientèle est surtout originaire de métropole à l'exception de la Nouvelle-Calédonie ou de la Polynésie-Française ; les coûts de transport sont donc élevés pour les touristes venant de métropole du fait de l'éloignement. Saint-Barthélemy dans les Antilles et quelques destinations de Polynésie-Française sont réservées à une clientèle aisée. « Une véritable révolution culturelle est nécessaire » pour que les chiffres du tourisme soient meilleurs. Ainsi, d'ici 2017 la Nouvelle-Calédonie doit concurrencer les îles Fidji voisines avec 500 000 touristes par an au lieu des 200 000 actuels[8].

Les résultats de l'économie en outre-mer sont donc différents en fonction des zones[9] : Mayotte s'ouvre au tourisme, la croissance est forte en Nouvelle-Calédonie (ouverture de l'usine Goro Nickel prévue en 2009), mais des problèmes de développement existent en Guyane, en Polynésie, à Saint-Pierre-et-Miquelon, aux Antilles.

L'essor économique, c'est le défi que doit relever l'outre-mer dont le développement est fragile malgré un financement public important. Il serait nécessaire d'exporter, mais l'appareil productif n'est pas assez tourné vers l'extérieur, les obstacles douaniers sont nombreux, les grands marchés internationaux sont éloignés et les coûts de transport élevés.

Les secteurs de l'environnement et le tourisme offrent des perspectives de développement. Les investissements dépendent des relations entre la métropole et l'outre-mer : ces transferts de la métropole jouent un rôle important sur la création d'emplois, dans des pays où le chômage est élevé (plus du tiers de la population active à la Réunion) et les situations de pauvreté fréquentes.

5. D. Benjamin et H. Godard, *Les Outre-mers français : des espaces en mutation*, Ophrys, 1999, p. 109.
6. *La France d'outre-mer aujourd'hui*, La documentation française, 2007. www.ladocumentation française.fr.
7. J.-C. Gay, *L'Outre-mer en mouvement*, La Documentation photographique, La Documentation française, 2003.
8. *Le Tourisme, perspective de l'outre-mer français*, Rapport du Conseil économique et social, *Journal officiel*, 2007-1, pp. 10 à 22.
9. *Zoom sur l'économie des outre-mer en 2007*, RFO, 4 janvier 2008 (www.rfo.fr).

Dans la séance 2 concernant l'économie dans les régions d'outre-mer, nous avons choisi d'étudier le tourisme (Mayotte) et l'agriculture (Guadeloupe) car ce sont deux secteurs représentatifs de l'activité dans les pays d'outre-mer.

Des milieux contraignants

Ces régions sont soumises à des catastrophes naturelles nombreuses comme les éruptions volcaniques, les tremblements de terre et surtout les cyclones. Ainsi, la Réunion a connu en 2007 le cyclone Gamède, avec des rafales de vent atteignant plus de 250 km/h et des pluies diluviennes entraînant des dégâts considérables. La population est sensibilisée aux risques météorologiques et un système d'alerte permet une meilleure prévention. Le piton volcanique de la Fournaise sur l'île de la Réunion connaît des éruptions fréquentes qui constituent une menace pour les populations ; de même, le volcan de la Soufrière en Guadeloupe est étroitement surveillé.

Les outre-mers et le développement durable

Les terres d'outre-mer apportent à la métropole un patrimoine naturel diversifié et précieux : le deuxième plus vaste territoire maritime du monde, des forêts tropicales primaires (Guyane, Réunion), des terres glacées (Terre Adélie), 20 % des atolls de la planète, une importante superficie de récifs coralliens (plaçant la France au 4e rang mondial) et de nombreuses espèces endémiques. La Nouvelle-Calédonie, les Caraïbes, l'océan Indien et la Polynésie figurent parmi les zones de la planète où la biodiversité est extrême et où se concentrent le plus d'espèces végétales et animales. Mais le tourisme, l'exploitation des richesses minérales comme le nickel et l'or, la pêche intensive mettent en danger ce patrimoine. Afin de protéger les écosystèmes, des mesures de protection de l'environnement sont mises en place, comme le parc national de Guyane, créé en 2007, l'inscription envisagée du lagon de Nouvelle-Calédonie au Patrimoine de l'Humanité, etc.

Le président du Conseil régional de la Réunion a comparé le développement durable à « une longue marche vers un nouvel ordre mondial de l'économie et de l'écologie » et souligné que « l'outre-mer français était en tête d'un mouvement qui allait changer le monde[10] ».

10. X. Ternisien, « Des DOM-TOM aux DOM-COM », *Le Monde*, 2 juillet 2007.

Séance 1 – Les outre-mers : d'autres France ?

Compétences disciplinaires

- Situer la France d'outre-mer dans l'espace mondial.
- Connaître la diversité des paysages et des climats des régions d'outre-mer.

Compétences méthodologiques

- Compléter une carte.
- Lire et analyser une photographie.
- Mettre en relation une photographie et des données climatiques.
- Lire une carte météorologique.

Problématique

Quelles sont les caractéristiques de l'environnement dans la France d'outre-mer ?

Lexique

Métropole, pays d'outre-mer, cyclone.

Durée de la séance : 60 minutes.

Matériel

Poster 4	Un planisphère : La France d'outre-mer.
doc. 1	Un planisphère vierge.
doc. 2	Une photographie du lagon de Bora Bora en Polynésie-Française.
doc. 3	Une photographie satellite du cyclone Gula.
doc. 4	Deux textes : a) « Les cyclones à l'île de la Réunion. » b) « Les cyclones dans l'océan Indien. »

Étape 1

Situer la France d'outre-mer sur le planisphère

Matériel

– Le planisphère sur la France d'outre-mer (poster 4).
– Le planisphère vierge (doc. 1 à photocopier).

Organisation de la classe

Travail collectif puis individuel.

Dans cette étape, l'objectif du maître est de montrer aux élèves que le territoire français ne se réduit pas à l'espace métropolitain, mais que d'autres terres, dispersées sous toutes les latitudes et appelées terres d'outre-mer, font partie de l'espace français.

Les élèves observent le poster et répondent aux questions de l'enseignant :

- ▸ Quel est le titre de ce poster ? *La France d'outre-mer.*
- ▸ Qu'indique la légende de cette carte ? *La France métropolitaine et la France d'outre-mer.*

L'enseignant précise que l'expression « outre-mer » signifie « au-delà des mers ». La France d'outre-mer se distingue de la métropole, qui désigne la France d'Europe.
Il demande ensuite aux élèves de citer quelques territoires d'outre-mer, de donner la nature de ces espaces et les caractéristiques de leur localisation.

Réponses attendues

Les élèves citent des territoires d'outre-mer : Mayotte, la Martinique, Tahiti… Ils remarquent que ce sont surtout des îles de taille différente ; elles sont parfois très petites comme Clipperton au large de l'Amérique centrale ou les Îles Crozet dans l'océan Glacial Antarctique. D'autres espaces sont rattachés à un continent : la Guyane appartient à l'Amérique du Sud, la Terre Adélie à l'Antarctique. Ces terres sont dispersées à la surface du globe, situées pour la plupart entre les tropiques du Cancer et du Capricorne. Quelques-unes se trouvent en zone froide : les Îles Crozet, les Îles Kerguelen, Saint-Paul, Amsterdam, Saint-Pierre-et-Miquelon.
Lors de ce travail en commun, l'enseignant met en évidence le fait que ces régions sont éloignées de la métropole ; par exemple, la Guadeloupe se situe à 6 700 km, la Réunion à 9 300 km, la Polynésie-Française à 15 700 km. Il précise que Wallis-et-Futuna est la terre d'outre-mer la plus éloignée de la métropole (19 000 km) et que Saint-Pierre-et-Miquelon est la plus proche (4 600 km).
Enfin, il demande aux élèves d'essayer d'expliquer l'appartenance de ces territoires à la France. Il écoute les hypothèses des élèves, puis explique succinctement les causes d'origine historique, en reprenant les informations et le tableau présenté p. 64 (« Informations pour l'enseignant »).

Notion à communiquer aux élèves

La France d'outre-mer est composée surtout d'îles plus ou moins étendues. Seules la Terre Adélie et la Guyane appartiennent chacune à un continent (l'Antarctique et l'Amérique du Sud). La plupart de ces terres sont localisées dans la zone tropicale, à l'exception de Saint-Pierre-et-Miquelon et de la Terre Adélie. Les distances qui les séparent de la métropole sont importantes : la plus éloignée est l'île de Wallis-et-Futuna, la plus proche est Saint-Pierre-et-Miquelon. ■

À la fin de cette étape, les élèves se reportent au planisphère vierge (doc. 1). Chacun :
- indique le nom des tropiques, des continents et des océans ;
- situe les régions citées au cours de cette étape, par exemple la Guyane, la Terre Adélie, Saint-Pierre-et-Miquelon, les Îles Crozet, Wallis-et-Futuna...

Cette carte sera complétée lors des étapes suivantes.

Étape 2

Découvrir des paysages différents de ceux de la métropole : la Polynésie-Française

Matériel
- La photographie du lagon de Bora Bora en Polynésie-Française (doc. 2, cahier couleur p. 8).
- Le planisphère (doc. 1 à compléter).

Organisation de la classe
Travail collectif.

Les élèves situent d'abord la Polynésie-Française sur leur planisphère, qu'ils complètent. Puis collectivement, ils décrivent la photographie et l'enseignant apporte des renseignements complémentaires.
Il présente ensuite les données climatiques de la région et les fait mettre en relation avec le paysage observé, notamment avec la végétation.
Lors de la mise en commun, il note au tableau les observations des élèves et les apports théoriques. Cette synthèse figurera dans la trace écrite.

Résultat attendu

Description de la photographie	Apport du maître	Données climatiques* et végétation
C'est une île montagneuse, à la crête déchiquetée et aux flancs assez abrupts qui surplombent la mer. Des îlots rocheux affleurent à la surface vers la gauche de la photographie. Au premier plan s'allonge une bande de terre étroite, discontinue, couverte d'une végétation rase et de palmiers, bordée par une langue de sable du côté de l'océan. Au second plan, entre les deux, s'étend la mer dont la couleur bleu turquoise devient plus sombre vers les pentes de la montagne. Des habitations bordent la côte montagneuse.	Bora Bora est une île de Polynésie-Française. Elle appartient à l'archipel des Îles de la Société. Le mont Otemanu (727 m) est un volcan. Il est entouré d'un lagon et d'une frange de récif corallien de forme annulaire qu'on appelle un atoll. L'océan communique avec le lagon par des brèches appelées « passes ». Le lagon constitue un abri pour les bateaux.	Bora Bora jouit d'un climat agréable de type tropical, chaud et humide, avec des températures entre 24 ° et 27 °. On distingue 2 saisons : – une sèche de mai à octobre, – une chaude et humide de novembre à mars. La végétation est de type tropical : l'atoll est couvert par des cocotiers. On trouve aussi en Polynésie différents arbres comme l'arbre à pain, le bananier, le jasmin, l'hibiscus ou le tiaré.

* D'après Météo France (www.meteofrance.com).

Étape 3

Découvrir une caractéristique des régions tropicales : des risques naturels liés au climat

Matériel
- La photographie satellite du cyclone Gula (doc. 3, cahier couleur p. 8).
- Les deux textes sur les cyclones dans l'océan Indien (doc. 4 à photocopier).
- Le planisphère (doc. 1 à compléter).
- Le poster sur la France d'outre-mer.

Organisation de la classe
Travail collectif.

L'enseignant distribue aux élèves les documents sur les cyclones dans l'océan Indien.

Guidés par le maître, ils repèrent l'océan Indien et l'île de la Réunion sur le poster et complètent, au besoin, leur planisphère.

Ensuite, ils décrivent la photo : le cyclone apparaît sous forme d'un tourbillon blanc. Il est positionné au-dessus de l'océan Indien. Des masses nuageuses sont situées au nord-est et au sud-ouest. Les côtes qui apparaissent sur la photo sont celles de l'Afrique et de l'île de Madagascar.

Puis, l'enseignant pose des questions concernant l'ensemble des documents :
- ▸ Quelle est l'origine de la photographie ? *Elle provient de Météo France.*
- ▸ Quel est son intérêt ? *Elle permet de visualiser l'aspect et le trajet de la tempête tropicale.*

- Selon le texte, comment se déplace le cyclone Gula ? *Le cyclone se déplace du nord-est vers le sud-ouest.*
- Quels sont les cyclones nommés dans le texte a ? *Les cyclones nommés dans le texte a sont Diwa, Gamède et Gula.*
- Quand ont-ils été observés ? *Ils ont été respectivement observés en mars 2006, février 2007, janvier 2008.*
- Quelles sont les conséquences de leur passage sur l'île ? *Leur passage engendre de nombreux dégâts : vents forts, pluies abondantes (Diwa), inondations et crues des cours d'eau, destruction d'un pont avec des conséquences pour les liaisons entre les deux parties de l'île (Gamède).*
- Quelle est la nature de la troisième information donnée par le texte a ? *C'est un bulletin d'information sur le développement du cyclone Gula et un appel à la vigilance.*
- Combien de cyclones sont prévus pour la saison 2007-2008 ? *Au moins 26 cyclones sont prévus pour la saison 2007-2008.*

Durant cette phase de travail, le maître indique que l'océan Indien est le siège de nombreux cyclones tropicaux. Un cyclone est un phénomène atmosphérique qui se forme au-dessus des surfaces d'eau tropicales et qui occasionne des vents violents et des précipitations torrentielles. Le centre est appelé l'œil du cyclone. Un nom leur est attribué ; le premier de la saison commence par A... Une vigilance cyclonique est organisée par Météo France avec différents niveaux d'alerte.

Notion à communiquer aux élèves

Les régions d'outre-mer de la zone tropicale connaissent une activité cyclonique importante, entraînant des dégâts considérables. La population est sensibilisée aux risques météorologiques grâce à un système d'alerte qui permet une meilleure prévention des risques. ■

L'enseignant ajoute que d'autres phénomènes peuvent survenir dans ces régions tropicales, comme des éruptions volcaniques ou des tremblements de terre.

Étape 4

Trace écrite

Elle est constituée par :

- le planisphère complété par les élèves pendant la séance ;
- le tableau sur Bora Bora (étape 2) ;
- la synthèse sur les cyclones de l'océan Indien (étape 3).

6
Fiche documents

Les outre-mers : d'autres France ?

Document 1

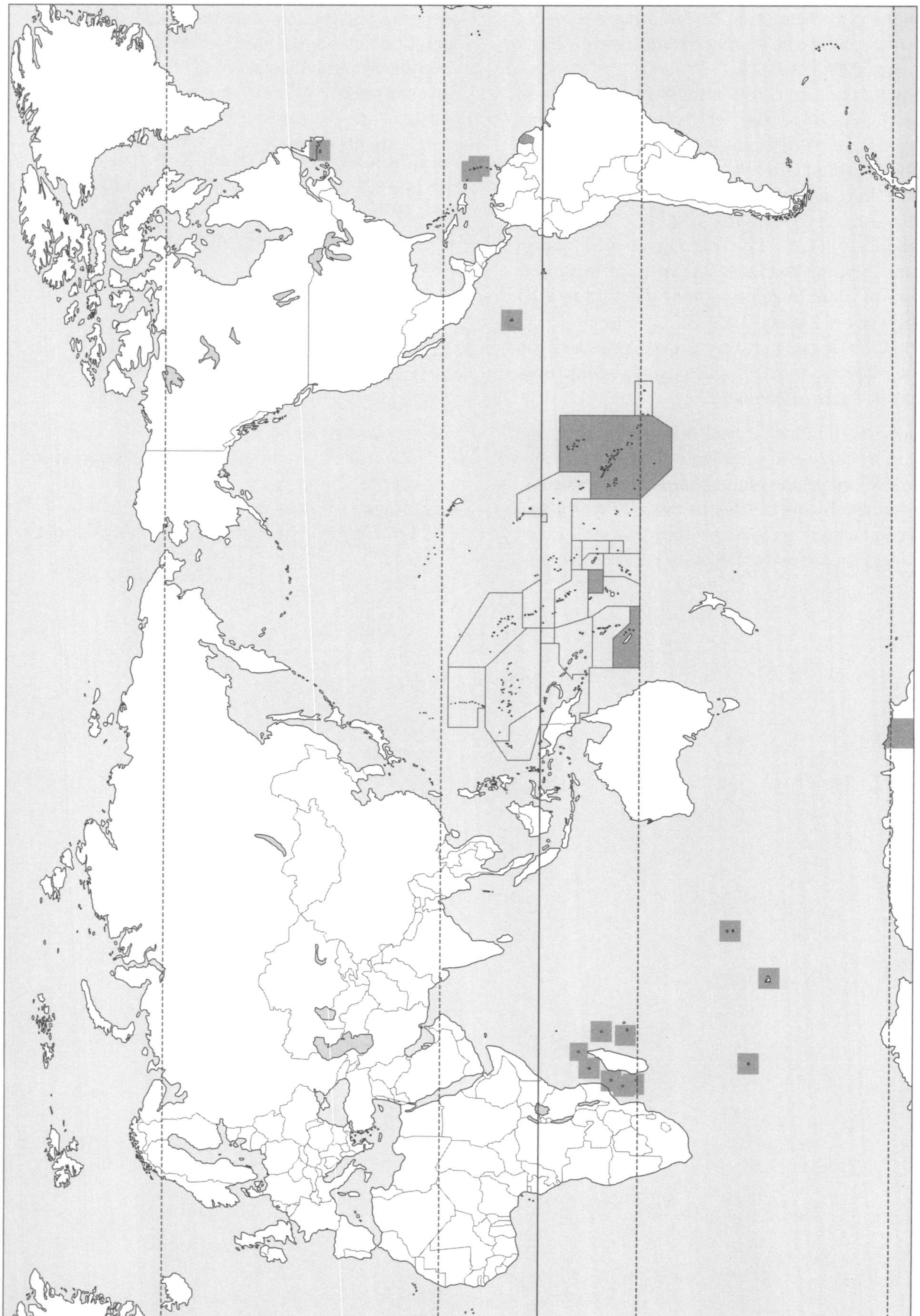

La France d'outre-mer.

6 Fiche documents

Les outre-mers : d'autres France ?

Document 4

« En mars 2006, la tempête tropicale Diwa passe à 250 km de l'île de la Réunion. Des rafales de vent sont mesurées à 170 km/h dans la Plaine-des-Cafres pendant deux jours. Les pluies tombent abondamment sur le volcan. »
« Le cyclone Gamède du mois de février 2007 a causé bon nombre de dégâts, notamment la perte du pont de la rivière Saint-Étienne, le seul axe qui unit le sud et l'est de l'île. »
« La position de la tempête tropicale Gula le 28 janvier 2008 à 10 h est de 15.0 sud / 62.6 est. Elle se situe à 980 km au nord-est des côtes réunionnaises et se déplace vers le sud/sud-ouest à la vitesse de 7 km/h. Il convient de se tenir informé de l'évolution de la situation. »

a Les cyclones à l'île de la Réunion.

Voici la liste des noms des tempêtes et des cyclones tropicaux prévus pour la saison 2007-2008 sur le sud-ouest de l'océan Indien et qui concerne l'île de la Réunion. Ariel sera le premier de la saison cyclonique : Ariel, Bongwe, Celina, Dama, Elnus, Fame, Gula, Hondo, Ivan, Jokwe, Kamba, Lola, Marabe, Nungu, Ofelia, Pulane, Qoli, Rossana, Sama, Tuma, Uzale, Vongai, Warona, Xina, Yamba, Zefa…

b Les cyclones dans l'océan Indien.

D'après www.iledelareunion.net/photo-reunion/cyclones-et-tempetes-59.htm (texte a) et www.i974.fr/reunion.php/tag/cyclone (textes a et b).

6 Fiche documents

Les outre-mers : d'autres France ?

Document 4

« En mars 2006, la tempête tropicale Diwa passe à 250 km de l'île de la Réunion. Des rafales de vent sont mesurées à 170 km/h dans la Plaine-des-Cafres pendant deux jours. Les pluies tombent abondamment sur le volcan. »
« Le cyclone Gamède du mois de février 2007 a causé bon nombre de dégâts, notamment la perte du pont de la rivière Saint-Étienne, le seul axe qui unit le sud et l'est de l'île. »
« La position de la tempête tropicale Gula le 28 janvier 2008 à 10 h est de 15.0 sud / 62.6 est. Elle se situe à 980 km au nord-est des côtes réunionnaises et se déplace vers le sud/sud-ouest à la vitesse de 7 km/h. Il convient de se tenir informé de l'évolution de la situation. »

a Les cyclones à l'île de la Réunion.

Voici la liste des noms des tempêtes et des cyclones tropicaux prévus pour la saison 2007-2008 sur le sud-ouest de l'océan Indien et qui concerne l'île de la Réunion. Ariel sera le premier de la saison cyclonique : Ariel, Bongwe, Celina, Dama, Elnus, Fame, Gula, Hondo, Ivan, Jokwe, Kamba, Lola, Marabe, Nungu, Ofelia, Pulane, Qoli, Rossana, Sama, Tuma, Uzale, Vongai, Warona, Xina, Yamba, Zefa…

b Les cyclones dans l'océan Indien.

D'après www.iledelareunion.net/photo-reunion/cyclones-et-tempetes-59.htm (texte a) et www.i974.fr/reunion.php/tag/cyclone (textes a et b).

Séance 2 – Des économies fragiles

Compétence disciplinaire
- Connaître la diversité économique des espaces d'outre-mer.

Compétences méthodologiques
- Analyser un tableau.
- Décrire et étudier une affiche publicitaire.
- Analyser un texte documentaire.
- Repérer des lieux sur une carte.

Problématique
Quelle économie pour les espaces d'outre-mer ?

Lexique
Chômage, secteur informel.

Durée de la séance : 60 minutes.

Matériel
Poster 4 Un planisphère : La France d'outre-mer.
doc. 1 Un tableau : Le taux de chômage dans quatre pays d'outre-mer.
doc. 2 Une affiche de l'office du tourisme de Mayotte.
doc. 3 Un tableau vierge sur cette affiche.
doc. 4 Une carte : L'agriculture en Guadeloupe.
doc. 5 Un texte : « La culture de la banane en Guadeloupe ».
Le planisphère utilisé lors de la séance 1.

Étape 1

Constater les difficultés des populations face à l'emploi

Matériel
Le tableau sur le taux de chômage dans quatre pays d'outre-mer (doc. 1 à photocopier).

Organisation de la classe
Travail collectif.

L'enseignant présente le tableau aux élèves et donne la définition du taux de chômage : le pourcentage de chômeurs dans la population active, c'est-à-dire la partie de la population qui ne possède pas de travail et en recherche un. Il pose les questions suivantes :
- Quels sont les pays cités ? *Guadeloupe, Martinique, Guyane, Réunion et Métropole.*
- Quel pays connaît le plus fort taux de chômage ? *La Réunion.*
- Dans ces cinq pays, quelle est l'évolution du taux de chômage entre les deux années de référence ? *On observe une diminution pour tous les pays.*
- Quel pays a le taux de chômage le plus stable ? *La Guyane, avec une baisse de 0,9 %.*
- Quel pays connaît une baisse très importante du taux de chômage entre 1999 et 2007 ? *La Réunion : moins 10,2 % de chômeurs.*

L'enseignant précise que les pays d'outre-mer connaissent un taux de chômage élevé qui s'explique par une forte croissance démographique et un faible nombre d'emplois. La pauvreté et l'exclusion en sont des conséquences. Les populations vivent souvent d'activités parallèles, non reconnues, qui constituent « l'économie souterraine » (secteur informel).

Étape 2

Découvrir une destination touristique

Matériel
- L'affiche de l'office du tourisme de Mayotte (doc. 2, cahier couleur p. 9).
- Le tableau vierge sur cette affiche (doc. 3 à photocopier).
- Le poster sur la France d'outre-mer.

Organisation de la classe
Travail collectif, puis individuel ou en binômes, et de nouveau collectif.

Les élèves observent l'affiche de l'office du tourisme de Mayotte et situent cette île sur leur planisphère (dans l'océan Indien, entre l'Afrique et Madagascar).

L'enseignant leur demande :
- Quel est le titre donné à cette affiche ? *Mayotte, réalisez vos envies.*
- Que mentionne l'étiquette située dans la partie inférieure ? *Mayotte, l'île au lagon.*
- Quel est l'objectif de ce document ? *Promouvoir le tourisme à Mayotte.*

Il propose de faire une description de cette affiche, à l'aide d'un tableau (doc. 3). Individuellement ou en binôme, les élèves remplissent, dans un premier temps, la colonne de gauche.

Résultat attendu

Description de l'affiche	Caractéristiques de l'île Apport du maître
Les couleurs dominantes sont le vert et le bleu. Au premier plan, on voit des plantes et des fleurs tropicales (palmiers, hibiscus, espèces variées d'orchidées), des oiseaux, un papillon, un lémurien, un lézard. Au second plan, au centre de l'affiche, on observe des poissons multicolores, des récifs coralliens, des eaux couleur turquoise d'où émerge une baleine. En arrière plan, on distingue des zones montagneuses, sans doute les bords du lagon. Cette affiche présente trois mondes à découvrir : 1. une faune et une flore riches ; 2. un espace aquatique merveilleux ; 3. des montagnes et paysages variés.	– Un climat chaud, évoqué par la couleur jaune du titre et par le soleil dans le mot Mayotte au bas de l'affiche. – Un environnement préservé : des espèces animales rares, sur terre comme en mer, et un milieu végétal exceptionnel.

Lors de la mise en commun, l'enseignant donne quelques informations sur l'île ; les élèves complètent la colonne de droite.

Il précise que la valorisation du tourisme est importante : il a un rôle majeur dans l'économie des régions d'outre-mer car c'est un moyen de résoudre le chômage et la précarité de ces régions. Toutefois, dans certaines collectivités, le tourisme enregistre de mauvaises performances et il est nécessaire d'inscrire le secteur touristique comme une priorité dans les actions de développement des îles.

Notion à communiquer aux élèves

Le poids du tourisme est important dans l'économie des pays d'outre-mer car il permet de créer des emplois. Son développement, la modernisation des structures d'accueil, la création de nouvelles destinations font partie des priorités économiques pour l'outre-mer. ■

Étape 3

Étudier l'exemple de l'agriculture en Guadeloupe

Matériel

- La carte sur l'agriculture en Guadeloupe (doc. 4 à photocopier).
- Le texte sur la culture de la banane en Guadeloupe (doc. 5 à photocopier).
- Le poster sur la France d'outre-mer.

Organisation de la classe

Travail collectif.

Afin de sensibiliser les élèves aux problèmes de l'économie dans les pays d'outre-mer, l'enseignant propose l'exemple de l'agriculture en Guadeloupe, le secteur agricole constituant l'essentiel de l'activité économique des régions ultra-marines.

Les élèves situent l'île sur le planisphère (poster). Ils se reportent ensuite à la carte sur l'agriculture en Guadeloupe. Ils découvrent les différentes parties qui composent l'île : Grande Terre, Basse Terre, les Saintes, Marie-Galante, la Désirade. L'enseignant pose les questions suivantes :

- Quel est le titre de cette carte ? *L'agriculture en Guadeloupe.*
- Qu'indique la légende ? *Les zones de productions agricoles de l'île : la canne à sucre, la banane et autres fruits, les légumes et les fleurs, l'élevage.*
- Comment ces activités agricoles sont-elles réparties dans l'espace guadeloupéen ? *Du nord au sud de Basse Terre et Grande Terre, on cultive la canne à sucre, les fleurs et les légumes. La banane occupe une grande partie de la superficie au sud de Basse Terre avec d'autres cultures de fruits. Les terres de Marie-Galante sont consacrées à la canne à sucre. L'élevage est pratiqué à la Désirade et sur une partie de Grande Terre.*

Après une lecture individuelle du texte, les élèves répondent aux questions de l'enseignant :

- Que décrivent les trois premières lignes ? *Une plantation de bananes abandonnée.*
- Quelles sont les raisons de cette situation ? *Le surendettement des agriculteurs, c'est-à-dire leur nombre d'emprunts et leur découragement, l'effondrement des exportations, la concurrence des entreprises américaines, la pollution des eaux et des sols par les pesticides.* (Les élèves peuvent surligner ces informations dans le texte.)
- Quelles en sont les conséquences ? *La baisse du nombre de planteurs.*
- À qui profite cette situation ? *Aux promoteurs immobiliers.*
- Comment sont-ils désignés ? *Les planteurs de béton (en référence aux planteurs de bananes).*

L'enseignant ajoute que la Guadeloupe connaît une urbanisation croissante et que les terrains sont très recherchés pour les nouvelles constructions.

▸ Quelles peuvent être les solutions pour sortir de la crise ? *Travailler la qualité des produits, gérer les entreprises de manière industrielle.*

Ce texte montre la situation difficile de l'agriculture en Guadeloupe. Elle touche la banane mais aussi la canne à sucre. L'enseignant précise que cette situation est celle de toutes les Antilles.

Notion à communiquer aux élèves

L'agriculture est une ressource essentielle dans les pays d'outre-mer tropicaux, comme la Guadeloupe. On y cultive surtout des fruits et légumes (bananes et ignames) et la canne à sucre. Cependant le secteur agricole est confronté à des difficultés économiques. Les principales causes en sont le surendettement des agriculteurs, la concurrence des promoteurs immobiliers, les effets néfastes de l'utilisation de produits nocifs aux cultures. ■

Étape 4

Trace écrite

La trace écrite se compose des synthèses de chaque étape (voir les rubriques « Notion à communiquer aux élèves »).

Évaluation

Compétences évaluées

- Situer des lieux sur une carte.
- Décrire et analyser une photographie.
- Donner des définitions du lexique spécifique de la géographie.
- Choisir des informations pertinentes dans les connaissances acquises.

Corrigé

1.

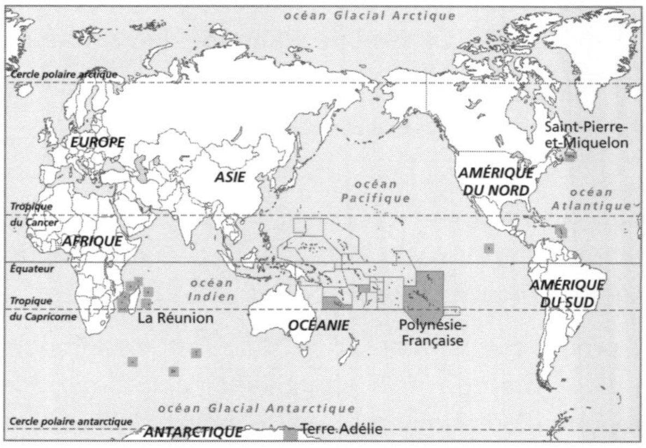

2. Dans les régions tropicales d'outre-mer, il peut y avoir des éruptions volcaniques, des tremblements de terre et des cyclones.

3. a) Il s'agit d'une vue oblique.

b) Au premier plan, une case sert de magasin avec des présentoirs de foulards et de vêtements. Au second plan, un espace aquatique est isolé de la mer par une sorte de digue plantée de palmiers. Des chaises longues sont installées au bord de cet espace ainsi que sur une plate-forme centrale. Des cases sont construites face à la mer. En arrière-plan, se dresse une zone montagneuse.

c) La présence de palmiers, de la mer et d'un sommet permet de penser qu'il s'agit d'une photographie d'une île de la zone tropicale. (Il s'agit d'une photographie de Tahiti.)

d) Tous ces éléments identifient ce lieu comme un hôtel fréquenté par les touristes. Cette photographie évoque donc l'activité touristique.

e) Le tourisme est une des activités économiques prioritaires pour les régions tropicales. Il permet de créer des emplois dans les pays d'outre-mer où le chômage est important. Certains pays comme Mayotte développent de nouvelles structures d'accueil (hôtels, activités) pour les touristes. C'est une des priorités économiques pour l'outre-mer.

4. Chômage : état des personnes de quinze ans et plus, privées d'emploi et en recherchant un. Atoll : récif de corail en forme d'anneau au cœur duquel se trouve un lagon. Les atolls se situent dans les mers chaudes.

6
Fiche documents

Des économies fragiles

Document 1

	Guadeloupe	Martinique	Guyane	Réunion	Métropole
1999	25,6 %	26,3 %	21,2 %	34,4 %	9,1 %
2007	22,7 %	21,2 %	20,3 %	24,2 %	8,1 %

Source : Insee (www.insee.fr).

Le taux de chômage dans quatre pays d'outre-mer en 1999 et en 2007.

Document 3

Description de l'affiche	Caractéristiques de l'île

Des économies fragiles

Document 4

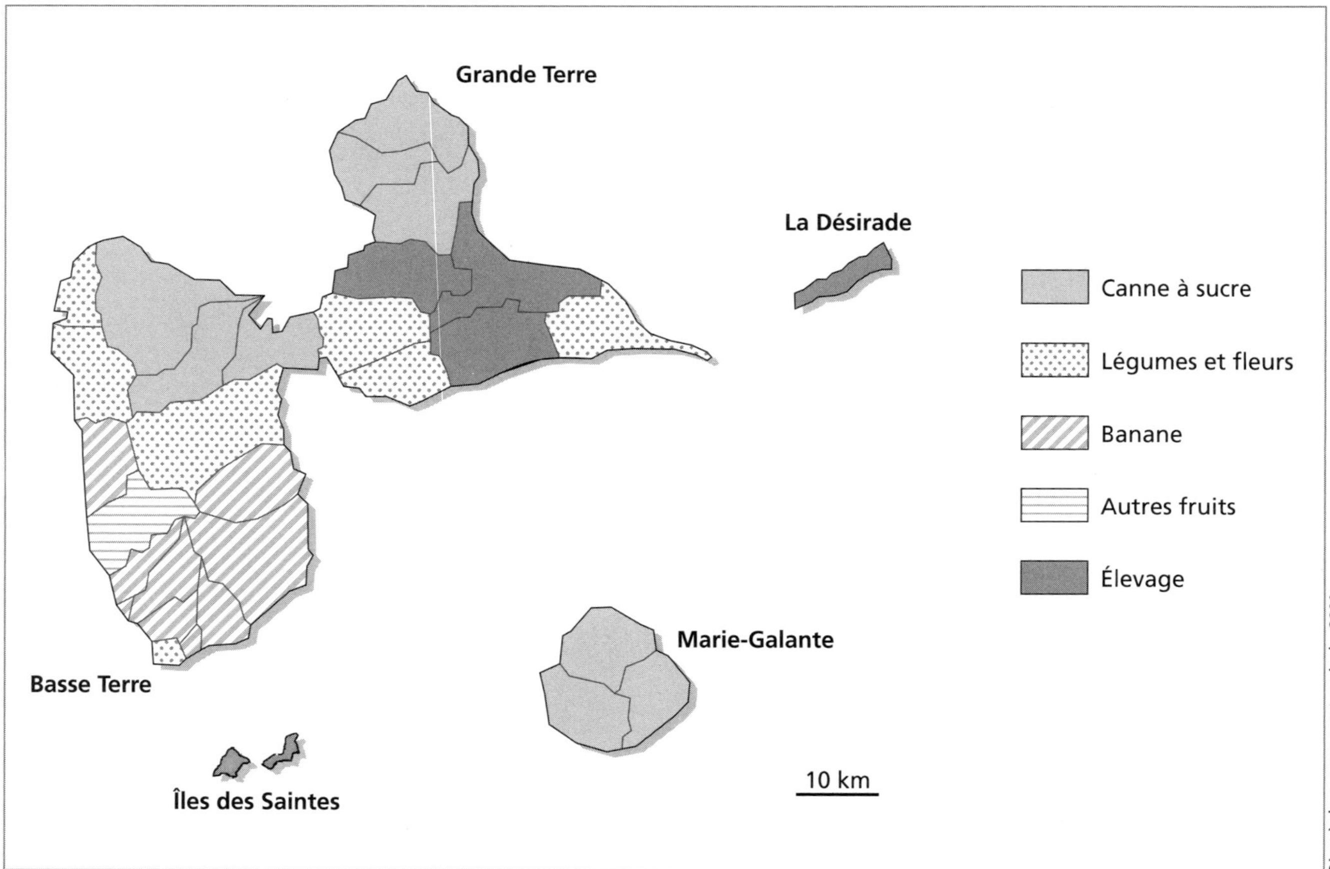

D'après le recensement agricole, 2000.

L'agriculture en Guadeloupe.

Document 5

Un hangar ouvert aux quatre vents, une camionnette abandonnée, et tout autour des centaines de bananiers desséchés, envahis par les mauvaises herbes. Voilà ce qu'il reste de cette plantation de bananes qui faisait vivre, il y a encore quelques mois, une famille d'agriculteurs de la région de Saint-Claude en Guadeloupe. Comme beaucoup d'autres, le propriétaire finira par revendre ses terres à la commune ou à un promoteur immobilier… Le schéma est simple : d'un côté, les agriculteurs surendettés et découragés ; de l'autre, les investisseurs à l'affût de la moindre parcelle de terrain à bâtir, « les planteurs de béton »… Les exportations se sont effondrées. Les paysans se sont retrouvés en concurrence avec les puissantes sociétés américaines (Chiquita, Del Monte) qui détiennent à elles seules les deux tiers du marché de la banane. Le nombre de planteurs a été divisé par quatre au cours des douze dernières années. La canne à sucre est en crise ainsi que d'autres cultures comme les ignames. Les sols et les eaux sont contaminés par des pesticides comme le chlordécone. Pour survivre, il faudra s'adapter aux nouvelles règles du marché : qualité de la production, gestion industrielle des plantations.

D'après S. Archimède, « Aux Antilles, marché déréglementé, chômage assuré », *Le Monde Diplomatique*, mai 2006.

La culture de la banane en Guadeloupe.

Les territoires français dans le monde

1. Sur le planisphère, situe les pays d'outre-mer suivants :

Terre Adélie – La Réunion – Polynésie-Française – Saint-Pierre-et-Miquelon

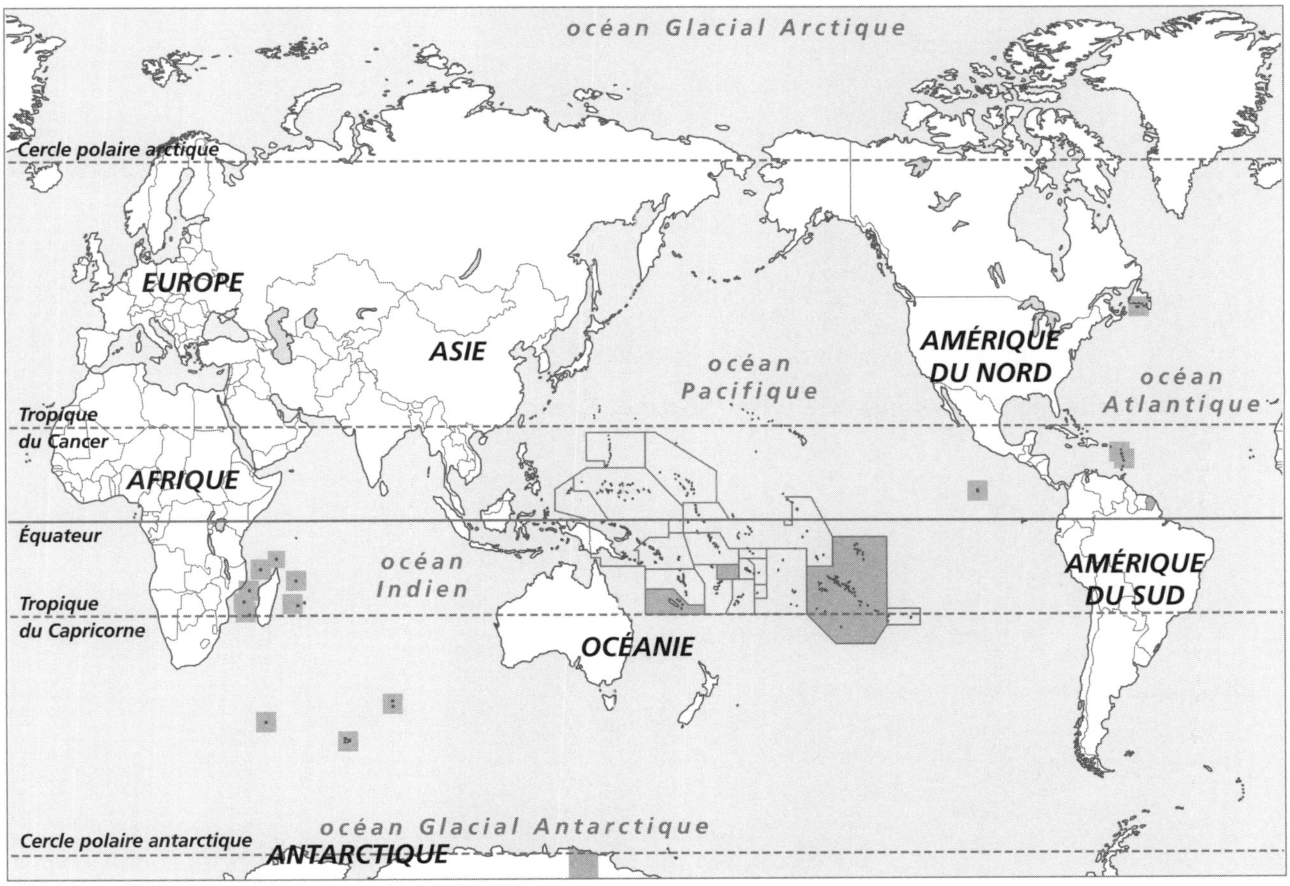

2. Quels risques naturels menacent les régions tropicales d'outre-mer ?

....

....

3. Décris et analyse la photographie de ce paysage d'outre-mer, en répondant aux questions.

© J. Torregano / Fédéphoto

a) De quel type de photographie s'agit-il (vue aérienne, oblique, verticale, vue au sol) ?

....

b) Décris cette photographie.

....

....

....

....

c) Dans quelle région peut-elle être prise ? Justifie ta réponse.

....

....

....

d) Quelle activité illustre-t-elle ?

....

....

e) Quelle place cette activité a-t-elle dans les pays d'outre-mer ?

....

....

....

5. Donne une définition du chômage, d'un atoll.

Chômage : ....

....

Atoll : ....

....

Un exemple de DOM : la Guyane française

Informations pour l'enseignant

Cette séquence s'inscrit dans les programmes de 2008[1] qui invitent l'enseignant à étudier les territoires français dans le monde et à initier les élèves au développement durable. Ces deux séances consacrées à la Guyane française permettent d'approfondir la connaissance d'un des plus anciens territoires dont la France a pris possession (1664) et dont la situation à 7000 kilomètres de la métropole engendre des réalités locales spécifiques. La Guyane est, depuis 1946, un département français d'outre-mer.

Les caractéristiques géographiques de la Guyane

L'origine du nom Guyane est indigène. Guyane signifie « ce qu'on ne peut nommer », « la terre sacrée ».

Située sur le continent sud-américain, elle appartient au plateau des cinq Guyanes qui s'étend entre les fleuves Orénoque et Amazone, en bordure de l'océan Atlantique mais elle n'occupe que 4 % des terres du plateau, soit 91 000 km^2. Elle est bordée de frontières naturelles : à l'ouest, elle est séparée du Surinam par le fleuve Maroni et les rivières Awa et Itany ; à l'est, l'Oyapock sépare la Guyane du Brésil. Au sud, ce sont les monts Tumucumaque qui servent de limites avec le Brésil.

Du fait de sa position entre le 2e et le 5e parallèle de latitude nord, la Guyane connaît un climat équatorial caractérisé par deux saisons sèches alternant avec deux saisons humides.

Le pays est très boisé avec plus de 90 % de forêt vierge dont une grande partie de forêt primaire. Seule une bande littorale est occupée par la savane et des zones marécageuses. La forêt est très riche et peu fragmentée par rapport aux autres espaces boisés du monde. On compte plus de 160 espèces d'arbres sur un hectare, et plus de 5 500 espèces végétales sont actuellement répertoriées.

La population

Au recensement de 2006, la Guyane comptait près de 200 000 habitants (425 000 sont prévus en 2030). La population guyanaise est caractérisée par :

- un fort taux de croissance : 3,5% par an, c'est le plus élevé des régions françaises ;
- une population jeune : 43,3 % de la population ont moins de vingt ans ;
- une quarantaine de nationalités (Créoles, Amérindiens, Noirs Marrons…) ;
- une inégale répartition sur le territoire : la densité étant très faible dans l'espace forestier (moins de 1 %), la population est concentrée sur la bande littorale avec deux pôles : Cayenne, capitale du pays (plus de la moitié de la population), et Saint-Laurent du Maroni à la frontière avec le Surinam. Elle se trouve aussi autour des chefs-lieux comme Kourou et le long des fleuves.

1. *Programmes d'enseignement de l'école primaire*, Cycle 3, B.O. n° 3, 19 juin 2008, p. 25.

Le réseau urbain

Il est organisé autour de deux pôles : Cayenne et Saint-Laurent du Maroni. ***Cayenne*** est construite sur une presqu'île occupée autrefois par les Indiens. En 1643, une première tentative française d'installation échoue, suivie de celle des Hollandais, puis des Anglais. C'est en 1674 que les Français reprennent la ville. Au XVIIIe siècle, l'économie de plantation (cacao, café, coton...) est développée. Plus tard, Napoléon III y installe le bagne, qui fermera en 1946. De 1855 jusqu'à la Seconde Guerre mondiale, l'activité commerciale de la ville se développe grâce à la ruée vers l'or. Avec la création du centre spatial guyanais en 1965 à Kourou, Cayenne devient une ville aux infrastructures modernes (aéroport de Rochambeau, port de Dégrad-des-Cannes, plate-forme commerciale pour les exportations et les importations avec la métropole, les Antilles et les autres pays étrangers). Elle est le siège des administrations préfectorales, régionales, départementales. Les organismes européens y sont représentés ainsi que de nombreuses entreprises françaises. Cayenne est la capitale régionale de la Guyane. Son agglomération s'étend aux villes de Macouria, Rémire-Montjoly, Matoury.

Saint-Laurent-du-Maroni, située entre le Maroni et la forêt amazonienne, à 260 kilomètres de Cayenne, face à la ville d'Albina au Surinam, est une ville aux nombreuses ethnies. La densification urbaine est importante. Son architecture coloniale et pénitentiaire en fait une des plus belles villes guyanaises. Elle a accueilli les condamnés aux travaux forcés sous la Révolution française, puis à partir de 1852 jusqu'à la fin de la Seconde Guerre mondiale : elle était alors le siège de l'administration du bagne et de la transportation. Les bâtiments du bagne sont devenus des lieux touristiques. Saint-Laurent-du-Maroni est actuellement le point de départ pour la remontée en pirogue vers les villages du fleuve, pour des circuits d'écotourisme à la découverte de la forêt amazonienne ; des ferries relient la ville à Albina.

Les actions pour l'environnement

La moitié de la biodiversité française se trouve en Guyane dont 29 % des plantes, 92 % des insectes. Au sommet de Rio en 1992, la France a proposé que la Guyane soit « un pôle d'excellence en matière de protection de la forêt tropicale et d'éco-développement ». En 2002, au sommet de Johannesbourg, la réflexion sur la nécessité d'un développement durable fait l'objet d'un livre blanc pour les actions environnementales à conduire. Le parc naturel régional de la Guyane est créé en 2001 pour connaître et gérer le patrimoine naturel, aménager le territoire, promouvoir le développement, accroître les échanges et l'accueil. En 2007 est délimité le parc naturel amazonien qui occupe environ la moitié sud du pays. Un espace de coopération a été mis en place dans le cadre du programme opérationnel transfrontalier avec le Brésil et le Surinam durant la période 2007-2013. Un des objectifs est de favoriser le développement durable « coordonné et intégré au bénéfice des populations des zones de coopération[2] ».

2. www.cr-guyane.fr

Séance 1 – Les caractéristiques géographiques et environnementales de la Guyane

Compétences disciplinaires
- Connaître les spécificités géographiques de la Guyane.
- Connaître des mesures de protection de l'environnement.

Compétences méthodologiques
- Situer des lieux sur une carte.
- Lire une carte.
- Analyser un texte documentaire.

Problématique

Comment l'environnement est-il protégé en Guyane française ?

Lexique

Département d'outre-mer, Créole, Amérindien, frontière naturelle.

Durée de la séance : 45 minutes.

Matériel

doc. 1 Un planisphère.
doc. 2 Une carte du relief et de la végétation en Guyane.
doc. 3 Une photographie : Le fleuve Maroni.
doc. 4 Une carte : Les zones protégées en Guyane française.
doc. 5 Un texte : « Le parc amazonien de la Guyane française » avec un questionnaire.
Un planisphère mural.

Étape 1

Découvrir les spécificités géographiques de la Guyane

Matériel
- Le planisphère (doc. 1 à photocopier).
- La carte du relief et de la végétation en Guyane (doc. 2, cahier couleur p. 10).
- La photographie du fleuve Maroni (doc. 3, cahier couleur p. 10).
- Un planisphère mural.

Organisation de la classe

Travail collectif.

L'objectif de cette étape est de situer la Guyane sur un planisphère et de se familiariser avec les grandes lignes de son relief.

L'enseignant pose les questions suivantes :

- Où se trouve la Guyane française ? *Sur la côte nord-est de l'Amérique du Sud, à l'ouest du Brésil, en bordure de l'océan Atlantique.*

Les élèves la colorient sur leur planisphère.

- Comment la situer par rapport à l'équateur et aux tropiques ? *Entre le tropique du Cancer et l'équateur, dans l'hémisphère Nord.*
- Avec quels pays la Guyane a-t-elle des frontières ? *Avec le Brésil à l'est et au sud, et le Surinam à l'ouest.*

L'enseignant explique que ces frontières sont naturelles : il s'agit de deux fleuves, le Maroni à l'ouest et l'Oyapock à l'est, et d'un massif montagneux, les monts Tumucumaque, au sud, à la limite avec le Brésil.

Les élèves se reportent ensuite à la carte de la végétation dans le cahier couleur. Ils constatent avec le maître que la bordure littorale est en partie occupée par des marais alors que le reste du territoire (soit 94 % de la superficie) est couvert par la forêt amazonienne. La Guyane française représente l'une des zones les plus vastes au monde couvertes de forêts primaires (c'est-à-dire originelle, ni exploitée, ni influencée par l'homme).

L'enseignant propose aux élèves d'observer la photographie du fleuve Maroni. Ils le situent sur la carte : c'est la frontière ouest de la Guyane avec le Surinam. Puis ils essaient de dégager l'impression ressentie à la vue de ce paysage. Le Maroni est un fleuve très vaste dont les rives sont boisées ; la forêt, épaisse et dense, semble difficilement pénétrable. Au premier plan glisse un bateau. L'enseignant indique qu'il s'agit certainement d'une pirogue, long bateau creusé dans un tronc d'arbre et fréquemment utilisé dans cette région.

Notion à communiquer aux élèves

La Guyane est un département d'outre-mer. Sa population est très diversifiée. Elle est composée de Créoles (population blanche née dans les Antilles), d'Amérindiens (les premiers habitants de Guyane), de Noirs, descendants d'anciens esclaves, et d'immigrants européens.
Le climat est chaud et humide (moyenne des températures 27 °C).
Le plateau des Guyanes, couvert de forêts très denses, s'élève vers le sud pour constituer les terres hautes. Plusieurs îles côtières, comme les îles du Salut, bordent le rivage. ■

Étape 2

Découvrir des espaces protégés

Matériel

- La carte sur les zones protégées en Guyane française (doc. 4 à photocopier).
- Le texte : « Le parc amazonien de la Guyane française » et un questionnaire (doc. 5 à photocopier).

Organisation de la classe

Travail collectif puis individuel.

L'objectif de cette étape est de faire prendre conscience aux élèves de l'importance de la prise en compte de l'environnement exceptionnel dans la gestion du territoire guyanais.

Les élèves observent d'abord la carte et l'enseignant pose les questions suivantes :

- Quel est le titre de cette carte ? *Les zones protégées en Guyane française.*
- Comment définissez-vous une zone géographique protégée ?

Les élèves proposent des éléments de définition. L'enseignant les guide afin de construire la définition suivante : Partie d'un territoire aux limites précises soumise à un ensemble de règles de la part de l'État, d'un organisme international, national ou régional afin d'assurer la protection de la faune, de la flore, des populations autochtones ou de l'habitat.

- Comment le territoire guyanais est-il partagé ? *Il est découpé en deux zones : au nord, les réserves se situent dans l'intérieur des terres (réserves de la Trinité, des Nouragues...) ou en bordure du littoral (réserve d'Amana à l'ouest ou réserve des Marais de Kaw à l'est) ; le sud est occupé par le parc national amazonien.*

Les élèves lisent ensuite le texte et répondent individuellement au questionnaire. La correction est collective.

Réponses attendues

1. La protection du patrimoine naturel en Guyane.
2. « Il forme le plus grand espace protégé de forêt tropicale du monde avec une des plus grandes forêts humides. »
3. Dans le parc, on rencontre des insectes (fourmis, termites), des anacondas, des jaguars, des chauves-souris, des singes hurleurs.
4. La végétation est très riche car on découvre chaque année de nouvelles variétés d'arbres.
5.

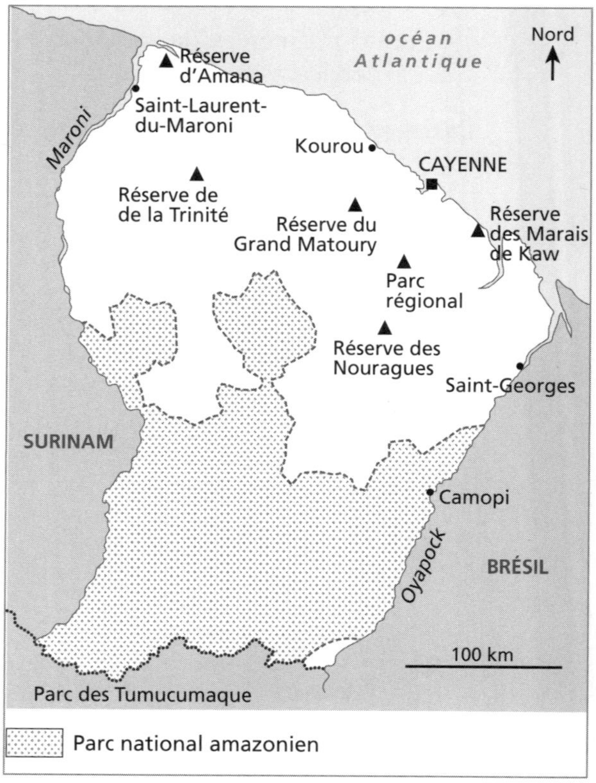

> **Notion à communiquer aux élèves**
>
> La Guyane française est riche en espèces végétales et animales (biodiversité). La France a mis en place des systèmes de protection comme la création de parcs nationaux, de réserves naturelles terrestres et marines, l'inscription de sites au Patrimoine de l'humanité, l'installation d'observatoires des espèces, des programmes de reboisement. ■

Étape 3

Trace écrite

Elle se compose des synthèses des étapes 1 et 2 ainsi que de la carte des zones protégées en Guyane.

7
Fiche documents

Les caractéristiques géographiques et environnementales de la Guyane

Document 1

Colorie la Guyane française.

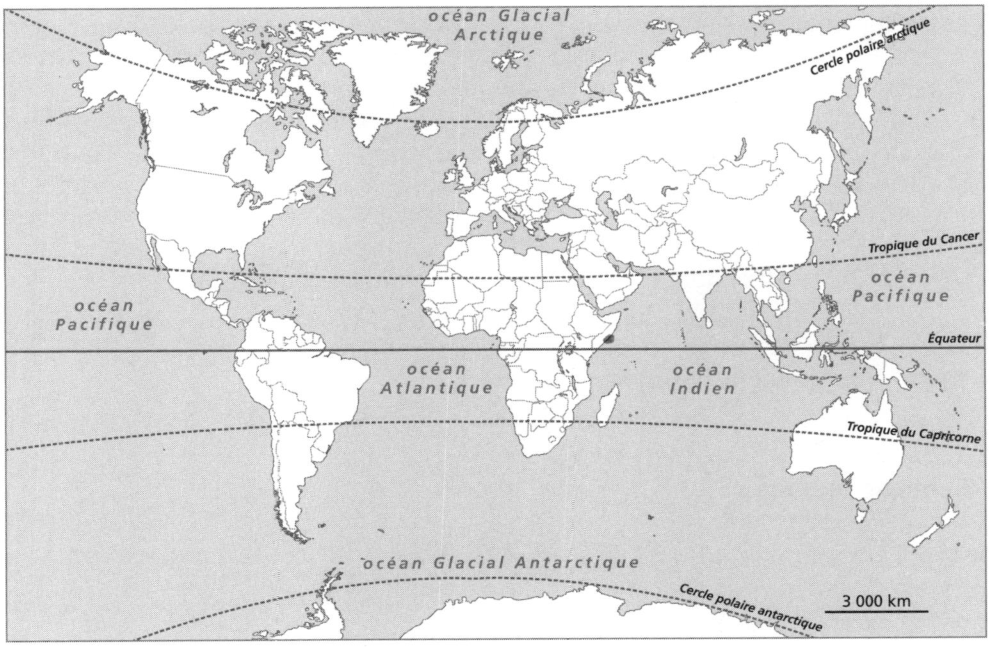

Document 4

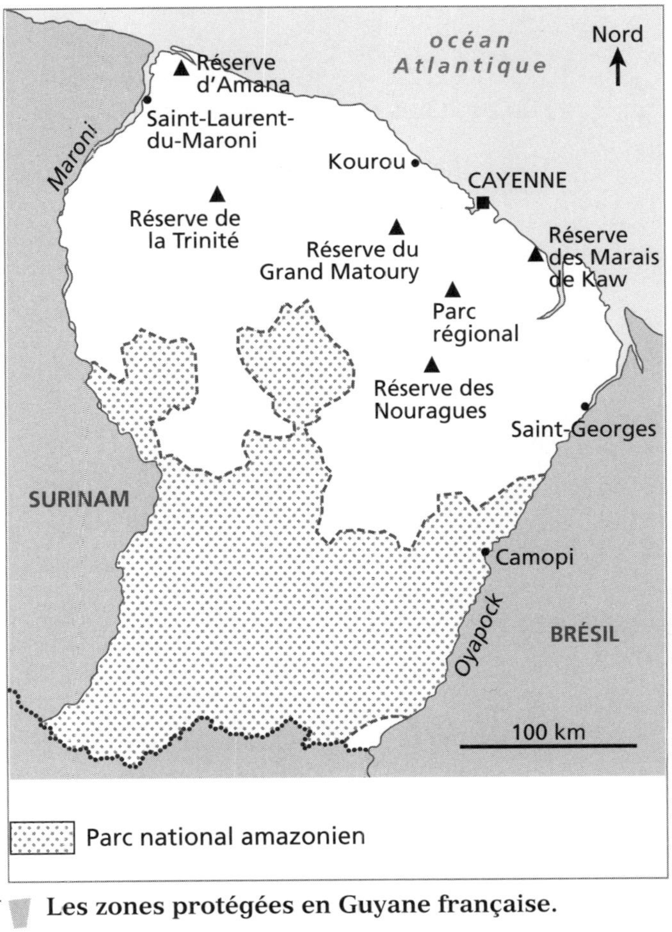

D'après Géo, n° 348, février 2008, p. 96.

Les zones protégées en Guyane française.

7
Fiche documents

Les caractéristiques géographiques et environnementales de la Guyane

Document 5

Les aires protégées en Guyane sont en développement depuis plus de dix ans. Créé en 2007, le parc national amazonien de Guyane s'étend sur 39 000 km^2. La réglementation est très sévère. Avec le parc voisin des Tumucumaque, qui se situe à la frontière du Brésil avec la Guyane et le Surinam, il forme le plus grand espace protégé de forêt tropicale du monde avec une des plus grandes forêts humides. Cette zone possède 400 000 espèces d'insectes parmi lesquelles de nombreuses variétés de fourmis et de termites. Elle est la terre natale des anacondas et des jaguars. On compte une centaine d'espèces de chauves-souris, de nombreux singes hurleurs. C'est aussi le royaume des arbres dont on découvre chaque année de nouvelles variétés…

D'après C. Dedebant, « Les Nouvelles Lois de la jungle », *Géo Magazine*, février 2008, p. 95.

Le parc amazonien de la Guyane française.

1. Quel est le thème de ce texte ?

……

2. Quelle phrase indique que c'est un vaste espace protégé ?

……

……

3. Relève le nom des animaux que l'on peut rencontrer dans le parc.

……

……

4. Quelle est la caractéristique de la végétation ?

……

……

5. Selon les indications du texte, place sur la carte (doc. 4) le parc des Tumucumaque.

Séance 2 – L'organisation du réseau urbain dans un département français d'outre-mer : la Guyane

Compétence disciplinaire

- Comprendre la hiérarchie des villes en Guyane.

Compétences méthodologiques

- Localiser des lieux sur une carte.
- Analyser un texte documentaire.
- Travailler à partir d'une carte IGN à petite échelle.
- Réaliser un croquis de modélisation.

Problématique

Quelle hiérarchie des villes peut-on établir en Guyane ?

Lexique

Département d'outre-mer, réseau urbain, chef-lieu du département, préfecture, sous-préfecture.

Durée de la séance : 1 h 10.

Matériel

doc. 2 La carte du relief et de la végétation en Guyane.

doc. 6 Une carte des villes de Guyane.

doc. 7 Un texte : « Cayenne, chef-lieu du département de la Guyane ».

doc. 8 Un extrait de carte IGN de la région de Saint-Laurent-du-Maroni.

Étape 1

Localiser les villes sur la carte

Matériel

La carte des villes de Guyane (doc. 6, cahier couleur p. 11).

Organisation de la classe

Travail collectif.

Maintenant que les élèves sont familiarisés avec la géographie du pays, l'enseignant leur demande d'observer la répartition des villes sur le territoire guyanais. Une lecture attentive de la légende est nécessaire pour comprendre la carte.

L'enseignant demande :

- ▸ Comment les villes sont-elles représentées ? *Par des cercles dont la taille est proportionnelle au nombre d'habitants.*
- ▸ Quelle est la taille des agglomérations ? *Souvent inférieures à 5 000 habitants.*
- ▸ Quels sont les pôles urbains ? *Ils sont au nombre de trois : Cayenne avec les communes de l'aire urbaine, Kourou et Saint-Laurent-du-Maroni à l'ouest.*
- ▸ Où sont situés les villes et les villages ?

Trois localisations essentielles apparaissent :

- en bordure de la côte, certains se trouvent directement en bordure de la mer (Cayenne, Kourou, Sinnamary) et d'autres sont situés plus à l'intérieur des terres (Mana) ;
- le long du fleuve Maroni, à l'ouest (Saint-Laurent-du-Maroni, Apatou, Grand-Santi, Papaïchton, Maripasoula) ;
- le long du fleuve Oyapock (la petite ville de Saint-Georges et le village de Camopi).

L'intérieur du pays ne comporte que trois gros bourgs de moins de 1 000 habitants (Régina) et des petits villages (Saint-Élie et Saül).

Étape 2

Découvrir le pôle de Cayenne

Matériel

- La carte de la Guyane (doc. 6).
- Le texte « Cayenne, chef-lieu du département de la Guyane » (doc. 7 à photocopier).

Organisation de la classe

Travail collectif puis individuel.

L'enseignant pose la problématique suivante : peut-on parler d'une hiérarchie urbaine avec différents niveaux parmi les villes de Guyane ?

Les élèves lisent silencieusement le texte du document 7. Le maître rappelle la situation de Cayenne grâce au doc. 6. Puis il précise le sens du mot « chef-lieu » : le centre administratif du département, la préfecture.

À partir du texte, il demande aux élèves de surligner les mots qui indiquent que Cayenne est une « capitale ».

Réponses attendues

Les élèves surlignent :

- la ville la plus peuplée de Guyane ;

– la préfecture, le siège de l'administration régionale et départementale ;
– les organismes européens, des entreprises françaises ;
– activité commerciale importante, exporte, port ;
– six lycées, l'université.

Il demande aux élèves de se reporter aux cartes (doc. 2 et 6) et les interroge :

▸ Quelles sont les communes de l'aire urbaine de Cayenne ? *Rémire-Montjoly, Matoury.*
▸ Comment sont-elles disposées par rapport aux axes routiers ? *À proximité.*
▸ Quel équipement au sud-est de la ville confirme l'importance de cette agglomération ? *L'aéroport international de Rochambeau.*

Le maître indique que les caractéristiques d'un pôle urbain sont présentes : la fonction politique (la préfecture), économique (le commerce, le port), culturelle (les lycées, l'université). Cayenne a une dimension internationale (relations en particulier avec l'Europe et la métropole). C'est la ville la plus importante du département : elle compte, à ce jour, plus de 64 000 habitants.

Étape 3

Découvrir deux villes moyennes : Saint-Laurent-du-Maroni et Kourou

Matériel
L'extrait de carte IGN de la région de Saint-Laurent-du-Maroni (doc. 8, cahier couleur p. 11).

Organisation de la classe
Travail collectif puis individuel.

Il s'agit ici de préciser et de justifier la place qu'occupent ces deux villes dans le territoire guyanais.

Saint-Laurent-du-Maroni
Les élèves se reportent à l'extrait de la carte IGN de la ville. Par le questionnement qu'il propose, l'enseignant met en évidence la situation territoriale particulière de Saint-Laurent-du-Maroni.

• La légende :
▸ Que représente le vert ? *La forêt amazonienne.*
▸ Les tirets en pointillés ? *Les zones de marais dans la plaine littorale et les bords du fleuve.*

• Le réseau routier et maritime :
▸ Quel est le nom de la route principale ? *N. 1 = nationale 1 (tracée en rouge).*
▸ Comment sont représentées les routes moins importantes ? *Les routes départementales sont tracées en jaune et les petites routes en blanc.*
▸ Où sont situés les villages ? *Au bord des routes le plus souvent.*

Le maître précise que certains ne sont pas reliés au réseau routier (Grand-Village, Baticane). On peut penser que la pirogue sert de moyen de transport car ces villages sont situés près des fleuves.

▸ Que représentent les croix au milieu du fleuve Maroni ? *La frontière avec le pays voisin, le Surinam.*
▸ Quel est le nom de la ville située sur l'autre rive du Maroni, au Surinam ? *Albina.*
▸ Comment peuvent s'effectuer les liaisons entre les deux pays ? *En bateau.*

Le maître précise qu'il existe un ferry entre les deux villes et que les longues pirogues sont un moyen de transport très utilisé.

Notion à communiquer aux élèves

Située sur la rive du fleuve Maroni, la commune de Saint-Laurent-du-Maroni se trouve à environ 270 km de Cayenne. La ville, qui connaît un fort développement démographique, compte plus de 35 000 habitants en 2008. C'est la sous-préfecture* de la Guyane. On y trouve un hôpital, une gendarmerie et de nombreux vestiges de l'époque coloniale. Fondée en 1858, Saint-Laurent est le lieu de déportation pour les condamnés aux travaux forcés sous la Révolution française, puis entre 1852 et 1945. Les relations sont très développées avec le Surinam voisin, d'où arrivent de nombreux réfugiés.
Des pirogues relient Saint-Laurent aux villages de la rivière (Apatou, Maripasoula, Grand-Santi, Papaïchton), à la côte atlantique et à Albina, au Surinam. ■

Synthèse avec les élèves
Saint-Laurent-du-Maroni a donc une situation stratégique à cause de sa position à l'extrême ouest de la Guyane. Elle est au croisement de la route du fleuve Maroni et de la route qui conduit de Cayenne au Surinam en traversant le fleuve. À ce titre, elle attire les populations venant de ces régions. Étant trés éloignée de Cayenne, elle est un centre important et la sous-préfecture du département.

Kourou
Les causes du développement de Kourou sont différentes de celles des deux autres pôles urbains. Kourou n'est situé qu'à 60 kilomètres de Cayenne et son essor est dû à la présence, depuis 1965, du centre spatial guyanais.

Remarque : une recherche documentaire plus approfondie sur le site peut être proposée aux élèves pour réaliser un exposé sur le centre spatial de Kourou.

* *Sous-préfecture* : partie d'un département ou ville la plus importante de cette partie du département.

Notion à communiquer aux élèves

Kourou est une ville de 25 000 habitants, située au bord de l'océan. Elle doit son essor à la présence du centre spatial guyanais Sa population a été multipliée par quatre en 25 ans. Son niveau de vie est élevé du fait de la présence des techniciens qui travaillent au centre spatial. Elle est aussi le point de départ pour la visite de l'ancien bagne situé dans les îles du Salut. ■

Synthèse avec les élèves

Kourou doit son essor à la présence du centre spatial guyanais. Du fait de l'activité spatiale et touristique, elle est en liaison directe avec Cayenne.

Étape 4

Faire la synthèse des observations et répondre à la problématique

Organisation de la classe

Travail collectif.

Les élèves font, avec le maître, la synthèse des étapes précédentes et essaient d'établir un modèle d'organisation des villes en Guyane.

Exemple de synthèse

La localisation des villes en Guyane est conditionnée par la présence de la forêt dense sur une grande partie du territoire.
L'intérieur du pays est peu peuplé et s'oppose à la zone littorale qui concentre 80 % de la population, avec le pôle de Cayenne et des communes environnantes.
Il existe des niveaux différents entre les villes guyanaises. Cayenne offre des services plus développés et plus complets que les deux autres pôles, Saint-Laurent et Kourou.
Il semble y avoir deux pôles de développement distincts du fait de la distance qui les sépare : Saint-Laurent-du-Maroni et Cayenne-Kourou. Le lien entre ces deux espaces est la route nationale.

Croquis du modèle de la hiérarchie urbaine guyanaise

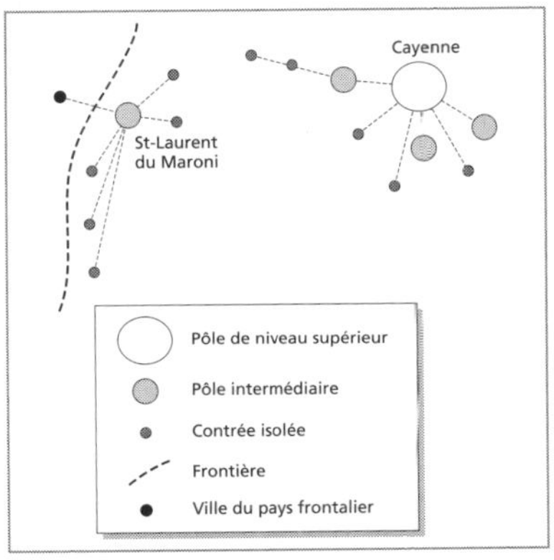

Cette synthèse et ce croquis constituent la trace écrite.

Évaluation

Compétences évaluées

- Situer sur un planisphère, sur une carte.
- Réinvestir des connaissances factuelles.

Corrigé

2.

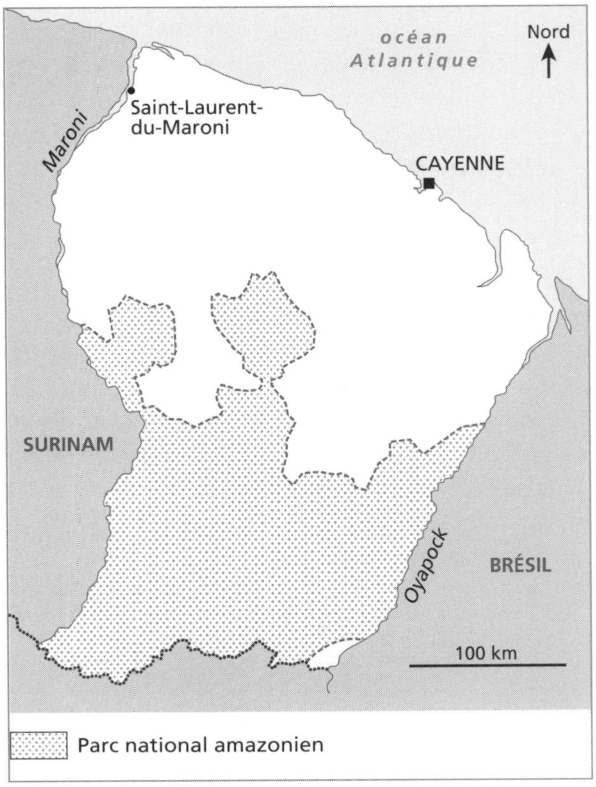

3. Cayenne possède des fonctions politiques (la préfecture), économiques (de nombreux commerces, un port), culturelles (une université, des lycées), une dimension internationale avec l'aéroport. C'est la ville la plus peuplée de Guyane.

4. Les élèves doivent reproduire les éléments essentiels du croquis de la hierarchie urbaine guyannaise élaboré en étape 4 (voir ci-contre).

5. La présence de la forêt primaire (forêt humide), des espèces végétales et animales nombreuses et rares.

7
Fiche documents

L'organisation du réseau urbain dans un département français d'outre-mer : la Guyane

Document 7

Lis le texte puis surligne les mots ou les expressions qui indiquent que Cayenne est une « capitale ».

Cayenne, chef-lieu du département de la Guyane

La commune de Cayenne est créée en 1879. Actuellement, c'est la ville la plus peuplée de Guyane avec 62 996 habitants (INSEE, recensement partiel de 2006), située sur l'estuaire de la rivière Cayenne et du Mahury, sur une plaine marécageuse qui a été assainie dès 1821. Avec les banlieues de Remire-Montjoly et Matoury, l'aire urbaine comprend 80 000 habitants.
Cayenne est la préfecture* de la Guyane, le siège de l'administration régionale et départementale. Les organismes européens y sont représentés, ainsi que des entreprises françaises. L'activité commerciale y est importante. La Guyane exporte** ses produits vers l'étranger à partir du port de Dégrad-des-Cannes.
Six lycées y sont installés ainsi que l'université Antilles-Guyane. La mairie, l'hôpital, le palais de justice […] se trouvent au centre-ville.
Cayenne est la plus petite ville des capitales des pays d'outre-mer français.

D'après http://www.guyane-guide.com et www.insee.fr

* *La préfecture* : le centre administratif du département où siège le préfet.
** *Exporter* : vendre des marchandises à un autre pays.

7
Fiche documents

L'organisation du réseau urbain dans un département français d'outre-mer : la Guyane

Document 7

Lis le texte puis surligne les mots ou les expressions qui indiquent que Cayenne est une « capitale ».

Cayenne, chef-lieu du département de la Guyane

La commune de Cayenne est créée en 1879. Actuellement, c'est la ville la plus peuplée de Guyane avec 62 996 habitants (INSEE, recensement partiel de 2006), située sur l'estuaire de la rivière Cayenne et du Mahury, sur une plaine marécageuse qui a été assainie dès 1821. Avec les banlieues de Remire-Montjoly et Matoury, l'aire urbaine comprend 80 000 habitants.
Cayenne est la préfecture* de la Guyane, le siège de l'administration régionale et départementale. Les organismes européens y sont représentés, ainsi que des entreprises françaises. L'activité commerciale y est importante. La Guyane exporte** ses produits vers l'étranger à partir du port de Dégrad-des-Cannes.
Six lycées y sont installés ainsi que l'université Antilles-Guyane. La mairie, l'hôpital, le palais de justice […] se trouvent au centre-ville.
Cayenne est la plus petite ville des capitales des pays d'outre-mer français.

D'après http://www.guyane-guide.com et www.insee.fr

* La préfecture : le centre administratif du département où siège le préfet.
** Exporter : vendre des marchandises à un autre pays.

7 Fiche évaluation

Un exemple de DOM : la Guyane française

1. Colorie la Guyane française sur le planisphère.

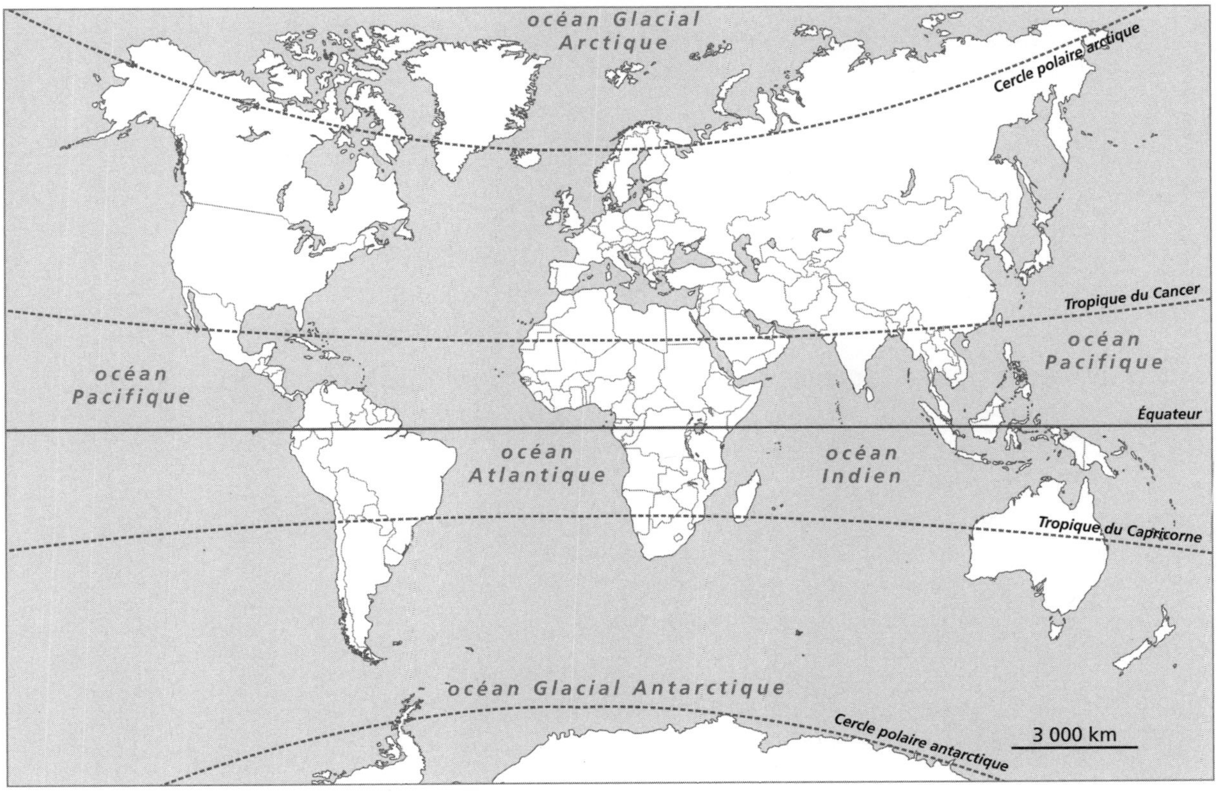

2. Sur la carte de Guyane, écris :

- le nom de l'Océan ;
- le nom des pays qui ont une frontière avec le pays ;
- le nom des deux fleuves qui servent de frontière à l'est et à l'ouest ;
- le nom des villes de Cayenne et de Saint-Laurent-du-Maroni.

Indique par un trait les limites du parc amazonien et colorie la zone protégée.

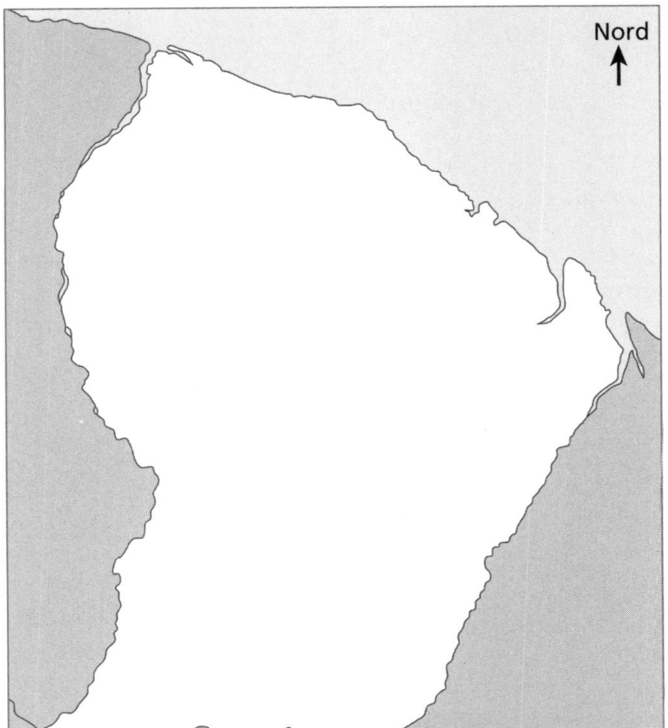

Un exemple de DOM : la Guyane française

3. Pourquoi Cayenne est-elle une capitale ?

....

....

....

....

4. Fais un croquis pour montrer comment s'organisent les villes principales en Guyane.

5. Quels éléments font du parc amazonien un site protégé ?

....

....

....

La langue française dans le monde

Informations pour l'enseignant

Les programmes 2008 préconisent un travail sur la notion de francophonie à travers l'étude de « la communauté de langues et de cultures composées par l'ensemble des pays francophones[1] ». Aussi, la séance que nous proposons a pour objet de permettre aux élèves de s'approprier la notion à partir de documents qui les aident à définir la francophonie et à comprendre quelles en sont les formes.

Définir la francophonie

L'existence de la Francophonie permet à la langue française de s'enrichir des cultures de peuples divers et de rayonner à travers le monde, bien au-delà des frontières de l'Hexagone.

Francophonie et/ou francophonie ?

La francophonie (avec un f minuscule) désigne l'ensemble des personnes parlant français ou le fait de parler français.

La Francophonie (avec un F majuscule) représente l'ensemble des États ou parties d'États francophones utilisant le français et se reconnaissant membres de cette communauté de culture et d'histoire. Elle recouvre deux notions :

- Les États de la Francophonie qui sont les états membres de la Communauté francophone, c'est-à-dire ceux qui sont représentés à la « conférence des chefs d'État et de gouvernement des pays ayant en commun l'usage du français » (sommets).
- Les pays francophones qui se caractérisent, quant à eux, par l'importance du statut social qu'a le français, du fait de son utilisation dans l'éducation, dans les médias et dans la vie professionnelle.

La communauté francophone

Quarante-neuf États et gouvernements[2] sont membres officiellement de l'Organisation internationale de la Francophonie (OIF), quatre États (Albanie, Andorre, Grèce et Macédoine) y sont associés et dix (Arménie, Autriche, Croatie, Lituanie, Géorgie, Hongrie, Pologne, Slovénie, Slovaquie, République tchèque) sont classés comme observateurs[3].

Ces soixante-trois États et gouvernements constituent la communauté francophone, soit un pays sur quatre dans le monde, regroupant plus d'un demi-milliard de personnes. Parmi eux, cent soixante-dix millions font un usage plus ou moins intensif du français.

Sont considérés comme totalement ou partiellement francophones, du point de vue linguistique, les pays dans lesquels le français est présent en tant que langue maternelle ou langue seconde, c'est-à-dire appris comme langue étrangère, souvent de façon précoce, et fréquemment utilisé dans la vie quotidienne.

Le français est la langue vivante la plus enseignée dans le monde après l'anglais. Il est fréquemment l'une des langues officielles ou de travail des organisations internationales. Le français parlé dans les pays francophones est souvent différent de celui de l'Hexagone, par l'accent et le lexique[4].

1. *Programmes d'enseignement de l'école primaire*, B.O. n° 3, 19 juin 2008, p. 25.
2. Citons-en quelques-uns : En Afrique et au Moyen-Orient : Algérie, Bénin, Burkina-Faso, Burundi, Cap-Vert, Cameroun, Comores, Côte-d'Ivoire, Djibouti, Égypte, Madagascar, Mayotte (DOM), Mali, Maroc, Réunion (DOM), Rwanda, Sénégal, Seychelles, Tchad, Togo, Tunisie. En Europe : France, Belgique, Luxembourg, Monaco, Suisse, Communauté française de Belgique. En Asie et en Océanie : Cambodge, Laos, Viêtnam, Nouvelle-Calédonie (TOM), Polynésie-Française (TOM). En Amérique : Canada, Québec, Guadeloupe (DOM), Guyane française (DOM), Martinique (DOM).
3. La liste actualisée est disponible sur le site du ministère des Affaires étrangères : www.diplomatie.gouv.fr

Ainsi, c'est par sa langue que la France est présente sur tous les continents, pour des raisons de proximité géographique (Belgique, Suisse), mais aussi pour des raisons historiques.

La Francophonie : objectifs, enjeux et réalisations

Objectifs

- Contribuer au développement solidaire de l'espace francophone et favoriser l'intégration dans la société de l'information de tous les pays ayant le français en partage, pour réduire le fossé qui existe encore aujourd'hui entre le Nord et le Sud et pour améliorer le sort de tous et, en particulier, des moins favorisés.
- Développer la mobilité des jeunes dans l'espace francophone, notamment par l'intermédiaire des technologies de communication[5].
- Aider (par l'intermédiaire de l'Agence de coopération culturelle et technique, qui est l'Agence de la Francophonie, créée par la Convention de Niamey du 20 mars 1970) :
  - au développement de la démocratie,
  - à la prévention des conflits et au soutien aux droits de l'Homme,
  - à l'intensification du dialogue des cultures et des civilisations,
  - au rapprochement des peuples par leur connaissance mutuelle.
- Respecter la souveraineté des États, leurs langues maternelle et/ou officielle et leurs cultures.
- Observer la plus stricte neutralité dans les questions de politique intérieure.

Enjeux

- Faire coexister le français avec des dizaines d'autres langues.
- Affronter les problèmes : une moitié des francophones vit dans des pays qui comptent parmi les plus pauvres du monde, l'autre moitié dans des pays qui sont parmi les plus riches.
- Construire des projets en les articulant avec l'enseignement du français, la culture, la communication, l'environnement, les droits de l'Homme...
- Rencontrer la diversité des cultures, des modes de vie, des pensées.
- Mesurer la richesse des métissages.

Réalisations

- La chaîne multilatérale de télévision TV5 monde, qui diffuse par satellite des émissions provenant de diverses télévisions francophones.
- Le développement d'une coopération juridique et judiciaire visant à soutenir les progrès de la démocratie.
- La création d'un réseau d'observatoires de l'environnement.

Histoire et actualité

La Francophonie : son histoire

La Francophonie est un terme inventé en 1880 par le géographe Onésime Reclus, mais elle possède une histoire bien plus ancienne dont on peut faire remonter l'origine à la Renaissance et à l'époque des grandes découvertes.

Le XVIIe siècle est celui d'une forte diffusion vers le continent américain.

Le XIXe siècle est celui de l'expansion coloniale française vers l'Afrique noire et l'Afrique du Nord, à Madagascar, en Indochine et en Océanie.

Les pays de ces régions retrouvent leur indépendance au XXe siècle et le français reste soit la langue officielle, soit une langue parlée, surtout dans les classes dirigeantes plus on moins mises en place par la métropole.

La carte de la Francophonie est liée à l'ancien empire colonial français (Afrique noire, Maghreb, Viêtnam, Québec).

4. Dans un ouvrage intitulé *Les Mots de la francophonie*, Loïc Depecker a recensé plusieurs centaines de « francophonismes » relevés en Afrique, en communauté française de Belgique, en Suisse, en Louisiane, au Val d'Aoste, au Québec, au Maghreb, dans le Pacifique, l'océan Indien et les Caraïbes.
5. PAJE : points d'accès aux « inforoutes » pour la jeunesse.

Depuis 1970, année de la fondation du premier organisme intergouvernemental de la Francophonie, les pays francophones se sont associés pour le respect de leur identité : le Conseil permanent de la Francophonie regroupe les représentants des pays qui ont l'usage du français.

La Francophonie aujourd'hui

L'implication plus grande des États entrouvre la voie d'une francophonie politique, dont la première manifestation est la tenue à Paris, en 1986, du « sommet des chefs d'État et de gouvernement ayant en commun l'usage du français », réunissant quarante et une délégations. Les sommets suivants, qui réunissent les États et les régions attachés à la culture française, ont vu grossir le nombre des pays représentés jusqu'à cinquante-cinq. Le XIIe sommet aura lieu à Québec, en 2008.

Le rayonnement de l'action francophone a attiré dans sa mouvance des pays qui ne sont pas spécifiquement francophones d'Afrique (Guinée-Bissau, îles du Cap-Vert), d'Amérique (îles de la Caraïbe), et d'Europe (Lituanie, Pologne, Slovénie, République tchèque).

Cet élargissement témoigne du glissement sémantique de la notion de francophonie : au-delà d'un regroupement selon la langue, le terme suggère un rassemblement autour de valeurs de civilisation.

Lexique

Coopération : désigne la collaboration économique technique ou financière mise en œuvre par différents partenaires qui peuvent être des États.

Culture : selon la définition du *Petit Larousse*, la culture rassemble l'ensemble des structures sociales et des manifestations artistiques, religieuses, intellectuelles qui définissent un groupe, une société par rapport à une autre.

La Francophonie : elle regroupe les régions et les pays dans lesquels la population emploie le français comme langue maternelle, langue officielle ou langue de communication.

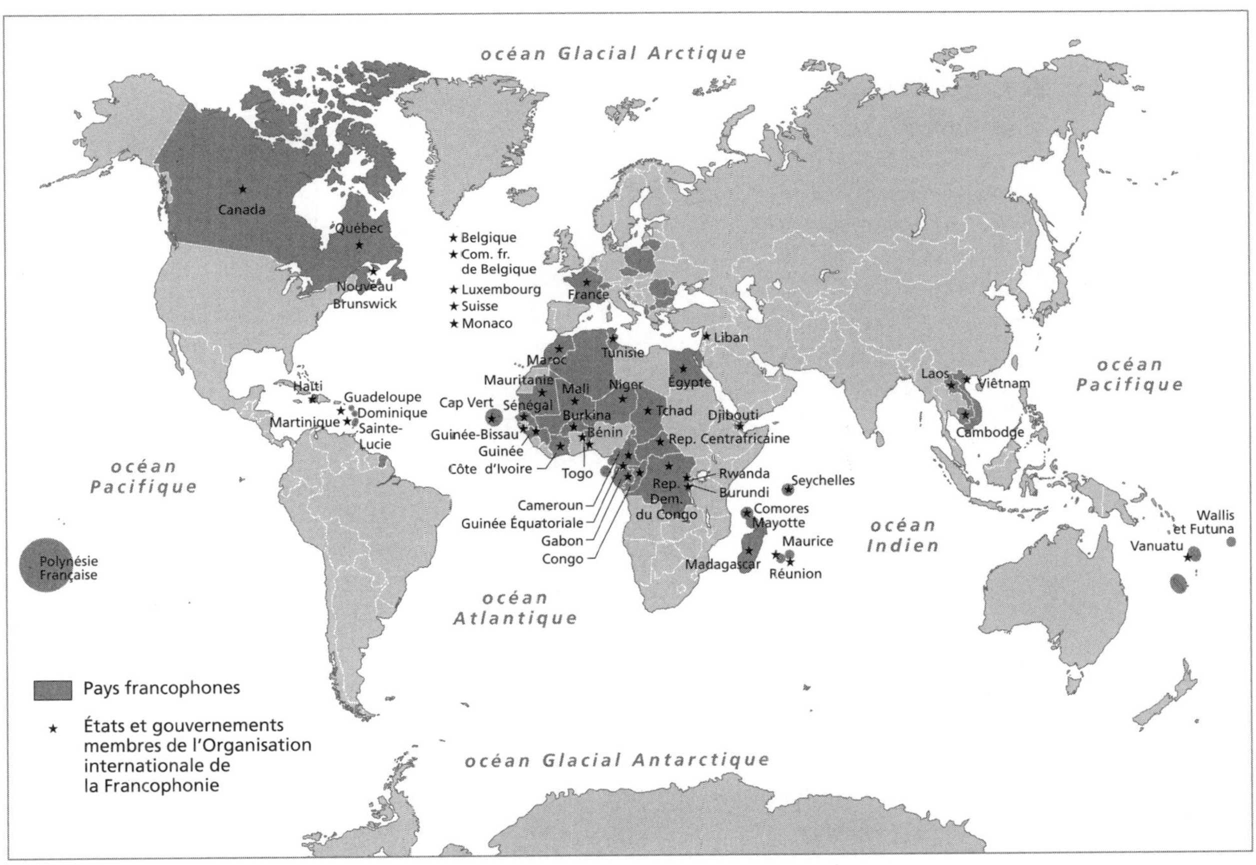

La francophonie.

Compétences disciplinaires

- Comprendre l'importance de la culture francophone dans le monde.
- Comprendre que la présence de la langue française dans le monde est liée à une explication historique.

Compétences méthodologiques

- Observer et décrire des documents.
- Répondre à un questionnement en lien avec le sujet.
- Mettre en lien des documents variés pour donner des réponses.
- Synthétiser les informations.

Problématique

Pourquoi parle-t-on français ailleurs qu'en France ?

Lexique

Francophonie, culture, coopération.

Durée de la séance : 60 minutes.

Matériel

doc. 1 Un planisphère muet.
doc. 2 Un corpus de documents sur des personnalités francophones.
doc. 3 Une carte : L'empire colonial français en 1914.
doc. 4 Un texte : « Histoire du développement du français dans le monde ».
doc. 5 Un tableau à compléter.
doc. 6 Une carte du monde francophone.
doc. 7 Un tableau sur les sommets de la Francophonie depuis 1996.
doc. 8 Une photographie du sommet de la Francophonie.

Étape 1

Sensibiliser les élèves à l'idée de langues maternelles

Organisation de la classe

Travail collectif.

L'enseignant demande aux élèves quelle langue ils parlent à la maison ou si leurs parents utilisent une autre langue que le français. Les différentes origines ethniques des élèves permettront d'obtenir diverses réponses, qui seront notées au tableau. On constate que le français n'est pas la seule langue parlée.

À partir de la liste dressée au tableau, l'enseignant demande aux élèves dans quels pays sont parlées les langues évoquées. Un premier bilan permet de noter une liste de pays avec la langue qui y est pratiquée. Par extension, on peut nommer quelques pays et désigner la langue correspondante.

Les informations recueillies amènent l'enseignant à proposer la problématique suivante :

- ▸ Apparemment, chaque pays que nous avons cité a sa propre langue. Le français est-il parlé uniquement en France ou parle-t-on français dans d'autres pays du monde ?

Les élèves émettent leurs hypothèses.

Étape 2

Découvrir que la langue française est présente ailleurs dans le monde

Matériel

- Le planisphère muet (doc. 1 à photocopier).
- Le corpus de documents sur des personnalités francophones (doc. 2 à photocopier).

Organisation de la classe

Travail en binômes, puis collectif.

L'enseignant propose à la classe les quatre documents sur les personnalités francophones. À partir de la lecture des informations données, les élèves recherchent, en binômes, les réponses au petit questionnaire noté au tableau :

- ▸ Quel est le sujet de ces documents ? *Les documents évoquent des sportifs connus et un chanteur.*
- ▸ Où sont nées ces personnalités ? *Ces quatre personnes sont nées dans des pays étrangers.*
- ▸ Quel lien ont-ils avec la France ? *Tous parlent le français car c'est leur langue maternelle.*

Puis, à l'aide de leur atlas, les élèves situent sur leur planisphère le pays dont chaque personnalité est originaire. Ils y inscrivent la lettre correspondant au document (a, b, c ou d).

Carte attendue

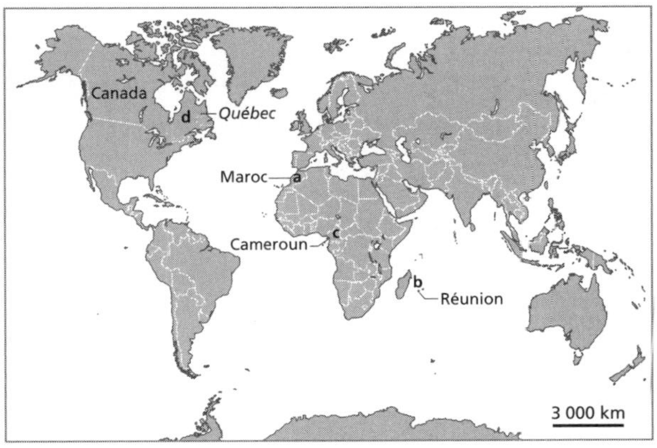

La mise en commun permet de mettre en évidence que dans des lieux différents, sur des continents différents, des personnes parlent le français. Les résultats sont récapitulés dans un tableau que les élèves copient dans le cahier de géographie.

Nom	Lieu de naissance	Langue maternelle
Hicham El GUERROUJ	Maroc	français
Jackson RICHARDSON	La Réunion	français
Samuel ETO'O	Cameroun	français
Gilles VIGNEAULT	Canada (province du Québec)	français

Notion à communiquer aux élèves

La langue parlée dans la famille est appelée langue maternelle. On dit que les personnes qui parlent le français sont des francophones. ■

À l'issue de cette étape, l'enseignant pose une nouvelle problématique qu'il écrit au tableau :

► Comment expliquer que le français soit la langue maternelle de personnes nées et vivant loin de la France ?

Étape 3

Comprendre comment la langue française a été diffusée dans différentes parties du monde

Matériel

– La carte de l'empire colonial français en 1914 (doc. 3 à photocopier).
– Le texte sur l'histoire du développement du français dans le monde (doc. 4 à photocopier).
– Le tableau à compléter (doc. 5 à photocopier).

Organisation de la classe

Travail par quatre, puis collectif.

Pour répondre à la problématique soulevée à la fin de l'étape précédente, l'enseignant distribue aux élèves une carte et un texte (doc. 3 et 4). La classe est organisée en 7 équipes (de 4 élèves), chacune traitant un seul paragraphe du document 4. Chaque groupe doit formuler une réponse argumentée à la problématique posée. Pour les aider dans leurs recherches, l'enseignant joint aux deux documents un tableau à compléter (doc. 5).

Durée de la recherche : 10 minutes.

La mise en commun permet à chaque équipe d'intervenir. Les élèves remplissent au fur et à mesure leur tableau.

Résultat attendu

Depuis quand	Personnage marquant
1534	Jacques Cartier
1635	L'aventurier français Pierre Belain d'Esnambuc
1659	Louis Caullier
1676	L'amiral français d'Estrées
1682	Robert Cavelier de la Salle
1881	Le gouvernement français
1888	Le gouverneur local Léonce Lagarde

Notion à communiquer aux élèves

Le développement d'une langue en un lieu a une origine qui s'explique par l'histoire. C'est surtout lors de la colonisation que le français s'est développé dans différentes parties du monde. Aujourd'hui, les anciens pays colonisés devenus indépendants ont conservé la langue française comme langue maternelle ; d'autres sont devenus des départements français d'outre-mer (DOM). ■

Étape 4

Comprendre le rôle de la Francophonie

Matériel

– La carte du monde francophone (doc. 6, cahier couleur, p. 12).
– Le tableau sur les sommets de la Francophonie depuis 1996 (doc. 7 à photocopier).
– La photographie du sommet de la Francophonie (doc. 8, cahier couleur, p. 12).

Organisation de la classe

Travail collectif, en binômes, puis de nouveau collectif.

Pour conclure, l'enseignant distribue la carte du monde francophone aux élèves. Il guide une analyse collective du document en posant les questions suivantes :

- De quoi s'agit-il ? *Il s'agit de la carte du monde francophone.*
- Que signifie le mot francophonie ? *C'est l'ensemble des pays qui emploient le français comme langue maternelle.*
- Sur quel continent est parlé le français ? *Tous.*

En binômes, les élèves comptent le nombre de pays qui parlent le français et classent les continents en commençant par celui où le français est le plus employé pour finir par celui où il l'est le moins.
Ensuite, lors d'une phase orale collective, ils observent la photographie et essaient d'expliquer en quoi elle est importante.

Résultat attendu

49 États sont membres de l'organisation internationale de la Francophonie.
Le continent abritant le plus de pays où l'on parle français est l'Afrique, puis l'Europe, l'Asie et l'Amérique.
Sur la photographie, on voit l'ensemble des chefs d'État francophones. Ces chefs d'État se réunissent régulièrement.

Notion à communiquer aux élèves

Beaucoup de pays parlent français : le français est présent sur les cinq continents. La Francophonie est ouverte sur le monde et la culture francophone ne se réduit pas à la culture française. Des pays différents organisent régulièrement des rencontres où la langue française est le point commun. Entre ces pays, des échanges d'idées se font : on parle de coopération. ■

Évaluation

Compétences évaluées

- Être capable de distinguer des affirmations relatives à la francophonie.
- Réinvestir les connaissances acquises dans le domaine de la francophonie.
- Mettre en relation deux documents complémentaires.

Corrigé

1. La langue maternelle : la première langue apprise.
La langue française : elle est parlée sur les cinq continents.
La francophonie : l'ensemble des personnes parlant français dans le monde. Elle ne se réduit pas à la culture française.

2. Barrer Angleterre, Chine, Brésil.

3. Entourer Jacques Cartier et Robert Cavelier de la Salle.

4. Québec se situe sur le continent nord américain.

5. La raison est historique. Elle date de l'époque de François Ier et de l'expédition de Jacques Cartier qui découvre le Québec. Des Français s'y installent alors.

8
Fiche documents

La langue française dans le monde

Document 1

Planisphère muet.

La langue française dans le monde

Document 2

© Othoniel P. / JDD / Gamma

a

Hicham EL GUERROUJ

Pays : Maroc – Date de naissance : 14 septembre 1974 – Lieu de naissance : Berkane (Maroc)
Spécialité : 1500 m

Palmarès :

Rang	Type	Perf.	Discipline	Lieu
1	CM Indoor	3'44"54	1 500 m	Barcelone (1995)
1	CM Indoor	3'35"31	1 500 m	Paris (1997)
1	CM	3'35"83	1 500 m	Athènes (1997)
1	CM	3'27"65	1 500 m	Séville (1999)
2	JO	3'32"32	1 500 m	Sydney (2000)
1	CM	3'30"68	1 500 m	Edmonton (2001)
1	CM Indoor	7'37"74	3 000 m	Lisbonne (2001)
1	CM	3'31"77	1 500 m	Paris/Saint-Denis (2003)
2	CM	12'52"83	5 000 m	Paris/Saint-Denis (2003)
1	JO	3'34"18	1 500 m	Athènes (2004)
1	JO	13'14"39	5000m	Athènes (2004)

© J. O. Sydney 2000 / Gamma

b

Jackson RICHARDSON

Capitaine de l'équipe de France de Handball, Jackson Richardson est sans doute l'un des plus grands joueurs de handball que le monde ait connu. Il enregistre le plus beau palmarès du handball mondial.
Il est né le 14 juin 1969 à Saint-Pierre, au sud de l'île de la Réunion. Son père est handballeur, et c'est ainsi que Jackson est naturellement attiré par ce sport.
Pendant longtemps, il évolue au sein du club de Saint-Pierre. Puis, en contact avec le club de Paris, il part pour tenter sa chance au niveau national. À aucun moment il n'aura à regretter ce choix puisque c'est à cette période qu'il intégrera l'équipe de France, dont il deviendra capitaine quelques années plus tard.
Après trois ans à Paris, il signe avec le club de l'OM-Vitrolles, où il restera de 1991 à 1996. Au niveau international, les performances de l'équipe de France sont de plus en plus encourageantes dans les grandes compétitions. En 1992, les Français gagnent la médaille de bronze aux jeux Olympiques de Barcelone.
En 1995, Jackson Richardson devient champion du monde avec ses coéquipiers, et il est élu meilleur joueur du monde. Les plus grands clubs de handball lui ouvrent ses portes. Il signe en Allemagne en 1996, puis à Pampelune en Espagne en 2000 et revient en France à Chambéry en 2005.
Jackson, qui reste très attaché à son île natale, la Réunion, où il retourne souvent, et à sa famille, est un champion hors classe.

D'après le journal *L'Équipe*.

© Liewig C. / Corbis

c

SAMUEL ETO'O

Pays : Cameroun – Date de naissance : 10 mars 1981 – Lieu de naissance : Nkon (Cameroun)
Poste : Attaquant – Club actuel : FC Barcelone

Titres : Vainqueur de la Coupe d'Afrique des Nations en 2002 (Cameroun)
Vainqueur des Jeux Olympiques en 2000 (Cameroun)
Champion d'Espagne en 2005 (FC Barcelone)
Vainqueur de la Coupe d'Espagne en 2003 (Real Majorque)
Finaliste de la Coupe des Confédérations en 2003 (Cameroun)

Mon pays

Mon pays, ce n'est pas un pays, c'est l'hiver
Mon refrain, ce n'est pas un refrain, c'est rafale
Ma maison, ce n'est pas une maison c'est froidure
Mon pays, ce n'est pas un pays, c'est l'hiver.

Gilles Vigneault, Québec.

d

8
Fiche documents

La langue française dans le monde

Document 3

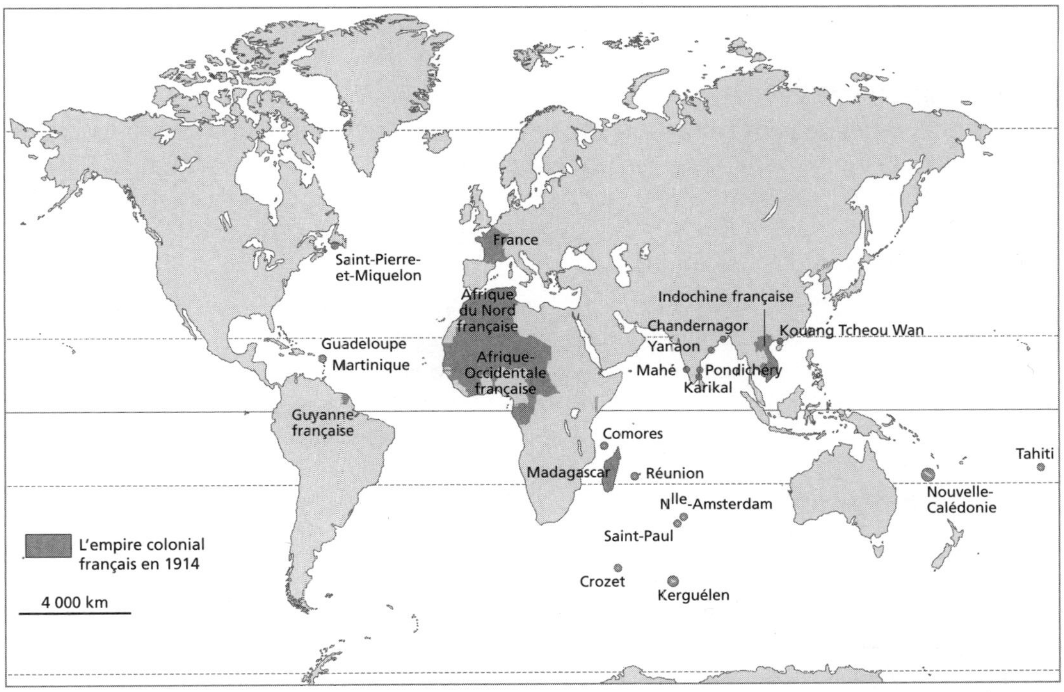

L'empire colonial français en 1914.

8
Fiche documents

La langue française dans le monde

Document 3

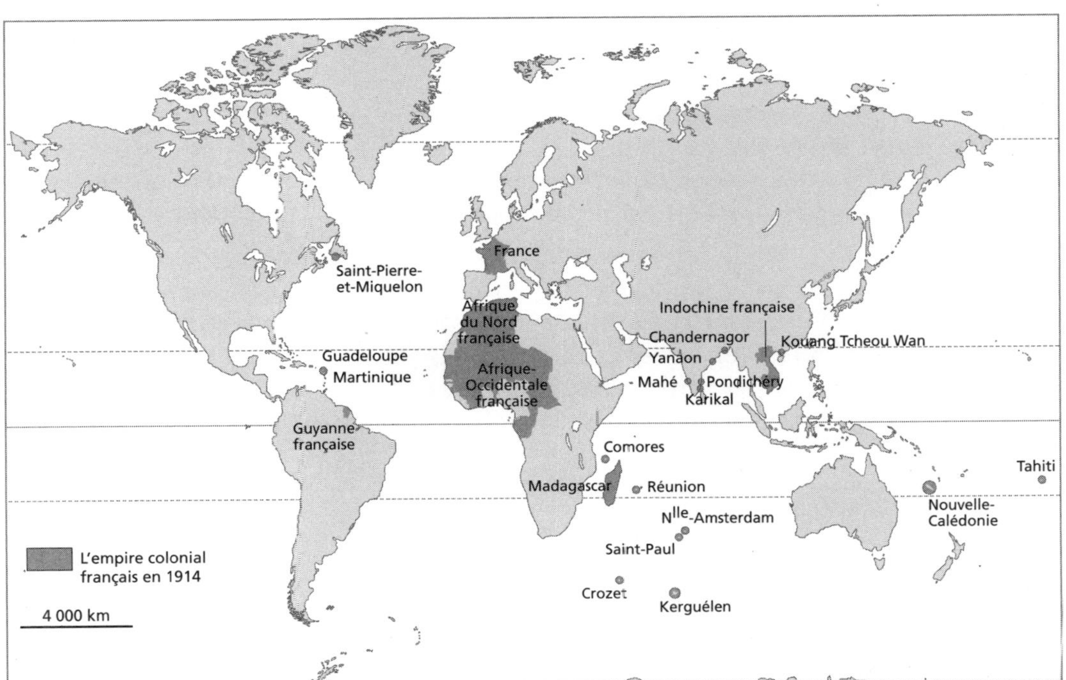

L'empire colonial français en 1914.

La langue française dans le monde

Document 4

Histoire du développement du français dans le monde – Repères historiques

1. La Tunisie sous la protection de la France

Le 12 mai 1881, le gouvernement français et le bey (souverain) tunisien signent un traité au palais de Kassar Saïd dans la banlieue de Tunis. Ce traité place la Tunisie sous le protectorat de la France. La France, présente en Tunisie depuis 1869, compte ainsi protéger ses positions en Algérie.

2. À la découverte de territoires inconnus

Christophe Colomb est arrivé en Amérique en cherchant une route pour aller vers l'Inde et, depuis ce temps, le Portugal, l'Espagne, l'Angleterre et la France ont envoyé des explorateurs pour partir à la découverte de ces territoires inconnus, espérant encore trouver le chemin qui les mènerait en Orient. En 1534, la France est sous le règne de François Ier, et celui-ci envoie Jacques Cartier naviguer vers les terres mystérieuses. Là-bas, il découvrira le golfe du Saint-Laurent et prendra possession du Québec.

3. Au nom du roi de France

Le 9 avril 1682, l'explorateur français, Robert Cavelier de La Salle prend possession au nom du roi de France, Louis XIV, de la vallée du Mississippi et lui offre la Louisiane. Il baptise la région « Louisiane » en son honneur. Cavelier de La Salle sera nommé gouverneur de Louisiane en 1684.

4. Un territoire disputé

La Guyane fut disputée par la Hollande et la France. Puis Les rivalités franco-anglaises firent passer la Guyane sous la dépendance de l'Angleterre, qui, après s'être emparée du territoire, le céda finalement à la Hollande par le traité de Breda en 1667. L'amiral français d'Estrées reprit la Guyane aux Hollandais le 21 décembre 1676.

5. En Afrique

L'île Saint-Louis est située au nord du Sénégal, au bord de l'océan Atlantique, tout près de la frontière avec la Mauritanie. La ville est fondée en 1659 par le normand Louis Caullier.
Son nom lui fut donné par les Français en l'honneur du roi de France. Saint-Louis est la plus ancienne ville créée par les Européens sur la côte occidentale d'Afrique. Elle fut la capitale du Sénégal jusqu'en 1957.

6. Le pays de la canne à sucre

Le cardinal de Richelieu, au nom du roi Louis XIII, crée la Compagnie des Isles d'Amérique (1635-1650) afin de coloniser les îles des Petites Caraïbes.
La véritable conquête de la Martinique commence avec l'arrivée d'un aventurier français, Pierre Belain d'Esnambuc, le 15 septembre 1635. En 1550, on pratique déjà la monoculture de la canne à sucre.

7. Le port de l'Éthiopie

Djibouti constitue un territoire de peuples (les Afars et les Issas) dans une région dominée par les Éthiopiens, les Égyptiens, les Arabes et les Turcs ottomans.
Dès 1839, des explorateurs français parcoururent la région. Le gouverneur Léonce Lagarde fit de Djibouti, fondée en 1888, le port de l'Éthiopie. Le pouvoir de la France s'y est maintenu jusqu'en 1977.

La langue française dans le monde

Document 5

Le développement du français dans le monde

Pays où l'on parle français	Depuis quand	Personnage marquant	Ce qu'il a fait
Québec			Il recherche le passage vers l'Asie et prend possession de la Nouvelle France.
Martinique			Avec son arrivée commence la véritable conquête de la Martinique.
Saint-Louis du Sénégal			Il a fondé l'île.
Guyane			Il reconquit le territoire pour le compte de la France.
Louisiane			Il atteint l'embouchure du fleuve Missisipi et baptise « Louisiane » cette région depuis le lac Ontario jusqu'au golfe du Mexique.
Tunisie			Il signe avec le bey (souverain) un traité qui place la Tunisie sous le protectorat de la France.
Djibouti			Il fit de Djibouti le port de l'Éthiopie.

Document 7

Ville	Pays	Continent	Année
Hanoï	Viêtnam	Asie	1996
Moncton	Canada	Amérique	1999
Beyrouth	Liban	Asie	2002
Ouagadougou	Burkina Faso	Afrique	2004
Bucarest	Roumanie	Europe	2006
Québec	Canada	Amérique	2008

8 Fiche évaluation — La langue française dans le monde

1. Recopie chaque définition en face du mot qui lui correspond.

- L'ensemble des personnes parlant français dans le monde.
- La première langue apprise.
- Elle ne se réduit pas à la culture française.
- Elle est parlée sur les cinq continents.

La langue maternelle : ....

La langue française : ....

La francophonie : ....

2. Barre les pays qui ne sont pas francophones.

Angleterre – Maroc – Chine – Québec
Brésil – Viêtnam – Polynésie-Française

3. Parmi ces personnages, deux ont joué un rôle important dans l'histoire du développement du français. Entoure leur nom.

Christophe Colomb – Jacques Cartier – Robert Cavelier de la Salle – Gutenberg

4. Observe la photographie. En t'aidant du planisphère, indique sur quel continent se situe Québec.

© B. Perousse/ hemis.fr

Rue commerçante à Québec.

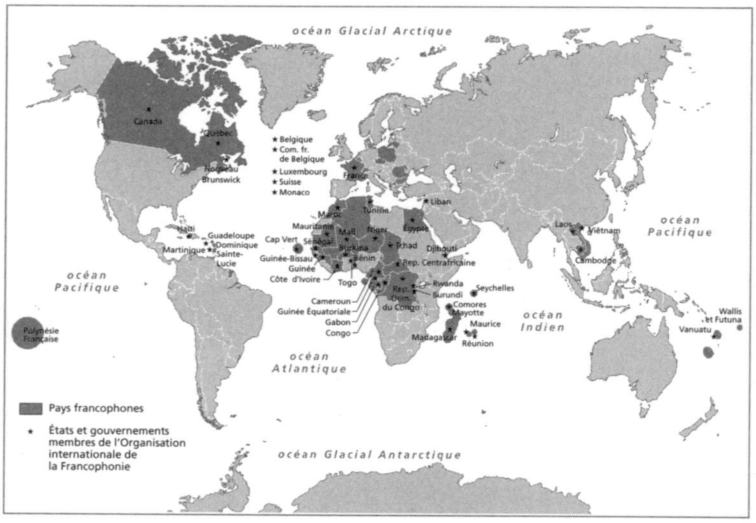

....

5. Quelle raison explique que les enseignes sur la photographie soient écrites en français ?

....

....

Des étrangers en France, des Français à l'étranger

Informations pour l'enseignant

La France fait partie de l'Union européenne, mais elle est aussi prise dans la mondialisation, qu'on peut définir comme une organisation du monde dans laquelle les échanges sont possibles partout et dans tous les domaines.
Dans cette séquence consacrée aux mouvements de population liés à la mondialisation, nous avons choisi de faire réfléchir les élèves sur les phénomènes d'immigration, mais aussi d'émigration, qui visent une installation plus ou moins longue dans le pays de destination (travail, étude...).

L'immigration
Le droit de circuler s'impose dans le monde comme une liberté essentielle. Les hommes se déplacent notamment en quête d'un lieu où ils travailleront, voire même où ils s'établiront. Le développement des transports et les facilités pour franchir les frontières, même les plus impénétrables, favorisent les mouvements et les déplacements.
Les migrations de population sont des facteurs de déstabilisation. Elles peuvent être de nature politique ou économique, les deux pouvant s'entremêler car « toute migration est le fruit d'une démarche complexe [...] ; c'est un effort quasi désespéré pour s'en sortir [...]. Mais le migrant est aussi celui qui, doté d'une compétence recherchée, fournit une main-d'œuvre qualifiée recherchée par les pays d'accueil.[1] » L'immigration constitue un défi pour la société française, qui doit prendre en compte cette nouvelle population.

Les immigrés en France
Les enquêtes annuelles de recensement concernant les immigrés indiquent qu'ils sont près de 5 millions à résider sur le territoire de la France métropolitaine[2]. Mais on assiste à une modification des courants migratoires. Les immigrés ont des profils variés, allant de l'écolier chinois au Sénégalais ou au Malien qui vient d'obtenir la nationalité française.
De 1990 à 2004, leur nombre s'est accru de 20 %. L'Afrique, l'Asie, l'Europe de l'Est fournissent de plus en plus de migrants depuis le début du XXIe siècle. Les immigrés venus autrefois d'Espagne ou d'Italie voient leur nombre diminuer ainsi que ceux originaires de Pologne. Les femmes sont plus nombreuses à migrer, sauf pour les immigrés venant du Maghreb, de Turquie ou du Portugal. De nombreux arrivants sont diplômés (on est passé de 6 à 24 % entre 1982 et 2004).
60 % des immigrés sont concentrés en Île-de-France, en Alsace et dans la région Provence-Alpes-Côte-d'Azur. Les immigrés venant d'Afrique subsaharienne sont installés en Île-de-France. Les régions de l'Ouest comme la Bretagne, la Normandie et les Pays de la Loire n'accueillent que peu d'immigrés (moins de 3 % de la population).

Lexique

L'émigration : le mouvement des personnes quittant un pays (les émigrés).
S'expatrier : quitter sa patrie pour s'installer dans un pays étranger.
L'immigration : le mouvement des personnes (les immigrés) qui entrent dans un pays qui n'est pas le leur.
L'immigration clandestine : l'immigration qui n'est pas enregistrée.
Une migration : un déplacement des populations qui peut être temporaire (pour un temps déterminé) ou définitif.
Une migration externe : un déplacement des migrants qui arrivent en France ou qui partent de France vers l'étranger.

1. Atlas géopolitique et culturel du *Petit Robert des noms propres*, 2004, pp. 48-49.
2. C. Borel, « Enquêtes annuelles de recensement 2004-2005 », cellule Statistiques et études sur l'immigration, *Insee Première* n° 1098, août 2006.

Séance 1 – Mondialisation et immigration en France

Compétence disciplinaire
- Comprendre les différents mouvements de population vers la France.

Compétences méthodologiques
- Lire un graphique.
- Mettre en relation un graphique et une carte.
- Lire une photographie.

Problématique
Comment se font les mouvements d'immigration concernant la France ?

Lexique
Migration, immigration, s'expatrier.

Durée de la séance : 60 minutes.

Matériel
doc. 1 Une photographie d'un travailleur immigré sur un chantier.
doc. 2 Un graphique : les immigrés selon leur pays de naissance en 2004-2005.
doc. 3 Un planisphère.
doc. 4 Une carte de la répartition des immigrés sur le territoire français.
Un atlas.

Étape 1

Observer la population en France

Matériel
La photographie d'un travailleur immigré sur un chantier (doc. 1, cahier couleur p. 13).

Organisation de la classe
Travail collectif.

Par l'observation de cette photographie, l'objectif de l'enseignant est de montrer que la population française est très diversifiée dans sa composition.

Le maître demande aux élèves de décrire l'image.

Les élèves peuvent faire part de leur expérience :
- Ont-ils déjà rencontré des travailleurs d'origine étrangère ? De quel pays ?
- Connaissent-ils des personnes venant d'autres pays qui habitent dans leur quartier, dans leur village ?

La notion d'*immigration* est définie à ce moment, c'est-à-dire l'arrivée d'étrangers qui viennent s'installer dans un pays. Ces étrangers sont des *immigrés*.

Résultat attendu
C'est un paysage urbain, peut-être une banlieue ; au second plan, on voit des immeubles dont certains sont en construction. On aperçoit une grue. Le premier plan montre un travailleur, certainement d'origine africaine, qui travaille sur le chantier.

Étape 2

Analyser l'origine géographique des flux de migration vers la France

Matériel
- Le graphique présentant les immigrés selon leur pays de naissance (doc. 2 à photocopier).
- Le planisphère (doc. 3 à photocopier).
- Un atlas.

Organisation de la classe
Travail individuel puis collectif.

L'enseignant a pour objectif de montrer que la France reçoit des flux migratoires du monde entier. Il utilise pour cela un graphique statistique des immigrés en France selon leur pays d'origine, pays que les élèves vont localiser sur le planisphère.

Les élèves observent le graphique. Le maître en explique la construction : sur l'axe vertical sont indiqués les pays d'origine des immigrés. Sur l'axe horizontal figure le nombre d'immigrés (en milliers). Pour trouver le nombre d'immigrés qui correspond à un pays donné, il suffit de tracer la perpendiculaire à l'axe des abscisses. Le point de croisement avec cet axe indique le nombre recherché.

L'enseignant pose les questions suivantes pour vérifier que les élèves ont compris le graphique :
- Quel est le pays qui fournit le moins d'immigrés ? *Le Mali*.
- Celui qui en procure le plus ? *L'Algérie*.
- Combien d'immigrés viennent de Belgique ? *100*. D'Espagne ? *280*.

Afin de visualiser sur une carte les pays mentionnés sur le graphique et de connaître les continents qui fournissent la plus grande partie de la population immigrée, les élèves repèrent chacun des pays sur un atlas, le colorient sur leur planisphère et indiquent son nom.

Carte attendue

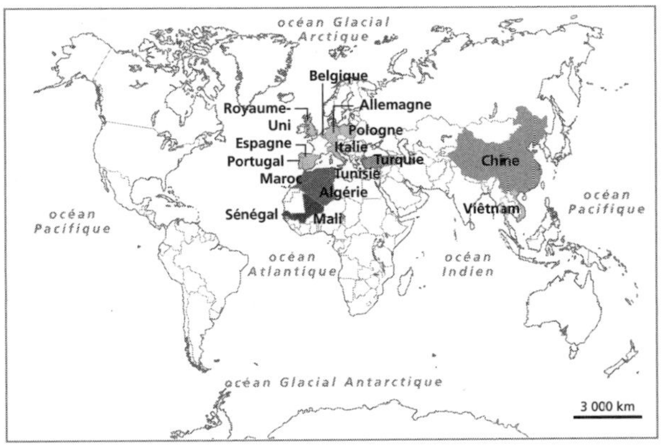

Mise en commun

En 2005, les immigrés en France viennent surtout des pays du Bassin méditerranéen (ceux des pays du Maghreb sont nombreux), de l'Europe du Nord et de l'Est. La Chine et l'Afrique subsaharienne fournissent des effectifs moins élevés.

Étape 3

Localiser les lieux d'installation des migrants en France

Matériel

La carte de la répartition des immigrés sur le territoire français (doc. 4, cahier couleur p. 13).

Organisation de la classe

Travail collectif puis individuel.

L'enseignant pose la problématique suivante :

- Où s'installent les migrants qui arrivent sur le territoire français ?

Il demande aux élèves d'observer la carte et les interroge :

- Quel est le titre donné à cette carte ? *Répartition des immigrés sur le territoire français.*
- Comment lire la légende ? *Chaque couleur représente un pourcentage d'immigrés dans la population totale.*
- Quelle couleur représente la part la plus importante d'immigrés ? *Le orange foncé.*
- Quelles sont les régions qui en accueillent le plus ? *Alsace, Provence-Alpes-Côte-d'Azur, Île-de-France.*
- Quelles régions en reçoivent le moins ? *L'ouest de la France, le Limousin et l'Auvergne.*
- Celles où la représentation est moyenne ? *L'Aquitaine, la Picardie, le Centre.*

Des hypothèses sont émises quant à cette répartition (travail, études, famille déjà installée en France...). Un tableau de ce type peut être proposé pour la trace écrite :

	Situation en France	**Régions**
Immigrés plus nombreux que la moyenne	L'Île-de-France Les parties est et sud de la France	Île-de-France Alsace Provence-Alpes-Côte-d'Azur
Immigrés moins nombreux que la moyenne	L'ouest de la France Deux régions centrales	Basse-Normandie Pays-de-la-Loire Bretagne

Étape 4

Trace écrite

Elle reprend :
- la définition des mots « immigration » et « immigré » ;
- les conclusions de l'étape 2 (mise en commun) sur l'origine des migrants établie lors du dernier recensement ;
- le tableau de l'étape 3.

Mondialisation et immigration en France

Document 2

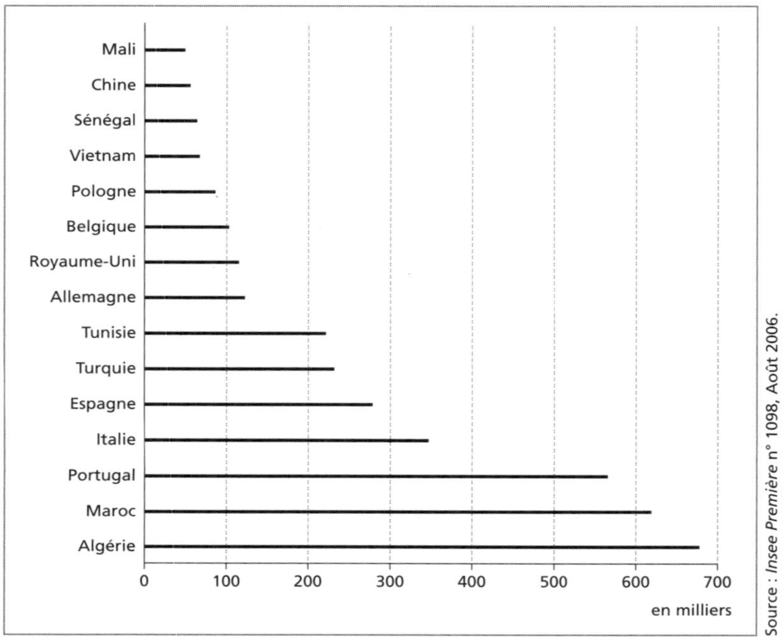

Les immigrés selon leur pays de naissance en 2005.

Document 3

Colorie les pays d'origine des immigrés en France en te reportant au graphique du document 2.

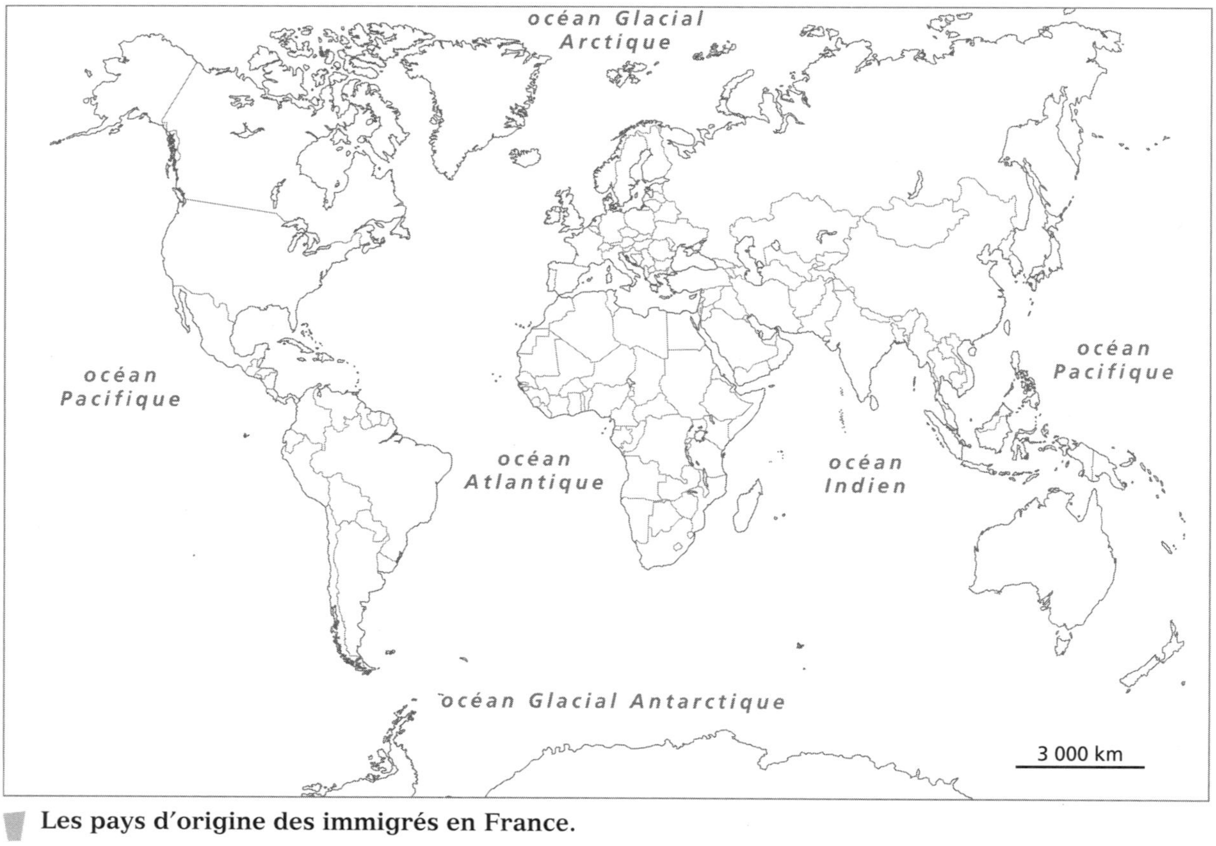

Les pays d'origine des immigrés en France.

Séance 2 – Des Français à l'étranger

Compétence disciplinaire
- Connaître quelques caractéristiques des populations qui migrent.

Compétence méthodologique
- Extraire des informations d'un texte.

Problématique
Comment caractériser les populations émigrées ?

Lexique
S'expatrier, l'émigration, la qualification professionnelle.

Durée de la séance : 45 min.

Matériel
doc. 5 Un texte : « Les cadres français dans le monde », suivi d'un questionnaire.
doc. 6 Un texte : « Les Français à Londres », suivi d'un questionnaire.

Après avoir analysé les courants migratoires vers la France, le maître veut montrer qu'il en existe également, mais en moindre proportion, de la France vers les autres pays.

Étape 1

Percevoir des migrations de la France vers le monde

Matériel
Le texte sur les cadres français dans le monde (doc. 5 à photocopier).

Organisation de la classe
Travail individuel.

Parmi les migrants, les cadres d'entreprise partent fréquemment à l'étranger.
L'enseignant demande aux élèves de lire le texte proposé et de répondre individuellement aux questions.

Corrigé
1. La population active est l'ensemble des personnes qui ont un emploi ou qui en recherchent un.
2. Personnel qui encadre les salariés dans une entreprise.
3. Le texte évoque des migrants qui sont cadres, étudiants, informaticiens.
4. Les États-Unis accueillent de nombreux cadres.
5. Les informaticiens s'expatrient en moyenne deux à cinq ans. C'est une période courte.

La mise en commun fait ressortir l'idée que les cadres français ne souhaitent pas s'expatrier longtemps.

Étape 2

Lister les arguments expliquant le départ de Français

Matériel
Le texte « Les Français à Londres » suivi d'un questionnaire (doc. 6 à photocopier).

Organisation de la classe
Travail individuel.

L'enseignant a ici pour objectif d'étudier un exemple d'expatriation à l'étranger : la composition démographique du groupe, ses motivations. Il propose un extrait d'un article de presse aux élèves. Après une lecture attentive, ils répondent aux questions posées.

Corrigé
1. Tripler, c'est multiplier par trois.
2. Les femmes.
3. Les 25-39 ans.
4. Pour des raisons professionnelles. Ils vont travailler.
5. Après 40 ans, les Français choisissent de rentrer en France.
6. Avoir une formation professionnelle sérieuse : les Français qui partent au Royaume-Uni sont de plus en plus diplômés dans leur profession.

La mise en commun souligne que ce sont des populations jeunes qui émigrent dans le but de travailler pour une durée limitée. On pourra faire un parallèle avec la situation précédemment évoquée concernant les cadres qui ne restent que quelques années à l'étranger.

Étape 3

Trace écrite

Elle reprend, en une synthèse, les conclusions des deux étapes :

Les émigrés français sont en majorité des cadres et des étudiants. Ils s'expatrient sur une période courte (deux à cinq ans). Ce sont donc des populations jeunes (25 à 39 ans), essentiellement des femmes, qui partent à l'étranger pour des raisons professionnelles.

S'y ajoutent les définitions des mots « s'expatrier » et « émigration ».

Évaluation

Compétences évaluées

- Situer des données sur une carte.
- Restituer des définitions.
- Sélectionner les caractéristiques d'une population donnée.

Corrigé

1.

2. Les élèves doivent citer quatre pays du graphique, p. 106 (doc. 2).

3. Immigration : mouvement des personnes (les immigrés) qui entrent dans un pays qui n'est pas le leur.

S'expatrier : le fait de quitter sa patrie pour s'installer dans un pays étranger.

4. Ils sont peu nombreux par rapport à la population active. Ils ne partent pas définitivement. Ce sont surtout des jeunes qui s'expatrient.

Des Français à l'étranger

Document 5

Les cadres français dans le monde

Sur l'ensemble de la population active de la France, le ministère des Affaires étrangères estime à 3 %, soit 1,9 million de personnes, le nombre de Français à l'étranger.
Moins de 5 % des cadres français travaillent à l'étranger et sur 139 000 cadres en poste à l'étranger, 10 600 travaillent aux États-Unis.
Seulement 2 % des étudiants français suivent leurs études à l'étranger : étudiants des écoles de commerce qui ont leur premier poste à l'étranger, étudiants en sciences.
Les informaticiens français qui travaillent dans la Silicon Valley aux États-Unis souhaitent revenir en France à l'échéance de deux à cinq ans.

D'après le rapport du Sénat sur l'expatriation des compétences, 14 juin 2001.

Lis le texte et réponds aux questions suivantes :

1. Recherche dans le dictionnaire la définition de « population active ».

....

....

2. Qu'est-ce qu'un cadre ?

....

....

3. Quelles catégories de migrants évoque le texte ?

....

....

4. Quel pays accueille de nombreux cadres ?

....

....

5. Combien de temps les informaticiens s'expatrient-ils ?

....

....

Des Français à l'étranger

Document 6

Les Français à Londres

Le nombre de Français installés au Royaume-Uni a triplé entre 1985 et 2005. Les femmes sont plus nombreuses que les hommes (56 %).

Âge des Français en Angleterre :

- Moins de 25 ans 33 %
- 25-39 ans 47 %
- 40-65 ans 17 %
- Plus de 65 ans 4 %

Cette expatriation se fait pour des raisons professionnelles, pour débuter une carrière. L'expatriation n'est pas définitive et le retour en France se fait après 40 ans. Ces Français sont de plus en plus qualifiés.

D'après le journal *Le Figaro* du 7 décembre 2006.

Lis le texte et réponds aux questions suivantes :

1. Quel est le sens de « tripler » ?

....

2. Qui s'expatrie le plus : les femmes ou les hommes ?

....

3. Quelle est la tranche d'âge la plus représentée au Royaume-Uni ?

....

4. Pourquoi les Français partent-ils à Londres ?

....

5. Pourquoi les Français de plus de 40 ans sont-ils moins nombreux ?

....

6. Cherche la définition de « qualifié » dans le dictionnaire et note-la ici.

....

....

....

9 Fiche évaluation

Des étrangers en France, des Français à l'étranger

1. Sur cette carte, colorie les régions qui reçoivent le plus d'immigrés (plus de 9,2 %).

2. Cite quatre pays d'où sont originaires les immigrés présents en France.

....

....

3. Définis les mots suivants :

immigration : ....

....

s'expatrier : ....

....

4. Que peut-on dire des Français qui partent travailler à l'étranger ?

....

....

L'industrie en France

Informations pour l'enseignant

La France est aujourd'hui la sixième puissance économique mondiale. Cette position est le fruit d'une importante transformation qui a affecté l'espace économique français depuis les années 1950. Après trente ans de croissance ininterrompue (les Trente Glorieuses, entre 1945 et 1975), la France a incontestablement connu une phase de désindustrialisation. À partir de 1973, la crise de l'énergie n'a fait que révéler les réalités d'une mutation profonde des structures industrielles, inéluctable en raison de deux facteurs : la révolution technologique et la mondialisation de l'économie.

Des structures nouvelles

Avec la crise économique des années 1970 et 1980, la concentration d'entreprises a connu une accélération certaine. Cette accélération s'explique en grande partie par l'atonie des taux de croissance qui en a fragilisé beaucoup et par la mondialisation des modes de vie et de consommation, c'est-à-dire des marchés, qui a élargi la concurrence à l'ensemble de la planète.
On a ainsi assisté à une concentration technique – liée à une restructuration des capitaux, industriels, bancaires et commerciaux, fusionnés dans le cadre de nouveaux groupes financiers – qui a donné naissance à de puissants groupes privés (où à participation de fonds publics). Puis ce processus de concentration du capital s'est inversé avec l'aggravation de la crise au profit de structures plus petites (les petites et moyennes entreprises, PME) qui renforcent leurs effectifs et se multiplient.
À partir du choc pétrolier de 1973, l'industrie française a procédé à une réduction profonde du nombre des actifs (liée principalement à l'automatisation des productions). L'utilisation accrue de la sous-traitance a engendré le démantèlement des vieilles régions industrielles. On a ainsi vu des milliers d'hectares transformés en friches industrielles.
Par contraste, le dynamisme des PME de technologie moderne s'explique souvent par des incitations fiscales et des aides financières directes. Ces PME concentrent aujourd'hui environ 50 % des salariés et 42 % des ventes. Elles sont largement intégrées au processus de production des grands groupes. Elles sont nombreuses dans les branches les plus performantes : la haute technologie ou la communication.

La mondialisation de l'économie bouleverse les localisations industrielles

La révolution des transports, la généralisation de la production en flux tendu, l'augmentation des échanges liée à la mondialisation se traduisent dans l'espace par de nouvelles localisations. La carte des implantations industrielles évolue. En effet, pour les entreprises, ce n'est plus la proximité des matières premières ou des sources d'énergie qui importe. D'autres critères priment : l'accessibilité, les possibilités d'échange avec les centres de recherche et les grandes écoles, un cadre de vie agréable et une main d'œuvre nombreuse et qualifiée contribuent désormais à redéployer les entreprises sur le territoire. Ainsi, si Paris continue à dominer, les régions du sud et de l'ouest s'affirment de plus en plus (phénomène d'héliotropisme[1]), tandis que les anciennes régions du nord et de l'est poursuivent leurs reconversions.

1. Attrait des populations vers le sud.

L'émergence des technopôles

Avec ou sans accent, masculinisé ou féminisé, le terme de technopôle (ou technopole) désigne un lieu où l'on veut unir la recherche et l'industrie en suscitant des créations d'entreprises dans des secteurs de pointe.
Au masculin, le technopôle désigne un lieu précis où se concentrent des activités économiques étroitement liées aux techniques nouvelles. Ces activités sont souvent complémentaires, d'où la création de liens étroits entre elles.
Au féminin, la technopole (sans accent) élargit le concept et introduit un mouvement plus global, plus général dans les relations opérées entre les différents secteurs économiques, politiques et sociaux. Des interactions se créent au niveau des entreprises d'une ville, associant puissance d'innovation et capacité de développement. Celle-ci se voit alors dotée de fonctions de polarisation régionale. Dans les très grandes villes comme Lyon, Lille ou Paris, les entreprises disposent de plateformes multimodales[2] bien reliées entre elles et aux autres villes européennes. Ces technopoles prennent alors le nom de *hubs*.
En France, Sophia-Antipolis près de Nice, et la ZIRST de Meylan près de Grenoble, jouèrent, dans les années 1960, le rôle de pionnières. Près de cinquante ans plus tard, elles se révèlent être un véritable succès.

Sophia-Antipolis, entre Grasse et Antibes, fut créée par Pierre Laffite, directeur de l'école des Mines de Paris, désireux de bâtir « un quartier latin aux champs ». On y trouve aujourd'hui informatique d'ingénierie et de gestion, chimie fine, pharmacie, dermatologie…
La ZIRST de Meylan, au contraire, s'est créée à l'initiative de particuliers, sans intervention des pouvoirs publics. Zone pour l'innovation et les réalisations scientifiques et techniques, elle se place désormais en deuxième position après Paris pour la recherche dans la physique et l'informatique. Avec la construction d'Europole au début des années 1990, elle s'est tournée vers les affaires internationales.

Depuis maintenant 25 ans, une vingtaine de villes ont entrepris la création de technopôles. Le cas de Montpellier est d'ailleurs exemplaire. Ayant manqué toutes les « révolutions industrielles », la capitale du Languedoc fut longtemps sous-industrialisée. Mais cette sous-industrialisation offrait d'énormes possibilités d'innovations et de développements nouveaux puisqu'aucune tradition ne pouvait être source de blocage. Montpellier a vu son paysage urbain évoluer de manière fulgurante. Quatre technopôles s'ordonnent autour du centre-ville marqué par la place de la Comédie, le Polygone, Antigone et le quartier du Corum.

Des emplois métropolitains

L'essentiel de la production française est assuré par trois régions principales : Île-de-France, Provence-Alpes-Côte-d'Azur et Rhône-Alpes assurent plus de 45 % de la richesse nationale. Les anciennes régions industrielles, comme le Nord-Pas-de-Calais ou la Lorraine, ne participent plus qu'à un peu plus de 8 % du produit intérieur brut. Inversement, l'ouest et le sud s'affirment, tandis que le centre reste toujours en retrait.

Des friches industrielles

On appelle friche industrielle tout espace à usage industriel, nu ou bâti, abandonné ou très sous-utilisé et dont la réinsertion sur le marché foncier ou immobilier implique nécessairement un nouvel aménagement. Les friches industrielles sont nées de la conjonction de plusieurs facteurs. Parmi les plus importants, la désindustrialisation apparaît comme le plus marquant. Souvent concurrencées par des sites plus performants, de nombreuses usines ferment, car situées trop à l'écart des approvisionnements ou tout simplement moins compétitives par rapport à des productions étrangères.

Lexique

Couloir de la chimie : appellation donnée à la vallée du Rhône, au niveau de Lyon et de sa périphérie, en raison de la densité des industries pétrochimiques installées dans cet espace.
Industrie de pointe : nom donné aux entreprises high-tech qui produisent des produits d'une grande valeur technologique. Ces industries font largement appel aux services d'ingénieurs hautement qualifiés.
Interaction : action réciproque qui s'exerce entre deux ou plusieurs acteurs ou lieux. L'interaction est envisagée comme une association bénéfique à un projet.
Friche industrielle : zone d'établissements industriels abandonnés, souvent en raison des transformations des techniques de production.
Reconversion d'un site : transformation d'un site industriel ; l'activité de production est abandonnée au profit d'une autre activité en raison d'une baisse de résultats, du vieillissement ou de l'obsolescence des activités précédentes.
Réhabilitation : intervention qui vise à remettre en état un site vétuste.
Technopôle, technopole : nom donné aux lieux d'expérimentation et d'implantation de techniques et d'industries innovatrices. Des laboratoires de recherche sont souvent associés à ces sites. La technopole la plus connue est Sophia-Antipolis, près de Nice.

2. Espace de transbordement entre au moins deux modes de transport.

L'évolution des politiques urbaines et l'aggravation de la crise économique des années 1980 ont fait du devenir des friches industrielles un enjeu fondamental pour toutes les vieilles régions industrielles. La friche fait désormais partie du territoire urbain et les spectaculaires renouvellements de ces espaces montrent la très grande implication des municipalités à réutiliser ces traces du passé dans des politiques d'aménagement. Une grande partie de ces friches a été l'objet de réaménagements.
En France, les interventions sur des friches industrielles ont toujours eu un impact positif sur leur environnement : requalification du site, revalorisation de l'image de marque du secteur ou de la ville, création d'une dynamique économique locale.
Des exemples montrent les différentes options prises en commun par les pouvoirs locaux et l'État dans la résorption des friches. Ainsi, en Lorraine, on a plutôt privilégié le verdissement de ces secteurs pour les rendre visuellement plus agréables : Homécourt, Pompey, Hagondange sont des exemples significatifs de ce choix. En Franche-Comté, la friche de la plaine des Riaux, au Creusot, liée au dépôt de bilan de Creusot Loire, a permis aux élus locaux de redéfinir le site. Ainsi, afin de favoriser la renaissance économique et urbaine de la ville, il a été décidé de développer, outre des aménagements d'espaces publics, des équipements d'enseignement supérieur, sportifs, culturels, hôteliers et tertiaires.

Des secteurs de pointe

À l'opposé des vieilles entreprises se détachent des industries de haute technologie qui se concentrent souvent dans des métropoles bien desservies par les voies de communication. De véritables pôles sont nés, associant sur un même territoire des entreprises, des centres de formation et des unités de recherche publiques et privées pour des projets communs de développement et d'innovation. Des subventions nationales relayées par des fonds européens ont permis le développement de projets à vocation régionale, voire mondiale. Ces projets concernent des domaines technologiques en émergence, mais aussi des secteurs de l'agro-alimentaire, l'automobile, la chimie-pharmacie ou le matériel ferroviaire.

La déconcentration industrielle

Depuis la fin du XIXe siècle, la grande industrie, celle de l'automobile, de la construction mécanique et électrique, avait été le facteur essentiel de la croissance de Paris. Dans les années 1960, afin de freiner la croissance parisienne, il fut convenu d'arrêter la concentration industrielle qui en était la cause, et de reporter sur la province une part des créations d'emplois destinés à la capitale. On mit en place un système administratif et fiscal pour décourager les nouvelles implantations en région parisienne : l'agrément-redevance.
Des mesures incitatives devaient encourager les entreprises à développer leurs sites en province. Le principe était simple : plus la zone manquait d'industries, plus les aides étaient élevées. On a ainsi partagé la France en plusieurs zones :
– le Bassin parisien et Rhône-Alpes, industrialisés, ne bénéficiant d'aucune aide ;
– la Bretagne, le Sud-Ouest et le Massif central, sous-industrialisés, recevant des primes et des aides à la décentralisation ;
– les régions minières en difficulté, faisant l'objet d'aides plus massives ;
– les régions en grande difficulté, bénéficiant de toutes les aides.

D'après F. Damette et J. Scheibling, *La France, permanences et mutations*, Hachette, coll. « Carré géographique », 1995.

Séance 1 – Décryptage et analyse d'une industrie de pointe

Compétences disciplinaires
- Localiser quelques lieux majeurs de l'industrie en France.
- Appréhender la notion d'interaction régissant une industrie de pointe.

Compétences méthodologiques
- Utiliser des cartes pour localiser un phénomène.
- Mettre en relation un document photographique et un document cartographique.
- Réaliser un croquis de paysage industriel en élaborant une légende hiérarchisée.

Problématique
Quelles caractéristiques désignent un paysage industriel ?

Durée de la séance : 60 minutes.

Matériel
doc. 1 Une carte des zones et des centres industriels en France.
doc. 2 Une photographie du site de Feyzin accompagnée d'un plan de situation.
doc. 3 Un croquis correspondant à la photographie du site de Feyzin, à compléter et à légender.
doc. 4 Une photographie d'une usine de montage de l'Airbus A 340 à Toulouse.
doc. 5 Une carte des implantations des sites industriels de l'Airbus A 380 accompagnée d'un questionnaire.

Lexique
Interaction, couloir de la chimie, industrie de pointe.

Étape 1

Donner son point de vue sur la définition d'un paysage industriel

Matériel
Une feuille blanche par élève.

Organisation de la classe
Travail individuel puis collectif.

L'enseignant demande aux élèves de dessiner rapidement sur la feuille un paysage industriel. Au bout de cinq minutes, les élèves affichent les résultats au tableau.
La mise en commun permet de regrouper les dessins qui se ressemblent et contribue à établir une affiche sur laquelle l'enseignant note les éléments distinctifs : des usines, de la fumée…
Cette affiche rassemble les représentations des élèves sur le thème de la séquence proposée et permet d'en garder la trace. L'enseignant propose alors de vérifier les réponses données et d'enrichir le lexique en proposant la carte des industries en France.

Étape 2

Appréhender les principaux types d'industries en France

Matériel
La carte des industries en France (doc. 1 à photocopier).

Organisation de la classe
Travail collectif.

L'enseignant propose à la classe le document cartographique et demande à chacun de l'observer. Au cours du questionnement proposé ci-dessous, l'enseignant note brièvement au tableau les réponses des élèves.
- ▸ De quel type de document s'agit-il ? *Il s'agit d'une carte des implantations des usines en France.*
- ▸ Quels sont les renseignements qu'il nous donne ? Que signifient les différentes zones tracées sur la carte ?

Les différentes zones correspondent à divers types d'industries :
- *des industries de haute technologie implantées en périphérie de la France ;*
- *des industries en reconversion dans le nord de la France ;*
- *une zone d'industries anciennes située dans le nord et le nord-est ;*
- *une zone d'industries dispersées dans le centre et l'ouest ;*
- *une zone où les implantations industrielles sont peu développées dans tout le sud ;*
- *des axes industriels qui correspondent à des vallées (Seine, Rhône, Rhin).*

- ▸ Que signifie « industrie de haute technologie » ?

La réponse à cette question donnera certainement lieu à des suppositions de la part des élèves. Ces hypothèses seront vérifiées plus tard dans la séance.
- ▸ Peut-on donner des exemples d'implantations d'usines de haute technologie ? *Toulouse, Nice… sont des villes où sont installées des industries de haute technologie.*

Notion à communiquer aux élèves

La carte des industries en France montre différents types d'industries liées à leur histoire. Des zonages apparaissent nettement.
L'industrie française est la quatrième mondiale. ■

L'enseignant propose alors de découvrir à quoi ressemble un paysage industriel.

Étape 3

Établir le croquis d'un paysage industriel

Matériel

- La photographie aérienne du site de Feyzin, complétée d'un plan de situation (doc. 2 à photocopier).
- Une feuille de papier calque.
- Une grande affiche vierge par équipe de quatre.
- Le croquis correspondant à la photographie du site de Feyzin, à compléter et à légender (doc. 3 à photocopier).

Organisation de la classe

Travail individuel, par quatre puis collectif.

L'enseignant propose aux élèves de vérifier leurs représentations en observant la photographie d'un site industriel.

▸ Vous allez terminer le croquis de ce paysage industriel. Mais avant de passer au travail, nous allons ensemble faire une lecture collective de ce que nous voyons.

Afin d'aider cette lecture collective, l'enseignant s'appuie sur le questionnaire suivant :

▸ Dans quelle direction est prise la photographie ? *Grâce à la carte, on constate que le nord est situé en haut de la photographie.*
▸ Où se situe ce paysage industriel ? *Près de Lyon (région Rhône-Alpes).*
▸ Quelles sont les constructions visibles ? *On aperçoit plusieurs types de constructions industrielles : des citernes et une usine (il s'agit d'une raffinerie de pétrole et des citernes de stockage). On distingue aussi une autoroute et une ligne de chemin de fer.*
▸ Comment sont orientées les voies de transport ? *Ces voies de transport sont orientées nord/sud.*
▸ Quel type de constructions peut-on observer ? *Des maisons, des immeubles, des usines.*
▸ Y a-t-il des zones de végétation ? *On perçoit quelques zones vertes et un cours d'eau : le Rhône.*

L'enseignant note sur une affiche les différents éléments repérés par les élèves.

Il propose ensuite aux élèves d'observer le croquis du paysage qu'ils viennent de découvrir. Il demande :
▸ Ce croquis est incomplet. Que lui manque-t-il ?
Les élèves s'aperçoivent que la légende n'est pas renseignée.

Leur travail va consister à compléter la légende du croquis. Elle doit tenir compte de ce qui a été dit et doit être structurée.
Ils travaillent d'abord seul, puis ils se regroupent par quatre pour proposer leur résultat à la classe. Ils notent la légende sur une grande affiche afin de la présenter à la classe. Leurs choix doivent être argumentés.

Durée de la recherche : 15 minutes.

Lors de la mise en commun, les affiches sont présentées à la classe. Les légendes sont lues et chacun valide leur organisation.
Le croquis à compléter et à légender est alors distribué aux élèves qui le collent dans le cahier de géographie.

Résultat attendu

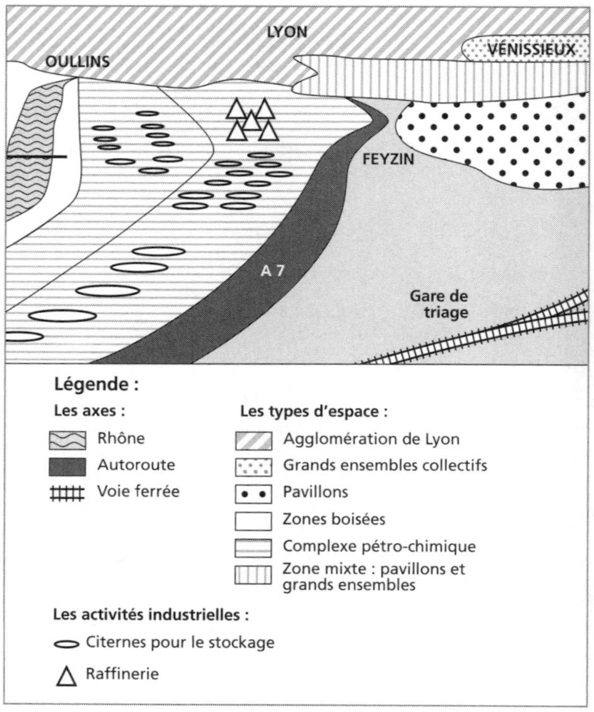

Notion à communiquer aux élèves

Un site industriel est composé de bâtiments industriels qui permettent la transformation de matières premières en un produit.
Pour approvisionner le site, on a besoin des infrastructures de transport que sont les fleuves, les routes et les voies ferrées. Ces infrastructures sont également utilisées pour livrer les produits fabriqués.
Ces sites sont notamment implantés dans les vallées du Rhône, de la Seine et du Rhin. Beaucoup d'industries de ce type sont en effet présentes dans la vallée à proximité de Lyon. On parle du « couloir de la chimie ». ■

À l'issue de cette étape, l'enseignant propose de revenir sur la définition de « industrie de pointe » et pose la problématique suivante :

- Est-ce que tous les sites industriels ressemblent au site de Feyzin ?

Étape 4

Découvrir l'organisation d'une industrie de haute technologie

Matériel

- La photographie d'un atelier de montage de l'Airbus A 340 (doc. 4 à photocopier).
- La carte des sites industriels de l'Airbus A 380 accompagnée d'un questionnaire (doc. 5 à photocopier).

Organisation de la classe

Travail collectif puis par deux.

L'enseignant propose aux élèves le document photographique. Un questionnement oral permet de dresser une liste d'informations.

- De quoi s'agit-il ?
- Où est situé ce site industriel ?
- Quel est le travail des personnes sur ce lieu ?
- Pourquoi appelle-t-on cette usine « une usine d'assemblage » ?
- À votre avis, voit-on l'ensemble de l'usine ?
- À votre avis, est-ce que cette usine est reliée à des infrastructures de transport comme l'est Feyzin ?

L'observation collective permet de distinguer une unité de montage située à Toulouse, ville où avait été notée la présence d'une industrie de haute technologie.
Sur la photographie, des informations écrites sont visibles. Dans l'atelier, on assemble différentes pièces de l'avion. Il existe d'autres sites, notamment des sites de fabrication : ils sont nommés sur la photographie.
Pour répondre à la dernière question, les élèves exprimeront le besoin d'avoir un document plus complet pour confirmer leur réponse.

L'enseignant distribue alors la carte des différentes implantations d'Airbus. Les élèves lisent le document et le complètent en utilisant les informations remarquées au cours de l'observation de la photographie.
Puis ils répondent au questionnaire qui accompagne le document.

La mise en commun permet de dresser la liste des réponses.

Corrigé

1. On a compté dix sites industriels pour la fabrication de l'avion, en France mais aussi dans les pays européens.
2. Les différentes pièces de l'avion sont transportées par la mer, les voies aériennes, le chemin de fer et la route.
3. On a besoin à Toulouse de la proximité d'un aéroport pour faire atterrir les avions qui transportent la pointe arrière de l'avion.
4. Airbus est plus qu'une entreprise française puisqu'elle fait appel à différents pays européens pour construire l'avion.

Les réponses sont notées dans le cahier avec un complément apporté par l'enseignant.

Notion à communiquer aux élèves

On parle d'une industrie « de haute technologie » car le produit fabriqué demande beaucoup de connaissances. Le rôle des ingénieurs est important. On dit aussi que ce type d'usine est une industrie de pointe.
Aujourd'hui, pour produire des biens où la technologie est complexe, plusieurs sites industriels répartis en Europe se spécialisent dans la fabrication d'un élément et forment des chaînes internationales. On parle d'interaction entre les différents sites. ■

10
Fiche documents

Décryptage et analyse d'une industrie de pointe

Document 1

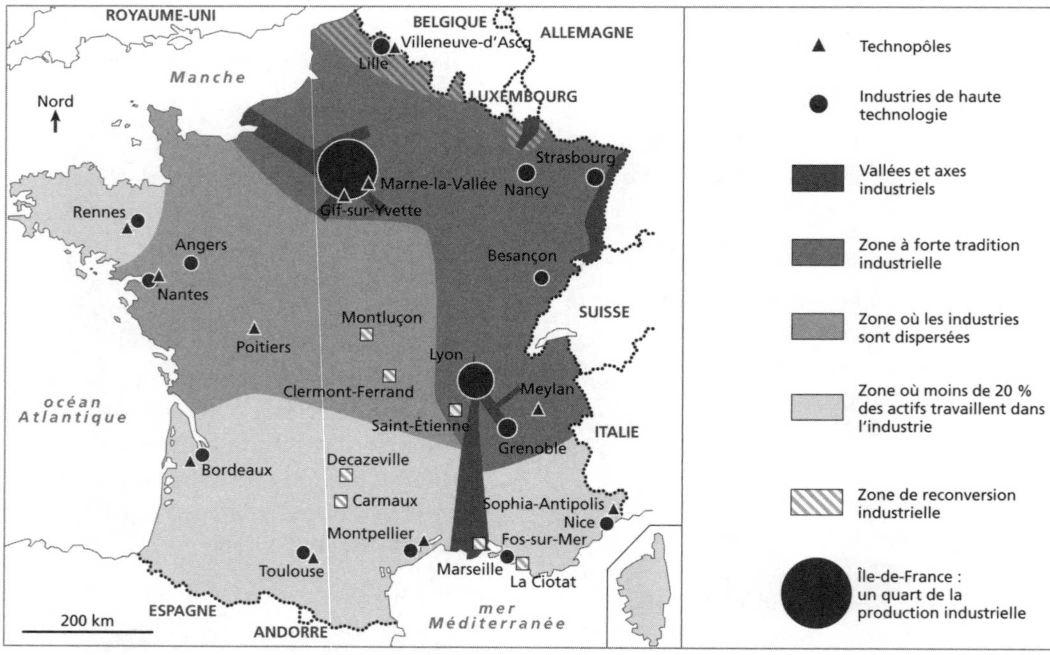

Les zones et les centres industriels en France.

10
Fiche documents

Décryptage et analyse d'une industrie de pointe

Document 1

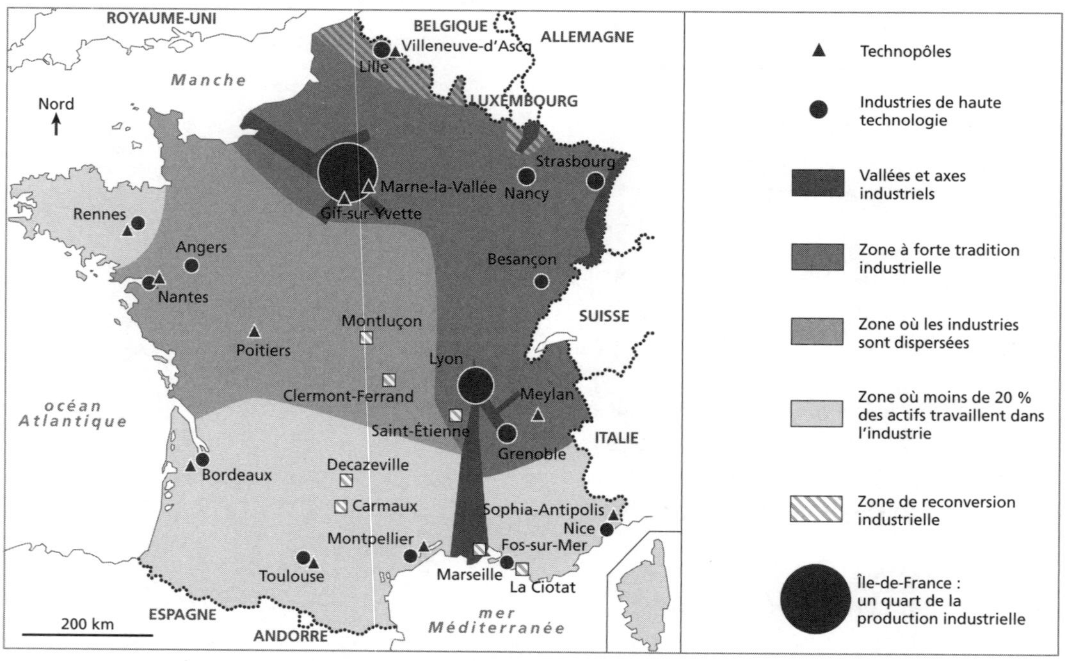

Les zones et les centres industriels en France.

Décryptage et analyse d'une industrie de pointe

Document 2

a Raffinerie Rhône Poulenc, site de Feyzin près de Lyon.

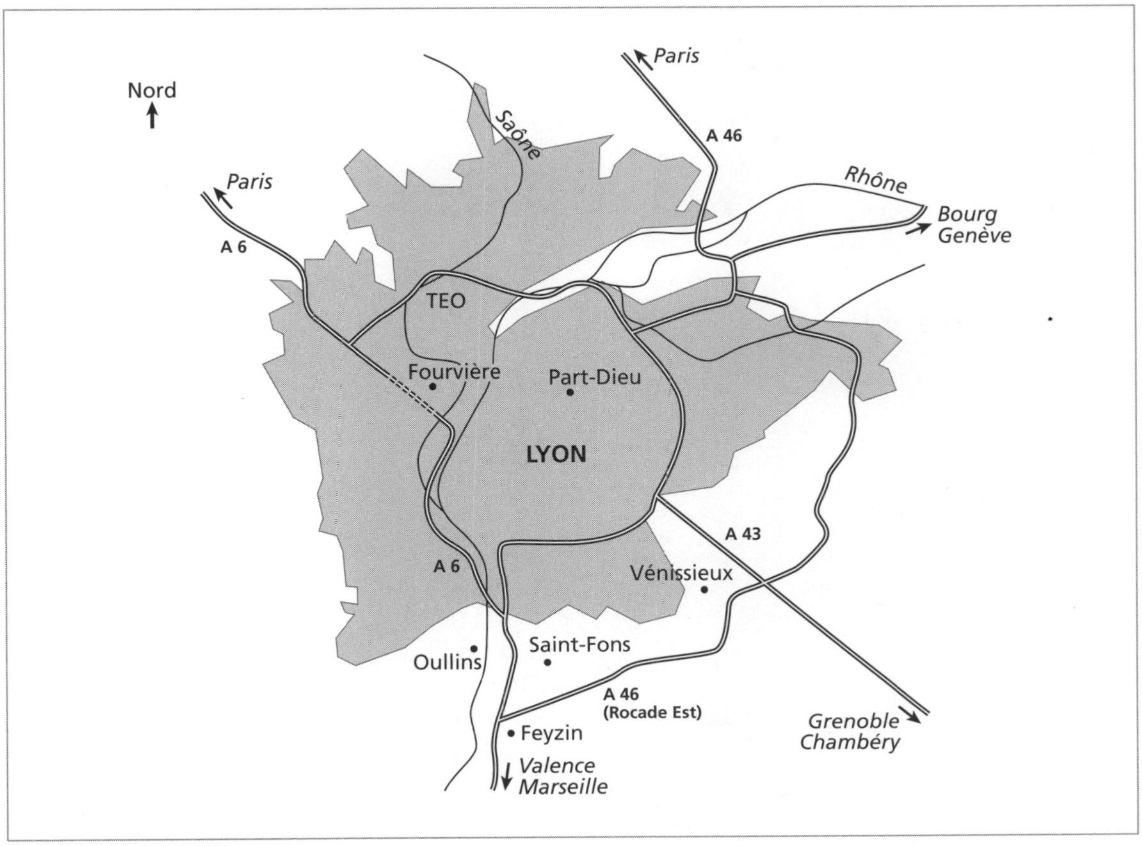

b Plan de situation du site de Feyzin.

Décryptage et analyse d'une industrie de pointe

Document 3

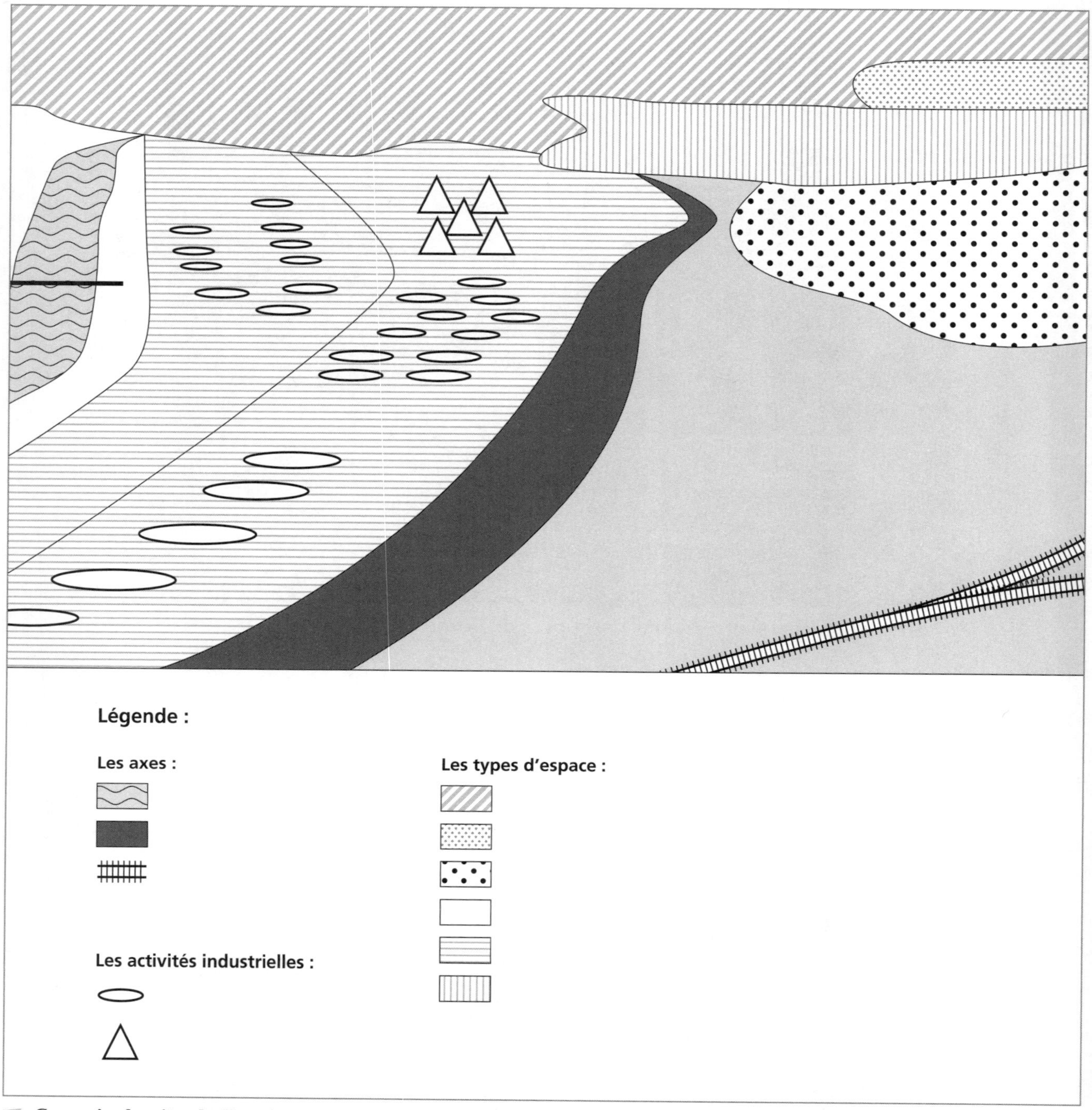

Croquis du site de Feyzin.

Décryptage et analyse d'une industrie de pointe

Document 4

© Pitchal F. /CORBIS SYGMA

Chaîne de montage de l'Airbus A 340, à Toulouse.

10
Fiche documents

Décryptage et analyse d'une industrie de pointe

Document 4

© Pitchal F. /CORBIS SYGMA

Chaîne de montage de l'Airbus A 340, à Toulouse.

Décryptage et analyse d'une industrie de pointe

Document 5

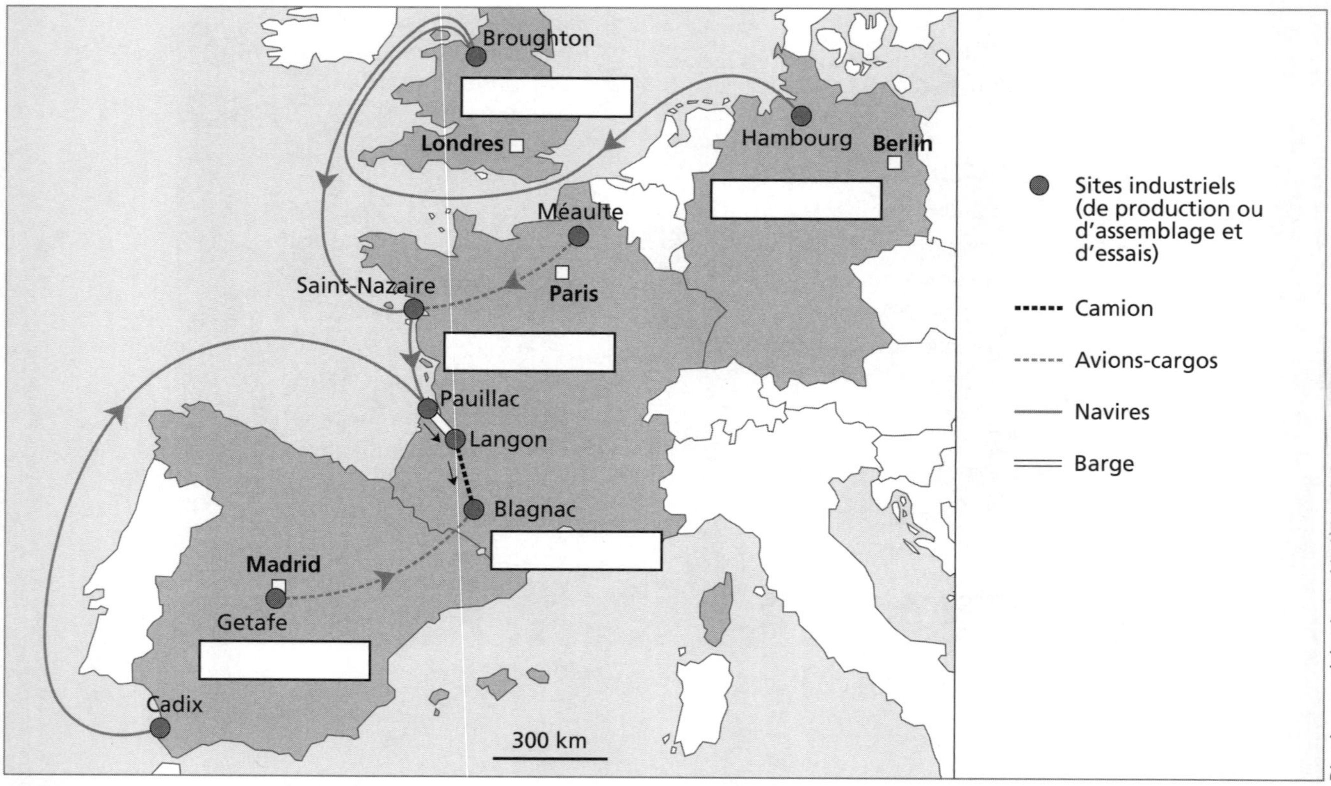

D'après manuel de géographie 1ère L, ES, S, Hatier 2007.

Les différents sites de production des pièces de l'Airbus A 380.

1. **Combien de sites industriels avez-vous comptabilisés pour la fabrication de cet avion ?**

....

2. **Comment les différents éléments de l'avion sont-ils transportés ?**

....

....

....

....

3. **De quelle infrastructure de transport a-t-on besoin à Toulouse et qui n'existe pas sur Feyzin ?**

....

....

4. **Quelle est la conclusion que vous pouvez faire sur l'entreprise Airbus à partir de vos réponses et des documents observés ?**

....

....

Séance 2 – Des paysages industriels en mutation

Compétences disciplinaires

- Réinvestir ses connaissances pour identifier des paysages industriels.
- Prendre conscience de l'évolution d'un paysage industriel.
- Construire la notion de reconversion d'un site industriel.

Compétences méthodologiques

- Lire des documents relatifs aux paysages industriels et les mettre en relation.
- Établir, à partir d'une collection de documents, une courte synthèse expliquant les raisons de l'évolution de ce type de paysage.

Problématique

Comment évolue un paysage industriel ? Quelles raisons expliquent sa mutation ?

Lexique

Friche industrielle, reconversion d'un site, réhabilitation, mutation, technopôle.

Durée de la séance : 60 minutes.

Matériel

doc. 1 La carte de l'industrie en France utilisée en séance 1.
doc. 6 Une photographie de l'ancienne aciérie de Pompey.
doc. 7 Une photographie de Sophia Antipolis (technopole).
doc. 8 Deux photographies d'Homécourt (Meurthe-et-Moselle).
doc. 9 Deux extraits d'articles de journaux de septembre et décembre 2002.
doc. 10 Un texte sur l'évolution de la sidérurgie en France.
doc. 11 Un tableau des réhabilitations des friches accompagné de photographies de trois sites (les abattoirs lyonnais, le puits Courriot à Saint-Étienne, un grenier à grains lyonnais) et d'un questionnaire.

Étape 1

Renforcer la typologie des paysages industriels en France

Matériel

- La carte de l'industrie en France (doc. 1).
- La photographie de l'ancienne aciérie de Pompey (doc. 6, cahier couleur p. 14).
- La photographie de la technopole de Sophia Antipolis (doc. 7, cahier couleur p. 14).

Organisation de la classe

Travail collectif, en groupes de quatre, puis collectif.

L'enseignant propose d'observer les deux documents photographiques et pose les questions suivantes, auxquelles les élèves répondent oralement :

► Reconnaissez-vous ce type de paysage ?
► Où se situent-ils en France ?

Pour répondre à cette question, les élèves consultent la carte de la première séance.

► De quels éléments sont constitués les deux paysages que vous pouvez observer ?
► Quelle impression donnent-ils ?

Au tableau, l'enseignant note les observations pour chacun des paysages :

Pompey, situé dans une zone de reconversion
• Paysage industriel situé en Lorraine, dans l'est de la France. • Paysage montrant une usine. • Des cheminées, deux grandes tours (des réservoirs), des bâtiments métalliques, des gravats. • Impression de vétusté, d'abandon.
Sophia Antipolis, secteur appelé technopole
• Paysage industriel situé à proximité de Nice, sur la Côte-d'Azur. • Paysage montrant de grands bâtiments, modernes, présence de verdure, de nombreuses routes. • Impression de modernité, de propreté, d'une intense activité.

Notion à communiquer aux élèves

Ces paysages ne montrent que des constructions industrielles. On y voit des bâtiments servant à transformer des matières premières pour obtenir « des produits manufacturés ». Ces constructions industrielles ont besoin de beaucoup d'espace et se localisent donc souvent à la périphérie des villes ; ce sont des paysages industriels.
Si certains de ces paysages sont constitués de bâtiments gris et tristes, d'autres sont des ensembles modernes au milieu de la verdure.
Ils sont constitués de bâtiments récents et ressemblent à de vastes immeubles, souvent très modernes : ce sont des technopôles, installés près des grandes villes. Les zones délaissées sont appelées des friches industrielles. ■

Ces informations sont notées dans le cahier de géographie, avec le tableau comparatif.
Un titre est trouvé collectivement pour chacune des photographies. Par exemple : « Une friche industrielle » pour Pompey ; « Une technopole » pour Sophia Antipolis.

Étape 2

Comparer deux clichés d'un site à 15 ans d'intervalle

Matériel
Les deux photographies d'Homécourt (doc. 8, cahier couleur p. 15).

Organisation de la classe
Travail individuel, en groupes de quatre, puis collectif.

L'enseignant propose de travailler sur un paysage industriel à 15 ans d'intervalle.
Dans un premier temps, les élèves observent les deux nouveaux documents photographiques. Ils établissent la liste des éléments communs aux deux photographies, puis la liste des éléments visibles sur une seule photographie. À la fin de cette comparaison, ils doivent être capables de dire comment a évolué le paysage de ce lieu.
Dans un second temps, par quatre, ils comparent leurs résultats et proposent des explications possibles à l'évolution du paysage.
Durée de la recherche : 20 minutes.

La mise en commun collective permet à l'enseignant de dresser au tableau un document comparatif de deux colonnes :

Éléments communs aux deux photographies
Des bâtiments d'habitation Une colline boisée La ligne de chemin de fer
Éléments visibles sur un seul cliché
Une usine avec de grandes cheminées (sur la photo la plus ancienne) Une zone verte, déserte (sur la photo la plus récente)

La classe constate qu'entre les deux photographies, le paysage a beaucoup changé puisque l'usine a disparu.

L'enseignant note au tableau la problématique suivante :
▸ Comment expliquer la disparition d'une usine ?
Chaque groupe propose alors son hypothèse explicative que l'enseignant note au tableau sous la problématique.
Sans doute les réponses varieront-elles d'une classe à l'autre. Cependant, quelques réponses de ce type seront vraisemblablement proposées :
- l'usine a explosé ;
- l'usine était trop vieille, on l'a détruite en attendant d'en construire une toute neuve comme à Sophia Antipolis...

Étape 3

Vérifier les hypothèses explicatives

Matériel
- Les deux extraits d'articles de journaux (doc. 9 à photocopier).
- Le texte sur l'évolution de la sidérurgie en France (doc. 10 à photocopier).

Organisation de la classe
Recherche réalisée par équipes de deux, puis synthèse collective.

À partir des documents distribués, les élèves recherchent, par deux, des arguments qui pourraient expliquer le constat évoqué après l'observation des deux photographies d'Homécourt (l'usine a disparu).
L'enseignant donne les consignes suivantes :
- ▸ Pour préparer vos réponses, lisez les documents, puis cherchez un titre pour chaque article.
- ▸ Quand vous aurez trouvé les titres, surlignez les passages des articles qui expliquent votre choix.
- ▸ Votre travail sera terminé quand vous serez capables d'expliquer les raisons de l'évolution des paysages industriels.

Durée de la recherche : 20 minutes.

La mise en commun permet de dresser un tableau présentant les réponses attendues :

	Doc. 9a	Doc. 9b	Doc. 10
Titre trouvé	Une usine ferme	Une usine ferme	Une usine ferme
Arguments	Pas assez de commandes	Une concurrence des pays d'Asie	Trop loin des ports d'où arrivent les matières premières
Conséquences	Fermeture de l'usine	Fermeture de l'usine	Fermeture de l'usine

Notion à communiquer aux élèves

Plusieurs raisons conduisent une industrie à cesser son activité :
– le manque de commandes, c'est-à-dire des besoins[1],
– la concurrence avec des usines d'autres pays,
– l'éloignement des lieux d'approvisionnement.
Les usines sont obligées de fermer. Elles laissent alors un espace que d'autres peuvent exploiter : on parle de la reconversion industrielle d'un site. ■

1. On pourra renvoyer à la leçon d'histoire sur l'industrialisation du XIXe siècle.

Étape 4

Dresser une typologie des reconversions

Matériel

Un tableau des réhabilitations des friches accompagné de photographies de trois sites (les abattoirs lyonnais, le puits Courriot à Saint-Étienne, un grenier à grains lyonnais) et d'un questionnaire (doc. 11 à photocopier).

Organisation de la classe

Collectif, recherche en binôme, puis synthèse collective.

L'enseignant propose aux élèves de découvrir un corpus documentaire constitué par un tableau et trois photographies. Chacun reçoit le document et l'observe.

- ▸ Quel type de renseignements donne le tableau ? *Le tableau donne des renseignements sur des lieux. Ces renseignements s'articulent autour de deux dates, une assez lointaine et l'autre plus actuelle.*
- ▸ Par deux, répondez aux questions et identifiez le point commun à l'ensemble des sites industriels présentés.

Durée de la recherche : 15 minutes.

La mise en commun collective permet à l'enseignant de noter les réponses au tableau.

Réponses attendues

1. Le site le plus ancien est situé à Lyon ; il s'agit d'un lieu de stockage du blé.
2. Le plus récent date de 1914 et est également situé à Lyon. Il s'agit d'abattoirs construits par Tony Garnier. En 1905, l'architecte Tony Garnier se voit confier la construction d'une halle du marché de bestiaux dans le quartier de la Mouche. De tous les bâtiments des abattoirs, seule la halle de 17 000 m² fut conservée lors de la rénovation au début des années 1990.
3. Ces trois sites sont toujours présents mais ont changé d'utilisation.
   Le grenier à grains a été transformé en école de danse, les abattoirs en une salle de spectacle et la mine de Saint-Étienne en un musée (on parle d'écomusée).
4. a) Halle Tony Garnier.
   b) Musée de la mine du puits Courriot.
   c) DRAC.

Notion à communiquer aux élèves

Parfois, les bâtiments des sites industriels ne sont pas détruits mais conservés. Des travaux permettent de les réutiliser. On parle de reconversion industrielle.
Dans le cadre d'une reconversion industrielle, deux types d'actions peuvent être envisagées :
– soit on conserve les bâtiments et les travaux réalisés permettent d'accueillir d'autres activités : on parle d'une action de réhabilitation ;
– soit les bâtiments sont complètements rasés. À leur place, on décide d'aménager autre chose, par exemple un parc de loisirs : on parle d'une action de transformation. ■

L'ensemble des notions est noté sur le cahier de géographie. Le corpus documentaire et le tableau sont également conservés dans le cahier.

Évaluation

Compétences évaluées

- Utiliser le lexique spécifique concernant les paysages industriels.
- Analyser un texte pour répondre à un questionnaire portant sur les reconversions industrielles.
- Réaliser un croquis de paysage et élaborer sa légende.
- Faire appel à ses connaissances pour interpréter un document photographique.

Corrigé

1.

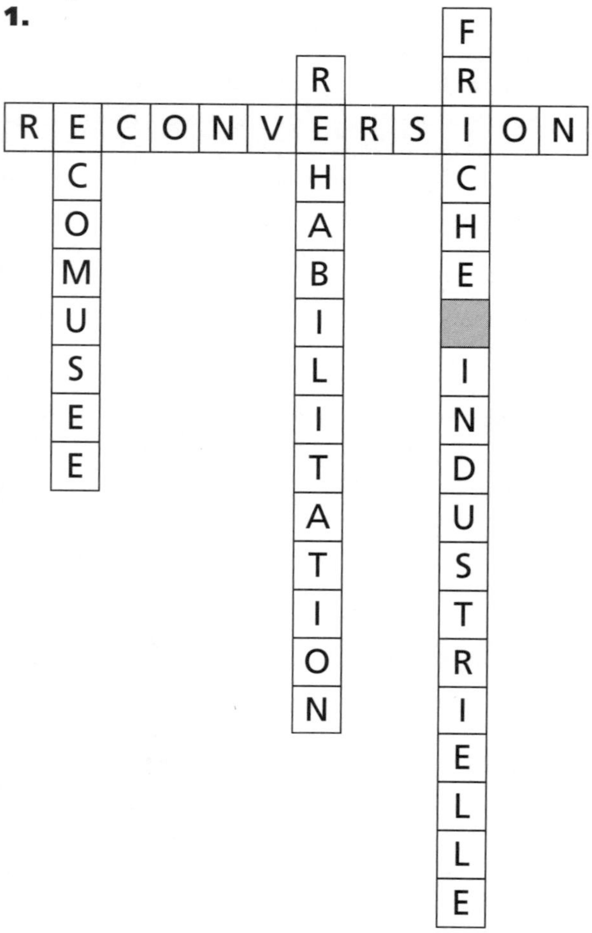

2. a) Jean-Marie Sornet.

b) Il était mineur.

c) La mine a été fermée et transformée en musée : « il fut le fondateur et le conservateur du musée de la mine ».

3. Une industrie de pointe est une usine où l'on fabrique des biens dont la technologie est complexe.

4. Les sites industriels demandent la présence d'infrastructures de transport pour l'approvisionnement en matières premières et la vente des produits fabriqués.

5.

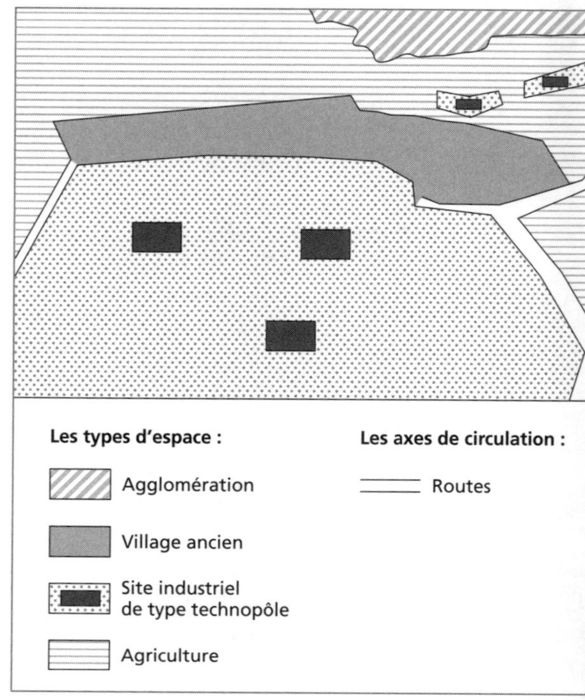

6. Un technopôle.

10 Fiche documents

Des paysages industriels en mutation

Document 9

Faute de commandes suffisantes, l'usine Daewoo de Fameck (Moselle) arrêtera la production d'assemblage des téléviseurs en janvier 2003.

***Le Monde*, le 11 septembre 2002.**

L'usine de Villers-la-Montagne, créée en 1987, a fermé ses portes le 29 novembre en raison de la concurrence des produits des pays de l'Asie.

***Le Monde*, le 13 décembre 2002.**

Document 10

Les hauts-fourneaux utilisent désormais des matières premières qui sont importées[1]. Les installations vétustes ont été fermées. Seuls subsistent des complexes modernes situés sur le littoral et produisant des aciers spéciaux dont une large partie est exportée[2]…

1. Importations : produits que l'on fait venir de pays étrangers.
2. Exportations : ventes de produits à des pays étrangers.

10 Fiche documents

Des paysages industriels en mutation

Document 9

Faute de commandes suffisantes, l'usine Daewoo de Fameck (Moselle) arrêtera la production d'assemblage des téléviseurs en janvier 2003.

***Le Monde*, le 11 septembre 2002.**

L'usine de Villers-la-Montagne, créée en 1987, a fermé ses portes le 29 novembre en raison de la concurrence des produits des pays de l'Asie.

***Le Monde*, le 13 décembre 2002.**

Document 10

Les hauts-fourneaux utilisent désormais des matières premières qui sont importées[1]. Les installations vétustes ont été fermées. Seuls subsistent des complexes modernes situés sur le littoral et produisant des aciers spéciaux dont une large partie est exportée[2]…

1. Importations : produits que l'on fait venir de pays étrangers.
2. Exportations : ventes de produits à des pays étrangers.

10
Fiche documents

Des paysages industriels en mutation

Document 11

Ville	Date de création du site	Date de réhabilitation du site	Travail effectué sur le site	Utilisation actuelle	Nom actuel
Lyon	1914	1987	Abattoir	Salle de spectacle	Halle Tony Garnier
Saint-Étienne	1913	1980	Puits de mine	Musée	Musée de la mine du puits Courriot
Lyon	1728	1991	Grenier à grains	Studios de danse du conservatoire national de musique et de danse de Lyon	DRAC (Direction régionale des affaires culturelles) de Rhône-Alpes

© Roger-Viollet

a Les abattoirs lyonnais.

....

....

© Rony / Andia.fr

b Le puits Courriot, à Saint-Étienne.

....

....

© H J.-M. Raffié / DRAC Rhône-Alpes

c Un grenier à grains lyonnais.

....

....

1. Quel est le site le plus ancien ? À quoi servait-il ?

....

....

2. Quel est le site le plus récent ? À quoi servait-il ?

....

....

3. Qu'est-il arrivé à l'ensemble de ces sites ?

....

....

....

4. Écris sous chaque photographie le nouveau nom du site.

L'industrie en France

1. Remplis la grille de mots croisés à l'aide des définitions.

1 Lorsqu'une usine ferme et que son site est réutilisé pour une autre activité, c'est une…
A Nom donné à une usine transformée en musée.
B Remise en état d'un site.
C Site industriel abandonné.

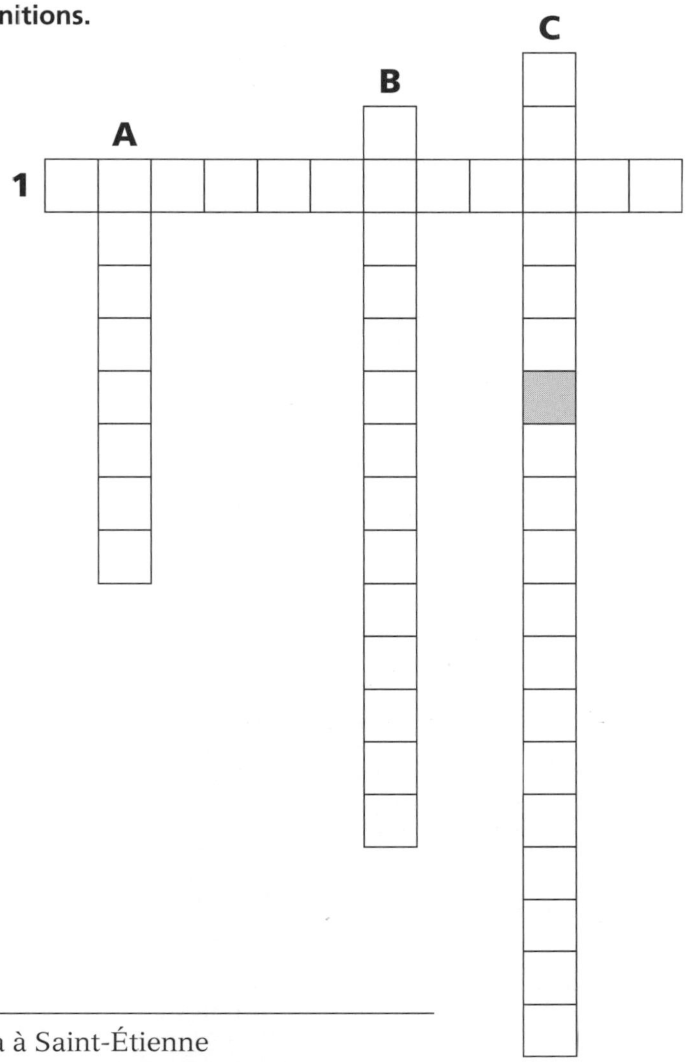

2. Lis le texte et réponds aux questions.

Il y a 65 ans, la catastrophe minière de la Chana à Saint-Étienne

[…] Cette fois, Jean-Marie Sornet, ancien mineur et rescapé de cette catastrophe minière, n'est plus là pour en parler.
Enseveli vivant, il était resté six mois à l'hôpital avant de retourner au fond de la mine et d'y finir sa carrière[1]. […]
Il fut le fondateur et le conservateur[2] du musée de la mine de Saint-Étienne.

Journal quotidien *Le Progrès*, le 21 janvier 2007.

1. Son métier.
2. Personne chargée de s'occuper d'un musée.

---

a) Comment se nomme le personnage dont on parle ?

………

b) Quel était son métier ?

………

c) D'après le texte, est-ce que la mine fonctionne toujours ?
Recopie une phrase qui argumente ta réponse.

………

………

L'industrie en France

3. Qu'appelle-t-on une industrie de pointe ?

....

....

....

4. Quelles sont les infrastructures indispensables sur un site industriel ?

....

....

....

5. Observe le paysage suivant et, sur une feuille à part, réalise son croquis et sa légende.

© ALTITUDE / Thiriet Claudius

Une usine autour de Metz.

6. Quel type d'industrie reconnais-tu sur cette photographie ?

....

Une zone industrialo-portuaire : Dunkerque

Informations pour l'enseignant

L'étude d'une zone industrialo-portuaire (ZIP) est inscrite dans les programmes de l'école primaire[1] de 2008.
Vers 1960, quelques ports, dont celui de Dunkerque, ont été choisis par l'État pour accompagner l'essor industriel de la France. De cette époque date l'extension considérable de la zone portuaire dunkerquoise qui n'était à l'origine qu'un port-canal qui communiquait avec la mer « en traversant un cordon littoral et moyennant une écluse ».

Une situation géographique favorable

Face à la Grande-Bretagne, près des régions de l'Europe du nord-ouest industrielles et agricoles, Dunkerque est situé à proximité du tunnel sous la Manche (25 kilomètres) et à 1 h 30 de navigation de la route maritime Manche/Mer du Nord, une des plus fréquentées au monde. Il est au service des régions industrielles françaises et européennes, regroupant 100 millions de consommateurs, et proche des capitales ouest-européennes comme Bruxelles, Paris ou Londres.
Le port de Dunkerque est donc relié à tout le réseau européen par des autoroutes, des voies ferrées (c'est la plus grande gare de triage portuaire de France), et des voies navigables dont le canal à grand gabarit du Nord-Pas-de-Calais qui se prolonge vers la Belgique et le Bassin parisien.
En plus d'une situation géographique favorable, le port de Dunkerque bénéficie de bonnes conditions naturelles[2]. Il est protégé par une série de bancs immergés « liés au freinage des courants par une plate-forme d'abrasion mal nivelée et appuyés sur des talus d'alluvions sous-marins ». Les bancs servent d'abris sur une vingtaine de kilomètres de long et sur près de 1 000 mètres de large. Les courbes de niveau de 20-25 mètres sont proches du rivage, ainsi le passage des navires de 300 000 tonnes ne nécessite qu'un court chenal. Toutefois, pour éviter une obstruction constante des chenaux d'accès au port, des aménagements permanents sont nécessaires.

La création de la zone industrialo-portuaire de Dunkerque

L'aménagement des zones industrialo-portuaires avait pour objectif de « tenter d'adapter le littoral aux nouvelles conditions du trafic maritime[3] »parmi lesquelles celle de Dunkerque (avec Fos-sur-mer et Le Havre).
La décision d'aménager la façade maritime de la mer du Nord, de Dunkerque à Calais, date de 1953 ; sa réalisation a débuté en 1957. Il s'agissait d'étendre le vieux port Freycinet de Dunkerque jusqu'à Calais et « d'aménager une façade bien située pour un approvisionnement en matières premières, construire des complexes industriels fondés sur ces approvisionnements et être bien placé pour l'exportation des produits », comme les gigantismes portuaires initiés par le Japon. Deux filières furent privilégiées : la sidérurgie et le pétrole. Les premiers aménagements portuaires concernent les quais minéraliers et pétroliers, un complexe sidérurgique intégré et une plate-forme pétrolière. Ils se sont poursuivis par le creusement de l'avant-port ouest plus profond, branché sur un système de liaisons avec l'arrière-pays. Avec la crise pétrolière de 1973, la raffinerie a fermé, la chimie lourde a connu des difficultés, le chômage

Lexique

Exporter : vendre un produit à l'étranger.
Front de mer : désigne les éléments situés en bordure de mer (avenue, immeubles…).
Importer : faire venir une marchandise d'un pays étranger.
Port de transit : port où les marchandises sont débarquées puis embarquées sans être soumises à la douane (passage en franchise).

1. *Programmes d'enseignement de l'école primaire*, B.O. hors-série n° 3, 19 juin 2008, p. 27.
2. J.-J. Bavoux, *Les Littoraux français*, Armand Colin, 1997, pp. 58-59.
3. F. Damette, J. Scheibling, *La France : permanences et mutations*, Hachette supérieur, 2000, pp. 225 et s.

est apparu accompagné d'une grave crise urbaine. Toutefois Dunkerque a été choisi pour l'implantation de la plus importante usine d'aluminium du pays. La concurrence des approvisionnements extérieurs a eu pour conséquence l'extinction du bassin minier proche. La concurrence avec les autres ports de la mer du Nord a joué en faveur de Zeebrugge et de Rotterdam qui s'approprient une partie du trafic de la France du nord-est.

Le trafic portuaire

Le trafic du port est de 56,65 millions de tonnes en 2006 : il est le premier port français pour l'importation des minerais, du charbon, des fruits en conteneurs, du cuivre et le second pour les échanges avec la Grande-Bretagne.

Le port ouest est fréquenté par des navires de 300 000 tonnes et ouvert en permanence. C'est un port de transit mais aussi une vaste plate-forme industrielle. Le pétrole brut y est réceptionné ainsi que les minerais et le charbon. Il comprend également un terminal à conteneurs en provenance ou à destination de l'Extrême-Orient, de l'Océanie, de la côte ouest d'Afrique, des États-Unis, du Maroc et des Antilles-Guyane. Ce trafic des conteneurs attise la concurrence entre les ports européens et les ports français qui restent encore marginaux dans ce secteur[4]. « L'enjeu pour la France est de disposer, à l'entrée de la Manche, d'un hub maritime[5] de dimension européenne, capable de capter les trafics nationaux et internationaux qui lui échappent (...) malgré une situation exceptionnelle » et d'entrer en concurrence avec Rotterdam et Anvers.

Le port ouest dispose également d'un terminal roulier pour les navires transbordeurs qui desservent la Grande-Bretagne avec la ligne Norfolkline (12 départs quotidiens pour Douvres).

Le port est est doté d'appontements divers (produits pétroliers et chimiques, vracs alimentaires). Des quais, qui desservent la sidérurgie locale, ont des équipements spécialisés (céréales, sucre, sable, ciments...). Le port est accueille des navires jusqu'à 130 000 tonnes de chargement.

Le statut actuel du port dunkerquois

Le port autonome de Dunkerque, créé en 1965, est placé sous la tutelle du ministre chargé des ports maritimes et soumis au contrôle économique et financier[6]. Ses missions sont au nombre de cinq : se charger des travaux portuaires, exploiter et entretenir les équipements, assurer la police du port et de ses dépendances, gérer le domaine immobilier qui lui est affecté, aménager des zones industrielles portuaires.

---

4. A. Frémont-Vanacore, « L'insertion de l'espace français dans les réseaux de transport européens » in *La France en Europe*, Armand Colin, 2007.
5. *Hub* est un terme anglais : « moyeu », où arrivent et partent les rayons d'une roue qui permet d'optimiser les liaisons de et vers les villes secondaires. A. Frémont-Vanacore, *La France en Europe*, Armand Colin, 2007, p. 119.
6. D'après le site Internet du port de Dunkerque : www.portdedunkerque.fr.

Compétence disciplinaire

- Découvrir les caractéristiques d'un type d'aménagement du littoral : la zone industrialo-portuaire de Dunkerque.

Compétences méthodologiques

- Analyser une photographie aérienne.
- Comparer une photographie et un plan.
- Tirer des conclusions à partir d'un texte.

Problématique

Comment les hommes utilisent-ils le littoral pour aménager un espace portuaire ?

Lexique

La jetée, une écluse, un appontement, une cuve de stockage, une raffinerie de pétrole, un port de transit, importer, exporter, front de mer.

Durée de la séance : 60 minutes.

Matériel

Poster 5 Une photographie : Une vue aérienne du port de Dunkerque.
doc. 1 Une carte de Dunkerque.
doc. 2 Un texte : « Dunkerque, 3e port de France ».
Une carte de France murale.
Un atlas.

Étape 1

Analyser une vue aérienne du port de Dunkerque

Matériel

Le poster du port de Dunkerque (poster 5).

Organisation de la classe

Travail collectif.

L'enseignant demande aux élèves d'observer le poster affiché au tableau et mène l'analyse par les questions suivantes :

▸ Quelle est la nature de ce document ? *Il s'agit d'une vue aérienne du port de Dunkerque.*

▸ Où se situe Dunkerque ? L'enseignant situe Dunkerque sur la carte de France murale. *Au nord de la France, sur la côte de la mer du Nord, à proximité de la frontière avec la Belgique.* Le maître précise que le port est à 90 minutes de navigation du détroit du Pas-de-Calais.

▸ Quels sont les éléments que vous reconnaissez sur cette photographie ?

Réponse attendue

Au premier plan, la plage, des immeubles de front de mer, des parkings, des espaces verts, un quartier d'habitation avec des immeubles anciens et un quadrillage de rues ; la ville se prolonge au second plan, de l'autre côté du bassin et à l'horizon. Elle entoure le port qui occupe le reste de l'espace avec des bassins, des quais, des entrepôts, des grues, des cuves de stockage, des bateaux, un phare, une écluse, des jetées, deux ports de plaisance... L'enseignant écrit au tableau les propositions des élèves.

▸ Quelles sont les zones identifiables sur ce poster ?

Réponse attendue

- La ville avec ses immeubles, des parkings et quatre bâtiments élevés qui bordent la plage.
- Une voie d'eau enjambée par des ponts (un canal).
- Les installations portuaires avec des hangars et plusieurs bassins. On peut identifier des zones pour la navigation de plaisance, pour l'amarrage des bateaux de fort tonnage, pour la réparation des navires, des cuves de stockage, différents entrepôts le long des quais d'amarrage, des silos, un phare à l'entrée des bassins.
- Une jetée abrite le port de la mer.

Les élèves récapitulent ensuite les trois zones délimitées :

- la ville de Dunkerque ;
- la zone portuaire au second et au troisième plans limitée par les jetées ;
- la mer.

Étape 2

Analyser la carte topographique de Dunkerque

Matériel

La carte de Dunkerque (doc. 1 à photocopier).

Organisation de la classe

Travail collectif.

L'enseignant indique l'orientation sur la carte, puis interroge les élèves :

- Comment sont représentées les constructions, les routes, la mer ? *Les constructions sont représentées par des blocs rectangulaires, les routes par des lignes noires et la mer est en gris clair avec les tracés des profondeur de l'eau.*
- Où se situe le port ? *Sur la partie supérieure de la carte.*
- Situez la photographie sur la carte. *La photographie représente le quart en haut et à droite de la carte.*
- Quels sont les éléments de la photographie que l'on reconnaît ? *Le port, la plage, la jetée, le phare, le canal, les ponts, les quartiers d'habitations derrière le port.*

L'enseignant fait constater qu'il est difficile de préciser la nature des bâtiments, que les bateaux ne sont pas représentés, mais que des détails apparaissent, alors qu'ils étaient mal identifiés sur la photographie. Les élèves les recherchent et les notent sur leur cahier de brouillon : des écluses, un appontement pétrolier, un appontement céréalier, un triage, un dépôt de carburant, une aciérie, des hauts-fourneaux.
À l'aide du dictionnaire, ils les définissent et mettent en commun leur travail.

Avec les élèves, le maître met en relation ces mots avec les éléments de la photographie (le triage, la voie ferrée ; les pétroliers avec la raffinerie de pétrole, le dépôt de carburant, les appontements pétroliers, des bateaux ; les appontements céréaliers et les silos, les grues, des bateaux). Les élèves sont ainsi amenés à lister les activités du port de Dunkerque. L'enseignant note au fur et à mesure les réponses dans le tableau suivant :

Éléments observés sur la photographie	*Exemple* : des pétroliers ; des cuves de pétrole…
Éléments observés sur la carte	*Exemples* : la raffinerie de pétrole ; un dépôt de carburant ; les appontements pétroliers…
Activités du port	*Exemple* : activité pétrolière.

Étape 3

Comprendre l'importance du port

Matériel

- Le texte « Dunkerque, 3e port de France », accompagné d'un questionnaire (doc. 2 à photocopier).
- Un atlas.

Organisation de la classe
Travail individuel puis collectif.

Afin de montrer l'importance du port de Dunkerque, liée à sa situation géographique exceptionnelle, l'enseignant propose le texte fourni par la Chambre de commerce et d'industrie de Dunkerque.
L'objectif de cette activité est l'acquisition d'un vocabulaire spécifique (échanges, produits) et la traduction sur une carte des échanges entre Dunkerque et le monde.
Après une lecture individuelle du texte, les élèves répondent au questionnaire. La correction se fait rapidement en commun.

Corrigé

1. Minerai : roche qui contient un ou plusieurs éléments chimiques qui, en qualité importante, peuvent être exploités dans l'industrie (le fer, le cuivre…).
Port de transit : port où les marchandises sont débarquées puis embarquées sans être soumises à la douane (passage en franchise).
Front de mer : désigne les éléments situés en bordure de mer (avenue, immeubles…).

2. Les échanges se font surtout avec la Grande-Bretagne, située de l'autre côté du détroit de la mer du Nord, donc très proche de Dunkerque.

3.

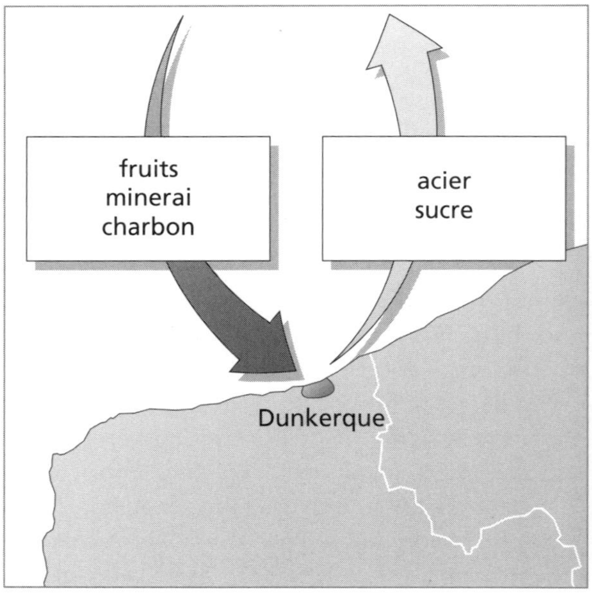

4. Elles relient Dunkerque aux autres régions françaises et européennes.

À la suite de cette mise en commun, l'enseignant ajoute que l'importance des flux de marchandises n'est pas sans conséquences sur l'environnement. Aussi le port autonome est inscrit au programme Agenda 21 pour la période 2006-2015. Dans le cadre du développement durable, il s'est donné pour mission de traiter en particulier les boues de curage portuaire polluées par les hydrocarbures, les pesticides et les métaux lourds.

Étape 4

Trace écrite

- Elle mentionne les raisons de la présence des industries dans le port : les matières premières arrivent par bateaux (importations) ; des produits sont expédiés dans le monde entier (exportations). Donner des exemples à partir de la leçon.
- Elle souligne l'importance des voies de communication qui relient la zone portuaire avec les autres régions (voies ferrées, autoroutes) et permettent la circulation des marchandises.
- La conséquence en est la transformation du paysage littoral où de vastes zones industrielles se sont développées.
- Le tableau élaboré à l'étape 2 peut y figurer.

Évaluation

Compétences évaluées
- Situer un lieu sur une carte.
- Définir des mots du lexique géographique.
- Réinvestir, sur un document de même type que celui qui a été étudié dans la leçon, les connaissances acquises sur l'organisation de l'espace portuaire.
- Mémoriser des éléments de la leçon.

Corrigé

1.

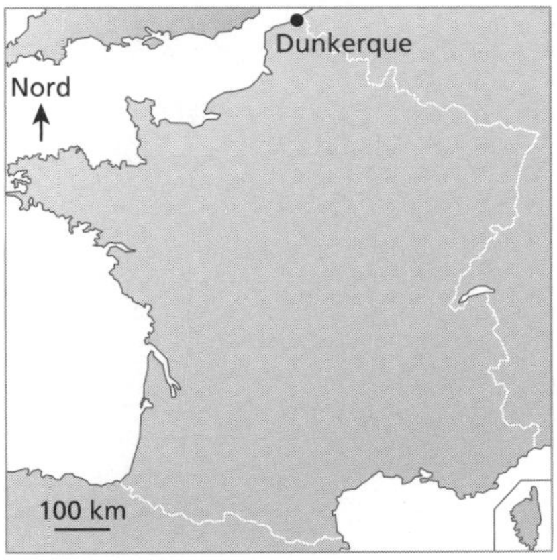

2. Produits importés : qui viennent d'autres pays (minerai, charbon, fruits en conteneurs).
Produits exportés : qui partent vers d'autres pays (sucre, acier).

3. Par exemple : activités pétrolières (cuves de stockage), réparations navales (bateau sur cale), activité industrielle (hauts-fourneaux)…

4.

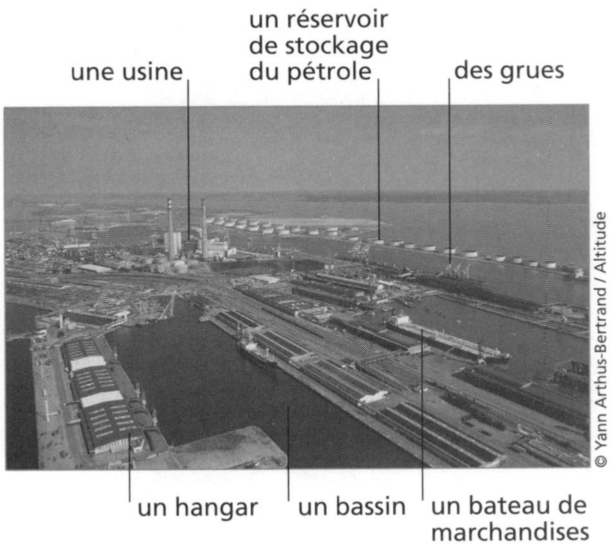

5. Il traite notamment les boues portuaires polluées par les hydrocarbures et les pesticides.

Une zone industrialo-portuaire : Dunkerque

Document 1

Une carte de Dunkerque.

Une zone industrialo-portuaire : Dunkerque

Document 2

Dunkerque, 3e port de France

Port de transit pour toutes les catégories de marchandises et vaste plate-forme industrielle
Premier port d'importation des minerais et du charbon
Premier port français d'importation de fruits en conteneurs
Premier port d'exportation d'acier
Premier port d'exportation de sucre
Second port pour les échanges avec la Grande-Bretagne
17 km de rivage composé de deux zones en front de mer :
– le port est, accessible aux navires chargés jusqu'à 130 000 tonnes (1 tonne = 1 000 kilogrammes)
– le port ouest, accessible aux navires chargés jusqu'à 300 000 tonnes
Liaisons de qualité (autoroutes sans péage, canal, voies ferrées…)

D'après la Chambre de commerce et d'industrie de Dunkerque, www.Dunkerque.cci.fr

1. Cherche dans ton dictionnaire la définition des mots suivants : « minerai », « port de transit », « front de mer ».

....

....

....

2. Avec quel pays se font surtout les échanges ? Situe-le sur la carte ci-dessous.

....

À ton avis, pourquoi les échanges sont-ils si nombreux avec ce pays ?

....

**3. Situe sur la carte le port de Dunkerque.
Indique dans le cadre blanc le nom des marchandises qui arrivent dans le port.
Indique dans le cadre gris le nom des marchandises qui en sortent.**

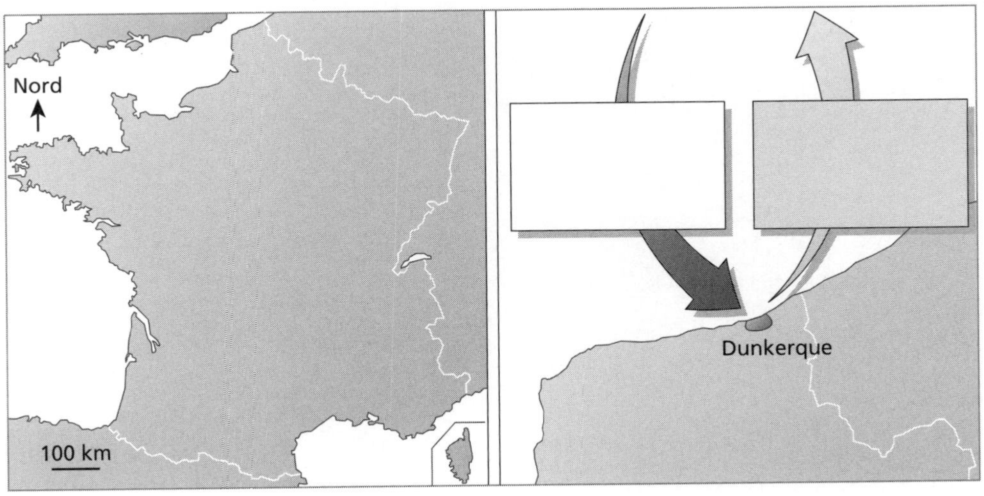

4. Pourquoi des liaisons de qualité sont-elles nécessaires ?

....

11 Fiche évaluation

Une zone industrialo-portuaire : Dunkerque

1. Situe le port de Dunkerque sur la carte de France.

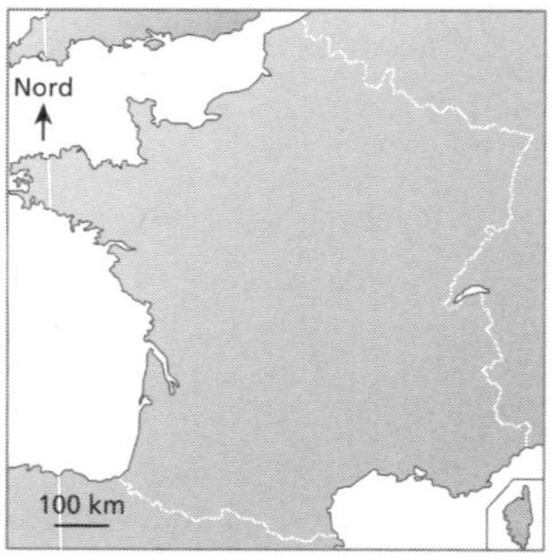

2. Donne une définition des mots « importé » et « exporté ». Cite des exemples pour le port de Dunkerque.

....

....

....

3. Cite deux activités du port de Dunkerque et donne les éléments du port qui permettent de les reconnaître.

....

....

4. Légende cette photographie du port du Havre (Normandie) en indiquant le nom des éléments que tu reconnais. Par exemple :

une usine – des grues – un bassin – un bateau de marchandises
un hangar – un réservoir de stockage de pétrole

5. Comment le port de Dunkerque participe à la protection pour l'environnement ?

....

....

L'espace agricole en France

Informations pour l'enseignant

Au cours de la seconde moitié du XXe siècle, l'agriculture française a connu des bouleversements spectaculaires : l'agriculture traditionnelle a laissé la place à une agriculture intensive, tournée vers les grandes cultures et l'élevage hors sol, très consommatrice de produits industriels. Cette mutation extraordinairement rapide et radicale s'est accompagnée d'une baisse du nombre d'actifs agricoles et d'un accroissement considérable de la productivité par agriculteur. Elle a contribué à modifier les modalités d'utilisation des sols et les types de productions dont les rendements ont été très fortement accrus. La politique agricole commune (PAC), instaurée en 1962, a joué un rôle décisif dans ces mutations en offrant des débouchés pour les produits agricoles, une protection extérieure et des moyens de financement[1].

La politique agricole commune a permis à l'Europe d'unifier son agriculture et de devenir la deuxième puissance agricole mondiale, juste derrière les États-Unis. Deuxième exportateur mondial de produits agricoles et alimentaires, la France est la première puissance agricole de l'Europe, en termes de production comme d'exportation. À elle seule, elle génère 20 % de la richesse verte de l'Union européenne à 27.

L'agriculture française en chiffres

Les agriculteurs

Les excellents résultats de l'agriculture française sont le fruit de contrastes saisissants. La population active agricole a diminué de près de 4 % par an entre 1970 et 1997. En 2004, elle s'élève à environ 900 000 personnes soit un peu moins de 4 % de la population active totale française. Elle atteignait 6,2 millions de personnes en 1955, soit 31 % de l'emploi total en France. (Voir tableaux et graphiques des documents 4 et 5.)

L'agriculteur est aujourd'hui un chef d'entreprise qui doit gérer son exploitation agricole de A à Z. Il est aussi un acteur majeur du développement rural et de la protection de l'environnement. S'installer agriculteur, c'est avoir suivi une formation puis avoir un projet d'entreprise.

Exploitant agricole peut signifier bien des activités différentes : faire de l'élevage (bovins, volailles, porcs...), cultiver (céréales, oléagineux...) ou encore produire (lait, vin...). On peut se spécialiser ou bien combiner, par exemple, culture et élevage. L'agriculteur a également la possibilité de tirer des revenus de son appartenance au monde rural. Il peut ainsi s'orienter vers le tourisme vert (gîte rural, chambres d'hôte, camping à la ferme), vers la vente de ses propres produits ou encore organiser des randonnées équestres, par exemple[2].

L'agriculture dans le territoire français

Sur les 55 millions d'hectares que compte le territoire français métropolitain (550 000 km^2), l'agriculture occupe 29,5 millions d'hectares en 2006. La superficie agricole utilisée se compose de :

- 62 % de terres arables (cultures céréalières et fourragères essentiellement),
- 34 % de surfaces enherbées,
- 4 % de cultures pérennes, vignes ou vergers.

Lexique

Agriculture : elle désigne l'ensemble des travaux transformant le milieu naturel pour la production des végétaux et des animaux utiles à l'homme. Au sens le plus large, ce secteur de l'économie comprend les cultures, l'élevage, la chasse, la pêche et la sylviculture.

Espace rural : il regroupe l'ensemble des petites unités urbaines et communes rurales n'appartenant pas à l'espace urbain (pôles urbains, couronnes périurbaines et communes multipolarisées). En France, cet espace est très vaste, il représente 70 % de la superficie totale et les deux tiers des communes.

Secteur primaire : il regroupe l'ensemble des activités dont la finalité consiste en une exploitation des ressources naturelles (agriculture, pêche, forêts, mines, gisements). Remarque : la classification n'est pas rigide ; selon le point de vue, les industries extractives peuvent être aussi classées dans le secteur secondaire.

1. Futuribles / Étude rétrospective et prospective des évolutions de la société française (1950-2030).
2. Informations délivrées par l'Agence française d'information et de communication agricole et rurale (AFICAR).

Par ailleurs, les forêts, bois et peupleraies couvrent 15,6 millions d'hectares et les territoires agricoles non cultivés représentent 2,5 millions d'hectares. Avec 7,3 millions d'hectares, les territoires non agricoles ne représentent que 13 % de la superficie totale du territoire métropolitain. Partout ou presque, l'agriculture a imprimé sa marque dans le paysage français[3].
Toutefois, les activités agricoles couvrent désormais 59 % du territoire métropolitain français contre 72 % en 1950. Ce recul s'est fait au bénéfice de deux autres espaces. D'une part, les bois et forêts sont passés de 20 à 27 % du territoire de 1950 à 1990, mais plafonnent depuis. D'autre part, la surface du territoire non agricole a presque doublé depuis 1950 et atteint aujourd'hui plus de 13 % de la surface totale de la France : cette superficie est en particulier occupée par les zones urbaines et les réseaux de voirie. (Voir tableaux et graphiques des documents 4 et 5.)

Les exploitations agricoles

En France, 84 % du travail agricole est pratiqué au sein d'exploitations familiales. Le nombre d'exploitations agricoles diminue alors que leur surface augmente. La SAU totale représente 29,5 millions d'hectares dont la majorité est occupée par des exploitations de 100 hectares et plus. Même si leur nombre est en constante diminution et que la tendance est au regroupement, il reste de nombreuses petites exploitations, notamment dans le domaine de l'élevage hors sol ou du maraîchage. (Voir tableaux et graphiques des documents 4 et 5.)
En dépit de surfaces plus réduites, les rendements ont décuplé. On produit 4 fois plus de blé tendre en 2000 qu'en 1950. Le rendement du maïs a été multiplié par 6. Les productions de fruits et de légumes sont aussi largement plus performantes. La production de lait et de viande bovine a augmenté de 50 % depuis 1960. Le nombre de porcins et de poulets a été multiplié par 2,5 entre 1970 et 1999, et deux tiers de ces porcs et de ces volailles sont engraissés dans des élevages hors sol[4].
Si le revenu de l'activité agricole augmente globalement, les disparités sont importantes et le revenu agricole net moyen par actif non salarié diminue sensiblement. La restructuration de l'agriculture a permis de compenser la baisse des prix agricoles sur le revenu. La masse globale du revenu agricole a diminué, mais parallèlement le nombre de personnes rémunérées par ce revenu a diminué encore plus fortement.

La politique agricole commune (PAC)[5]

La PAC a pour objectif de permettre aux agriculteurs de bénéficier d'un niveau de vie raisonnable, de fournir aux consommateurs des denrées alimentaires de qualité à des prix équitables et de préserver notre patrimoine rural. Cette politique s'est adaptée à l'évolution des besoins de la société, c'est ainsi que la sécurité alimentaire, la préservation de l'environnement, l'utilisation rationnelle des deniers publics et l'agriculture comme source de cultures destinées à la production de carburants ont acquis une importance croissante.
Née il y a 50 ans, la PAC a tout d'abord consisté à subventionner la production de denrées alimentaires de base afin d'assurer l'autosuffisance, d'augmenter la productivité et de garantir la sécurité alimentaire. Désormais, l'accent est mis sur le rôle de l'agriculture dans la conservation et la gestion de nos ressources naturelles. Les aides à la production sont progressivement remplacées par des paiements directs aux exploitations incitant les agriculteurs à produire en fonction des besoins et des souhaits des consommateurs.
Dans le même temps, la PAC s'adapte pour que les agriculteurs se lancent dans la culture de végétaux transformables en biocarburants destinés aux véhicules, ou en biomasse destinée à la production d'énergie. Bien que cette activité ne soit généralement pas rentable, la PAC lui apporte son soutien en raison de son utilité pour la société car elle permet de réduire la dépendance vis-à-vis des combustibles fossiles et de lutter contre le changement climatique.

Lexique

Bocage : type de paysage de l'ouest de la France, où les champs et les prairies sont limités par des haies ou des rangées d'arbres, et où les fermes sont dispersées.
Exploitation agricole : elle est définie comme une unité de production remplissant trois critères : produire des biens agricoles ; avoir une gestion courante indépendante ; utiliser une superficie agricole au moins égale à un hectare.
Openfield : paysage fait d'immenses champs ouverts permettant le passage des engins agricoles.
Superficie agricole utilisée : elle comprend les terres arables (y compris pâturages temporaires, jachères, cultures sous verre, jardins familiaux…), les surfaces toujours en herbe et les cultures permanentes (vignes, vergers…). La SAU est une notion normalisée dans la statistique agricole européenne.

3. Source : Agreste, 2007.
4. Source : Insee.
5. Source : http://europa.eu/pol/agr/overview_fr.htm

La PAC complète le revenu des agriculteurs afin de leur garantir un revenu décent, mais elle est subordonnée au respect d'objectifs plus généraux, comme le respect de normes concernant l'hygiène de l'exploitation, la sécurité alimentaire, la santé animale et végétale, le bien-être des animaux, la préservation des paysages ruraux traditionnels, ainsi que la protection des oiseaux, de la faune et de la flore. La PAC agit également comme un filet de sécurité financier pour les agriculteurs frappés par des catastrophes naturelles ou des maladies animales. Mais, si elle garantit un revenu aux agriculteurs, celui-ci est généralement plus bas que celui des personnes travaillant dans d'autres secteurs.

Quelle agriculture en France, demain ?

En raison des demandes des gouvernements ou de l'opinion, les mutations de l'agriculture française ont été importantes. Ces demandes sont toujours en train d'évoluer. L'agriculture ne peut plus se permettre d'avoir une vision uniquement productiviste et a déjà amorcé de profonds changements dans ses pratiques. Mais les défis que doit relever l'agriculture sont importants. La Terre compte environ 6 milliards d'habitants et les experts estiment que nous serons 9 milliards en 2050. Malgré la diminution de la surface agricole, la demande sera de plus en plus importante. « Aujourd'hui, il faut un hectare pour nourrir 4 personnes. En 2050, la même surface devra subvenir aux besoins de 6 individus. C'est possible, mais les Européens devront revoir leur consommation en diminuant leur ration alimentaire. 9 milliards de personnes ne pourront pas manger tous les jours de la viande, des œufs et du lait. C'est beaucoup trop demander à notre planète.[6] »

Les grandes dates de la mutation de l'agriculture française[7]

1960 et 1962 : Mise en œuvre des grandes lois d'orientation agricole d'Edgar Pisani et Michel Debré, qui structurent l'agriculture française sur un schéma productiviste.

1962-1968 : Institution de la politique agricole commune (PAC), qui vise à assurer l'indépendance alimentaire des six pays fondateurs du Marché commun.

1975 : Pour la première fois depuis les années 1930, qui ont vu les urbains devenir majoritaires dans le paysage démographique français, la population rurale cesse de baisser avec l'arrivée des néo-ruraux.

1992 : Première grande réforme de la politique agricole commune (PAC), qui ouvre le marché agricole européen à la mondialisation.

1999 : « Agenda 2000 », nouvelle grande rupture dans la politique agricole commune qui débouche sur une baisse des prix d'intervention et sur la création du « second pilier », axé sur le développement durable.

2006 : Application de la réforme décidée en 2003 par l'Union européenne, qui ne privilégie plus le productivisme à la française et met l'accent sur le développement durable (« écoconditionnalité » et « second pilier » renforcés).

2013 : Fin des aides à l'exportation et forte réduction des droits de douane communautaires sur les produits agricoles importés des autres continents.

Face à la menace que constitue la réduction des droits de douane en 2013 suite aux négociations de l'OMC, les producteurs français n'auront que deux solutions, la productivité ou la production de qualité. Cela aura certainement pour conséquence la disparition de la moitié des exploitations actuelles au profit d'exploitations deux fois plus grandes qu'aujourd'hui. Depuis les années 1950, les modifications de l'agriculture ont imposé des investissements importants et ont entraîné une spécialisation forte et la modification des paysages agricoles. La disparition des petites exploitations, souvent polyvalentes, renforcera la spécialisation régionale de l'agriculture française : des grandes cultures dans le Centre et le Nord (céréales), de l'élevage dans l'Ouest et des cultures permanentes (viticultures et fruits) dans le Sud.

Lexique

Agriculture extensive : agriculture avec peu de travail mécanisé et de faibles rendements à l'hectare.

Agriculture intensive : agriculture très mécanisée, avec de très hauts rendements.

Agriculture hors sol : culture intensive de plantes réalisée sur substrat neutre et inerte, irrigué d'un courant de solution qui apporte les sels minéraux et nutriments essentiels à la plante. Agriculture pratiquée essentiellement en culture maraîchère et horticole.

L'élevage hors sol (porcin ou avicole) : il se pratique dans des bâtiments clos où toutes les fonctions sont automatisées. Cet élevage intensif utilise des aliments pour animaux issus de l'industrie agroalimentaire et non ceux produits par l'exploitation elle-même.

Polyculture : type d'agriculture qui regroupe des productions variées dans une même exploitation.

---

6. B. Parmentier, *Nourrir l'humanité : Les grands problèmes de l'agriculture mondiale au XXIe siècle*, La Découverte, 2007.
7. Source : *L'Expansion*, 01/02/2006.

Les écosystèmes artificialisés par l'agriculture font appel à des plantes hybrides offrant de hauts rendements garantis par l'apport régulier d'engrais, d'insecticides ou de pesticides. L'irrigation permet de lutter contre des pluies irrégulières et assure une part des hauts rendements de ce mode de culture intensif. Cependant, les effets sur l'environnement sont importants : pollution des cours d'eau, des nappes phréatiques, du littoral, diminution voire destruction de certaines espèces animales... En 50 ans, les livraisons d'engrais à la culture ont été multipliées par 4. Les nouvelles techniques agricoles conduisent dans certaines zones de grandes cultures à l'épuisement des sols ; l'air véhicule les odeurs des élevages hors-sol et des lisiers ; les paysages ont été transformés par l'arasement des haies entraînant une menace pour la faune et la flore auxiliaire. La sélection génétique a conduit à une régression de la biodiversité du cheptel et à la disparition de variétés rustiques de plantes au profit de variétés aux rendements supérieurs.

C'est face à cette prise de conscience que l'UE a institué le deuxième pilier de la PAC, encourageant les pratiques favorables à l'environnement, à la sécurité sanitaire et au bien-être animal. L'attente sociale exige aujourd'hui que les productions agricoles prennent en compte l'environnement durable et la préservation des ressources naturelles. La réglementation interdit ou limite l'utilisation de certains produits, encadre les prélèvements de ressources ou les quantités de produits polluants utilisables ; elle définit aussi des zones auxquelles sont attachées des prescriptions particulières en termes de pratiques culturales (parcs nationaux, zones vulnérables à la pollution azotée).

Dans ce cadre, beaucoup d'agriculteurs sont engagés dans des initiatives très diverses en faveur de la qualité et du respect de l'environnement. Cette démarche est soutenue par le gouvernement qui souhaiterait intégrer ces initiatives dans une nouvelle certification « haute valeur environnementale ». Les mesures agroenvironnementales[8] sont destinées à promouvoir des pratiques agricoles innovantes et respectueuses de l'environnement. Elles ont pour but de compenser les surcoûts et manques à gagner générés par l'introduction sur les exploitations de pratiques plus respectueuses de l'environnement pour une durée de 5 ans. Elles permettent de répondre à quatre grands enjeux environnementaux : la gestion et la qualité de l'eau ; la biodiversité animale et végétale ; l'entretien d'éléments fixes du paysage ; le sol.

Le développement durable en agriculture, c'est assurer aux agriculteurs un résultat économique satisfaisant, aux consommateurs un approvisionnement régulier en produits de qualité, et respecter le milieu écologique sur le court et le long terme. Cette nécessaire réflexion quant à l'avenir de notre planète est celle souhaitée par les rédacteurs des textes officiels : « L'éducation à l'environnement pour un développement durable doit être une composante importante de la formation initiale des élèves, dès leur plus jeune âge et tout au long de leur scolarité, pour leur permettre d'acquérir des connaissances et des méthodes nécessaires pour se situer dans leur environnement et y agir de manière responsable. La prise de conscience des questions environnementales, économiques, socioculturelles doit, sans catastrophisme mais avec lucidité, les aider à mieux percevoir l'interdépendance des sociétés humaines avec l'ensemble du système planétaire et la nécessité pour tous d'adopter des comportements propices à la gestion durable de celui-ci ainsi qu'au développement d'une solidarité mondiale.[9] »

N.B. : cette séquence sur l'agriculture française et son évolution se veut la plus complète possible, c'est pourquoi les deux séances durent plus d'une heure. Toutefois le temps nécessaire à sa réalisation peut être réparti, dans le cadre de la pluridisciplinarité, entre plusieurs matières. Par exemple, le travail de construction de graphiques de la séance 2 peut être compris comme une séance de mathématiques et de résolution de problème en lien avec la géographie.

8. Source : ministère de l'Écologie, du Développement et de l'Aménagement durables.
9. http://www.education.gouv.fr/bo/2004/28/MENE0400752C.htm

Séance 1 – Les paysages agricoles français

Compétences disciplinaires

- Connaître les types de paysages agricoles français.
- Associer un paysage agricole à la culture pratiquée.

Compétences méthodologiques

- Comparer des photographies.
- Mettre en relation des photographies et une carte.
- Effectuer des recherches dans un atlas.
- Localiser sur une carte.

Problématique

Quelles sont les caractéristiques des régions agricoles françaises ?

Matériel

doc. 1 Dix photographies de paysages et d'exploitations agricoles.
doc. 2 Un tableau à compléter.
doc. 3 Une carte des productions agricoles en France.
Une carte murale de France et des atlas.

Lexique

Exploitation agricole, openfield, bocage, polyculture, agriculture extensive, agriculture intensive.

Durée de la séance : 1 h 30.

Étape 1

Observer et comparer des paysages agricoles

Matériel

– Les dix photographies de paysages et d'exploitations agricoles (doc. 1, cahier couleur pp. 16-17).
– Le tableau à compléter (doc. 2 à photocopier).
– Une grande feuille de papier (format affiche).

Organisation de la classe

Travail par groupes de trois élèves, puis collectif.

Les élèves se regroupent par trois ; chaque groupe travaille sur l'ensemble des photographies. L'enseignant leur demande d'analyser les éléments de chaque paysage et les types de productions agricoles, pour en dégager les similitudes et les différences.
L'enseignant dessine au tableau un modèle du document et demande aux élèves de le reproduire sur leur cahier de brouillon afin d'y noter les résultats de leur recherche.
Durée de la recherche : 20 minutes.

Pour la mise en commun, l'enseignant utilise une grande feuille de papier sur laquelle est notée la synthèse des remarques de chaque groupe. Il ajoute ses propres commentaires (indiqués en italique dans le corrigé ci-dessous). Les élèves complètent le tableau de synthèse (doc. 2) à l'aide des résultats énoncés.

Résultat attendu

Photos	Titre et localisation de la photographie	Éléments du paysage observé
a	Champ de blé moissonné Oise	Un tracteur ramasse la paille dans un champ. Il s'agit de champs de céréales immenses non clôturés. Au loin : des champs verts et en arrière plan : des bâtiments. *C'est un paysage d'openfield.*
b	Champ de maïs Landes	Un champ de maïs immense sans clôture. On aperçoit au premier plan un système d'arrosage des cultures. C'est un paysage d'openfield.
c	Polyculture Pays basque	Au premier plan de ce paysage de moyenne montagne, on voit un troupeau de moutons dans un champ clos. Au loin : diverses cultures et un troupeau de vaches ; en arrière plan : des maisons isolées. *C'est un paysage d'élevage et de polyculture caractéristique de certaines régions françaises.*
d	Polyculture Tarn	Ce paysage vallonné comporte de nombreux champs de petite taille, des bâtiments isolés. On voit différentes cultures, des champs de céréales moissonnés, des prairies, des bois... (différentes couleurs sur la photographie). *C'est un paysage de polyculture.*
e	Vignes Alsace	Ces coteaux de paysage vallonné, orientés au soleil, portent de nombreuses parcelles de vignes.
f	Culture de fraises Hérault	Des ouvriers agricoles ramassent des fraises cultivées sous des tunnels de plastique. *Les cultures sont protégées par des serres qui conservent la chaleur et favorisent la croissance des plantes.*
g	Élevage de dindes en batterie – Morbihan	On voit des centaines de dindes dans un immense bâtiment éclairé ; accrochés au plafond, des récipients rouges *servant à l'alimentation des animaux.*

h	Élevage porcin hors sol Côtes-d'Armor	Les porcs sont dans des « *stalles* » où ils ne peuvent pas bouger. Les têtes sont face à une auge. Le sol est percé de trous pour permettre l'évacuation des déjections.
i	Vaches limousines Corrèze	Un troupeau de vaches limousines broute dans un pré bordé d'arbres. *La race limousine est une race à viande (qualifiée d'une des meilleures du monde) élevée en élevage extensif.*
j	Vaches laitières Normandie	Au premier plan, deux vaches paissent dans un champ d'herbe grasse. Au loin : un paysage de bocage constitué de petites parcelles bordées de haies. *Les vaches en Normandie sont élevées en élevage extensif pour leur lait.*

Notion à communiquer aux élèves

En France, les paysages et les productions agricoles sont variés. Certains champs, appelés « openfields », sont immenses et consacrés aux céréales. D'autres, beaucoup plus petits, sont séparés par des haies et sont consacrés à l'élevage et à la polyculture dans un paysage nommé le bocage.
On trouve aussi des élevages hors sol consacrés aux volailles ou aux porcins, des exploitations maraîchères, fruitières ou viticoles. ■

Problématique soumise par l'enseignant

- Les productions agricoles sont-elles clairement localisées en France ?

Étape 2

Des régions différentes

Matériel

- Les photos de paysages et d'exploitations agricoles (doc. 1, cahier couleur pp. 16-17).
- La carte des productions agricoles en France (doc. 3 à photocopier).
- L'atlas et la carte de France murale.
- Des étiquettes marquées de a à j.

Organisation de la classe

Travail individuel, puis collectif.

L'enseignant demande aux élèves de placer les lettres des photos sur la carte des productions agricoles en France, en s'aidant de leur atlas.
Durée de la recherche : 20 minutes.

La mise en commun se fait en plaçant, sur la carte de France murale, les dix étiquettes marquées de a à j sur les régions correspondant aux photos.

Après un rappel des différents types de cultures et d'élevages observés lors de l'étape 1, l'enseignant demande aux élèves de compléter la légende puis la carte à l'aide d'un code de couleurs.

Il reste des zones non coloriées, correspondant à des régions non étudiées. Plusieurs possibilités s'offrent à l'enseignant pour que les élèves puissent compléter la carte : donner les types de cultures pratiqués dans ces zones ; organiser une recherche dans des livres ou en informatique ; organiser un jeu de questions/réponses basé sur les connaissances des élèves pour faire découvrir les cultures.

Carte attendue

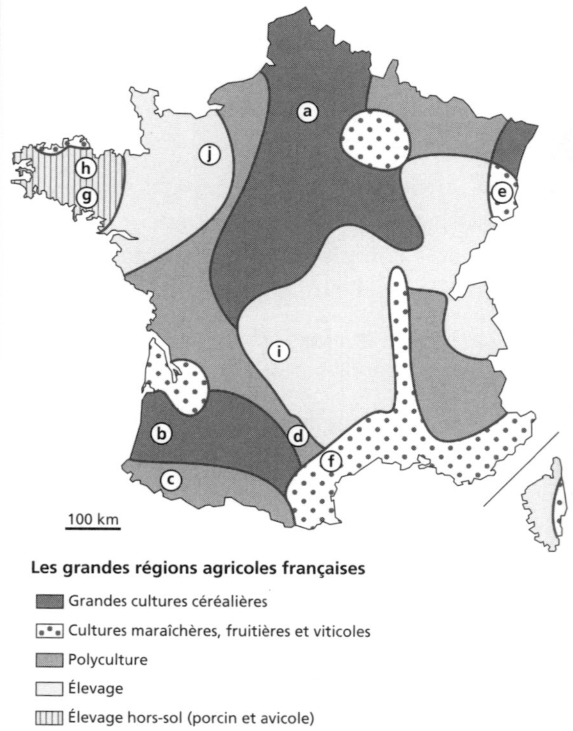

Notion à communiquer aux élèves

Les exploitations et les régions agricoles sont de plus en plus spécialisées. Le Bassin parisien et le Sud-ouest sont consacrés à la culture céréalière. La Bretagne est spécialisée dans l'élevage hors sol. Certaines régions produisent des cultures maraîchères, fruitières ou viticoles. Cependant, il existe aussi des régions de polyculture associée à l'élevage. ■

Les paysages agricoles français

Document 2

Photos	Titre et localisation de la photographie	Éléments du paysage observé

Les paysages agricoles français

Document 3

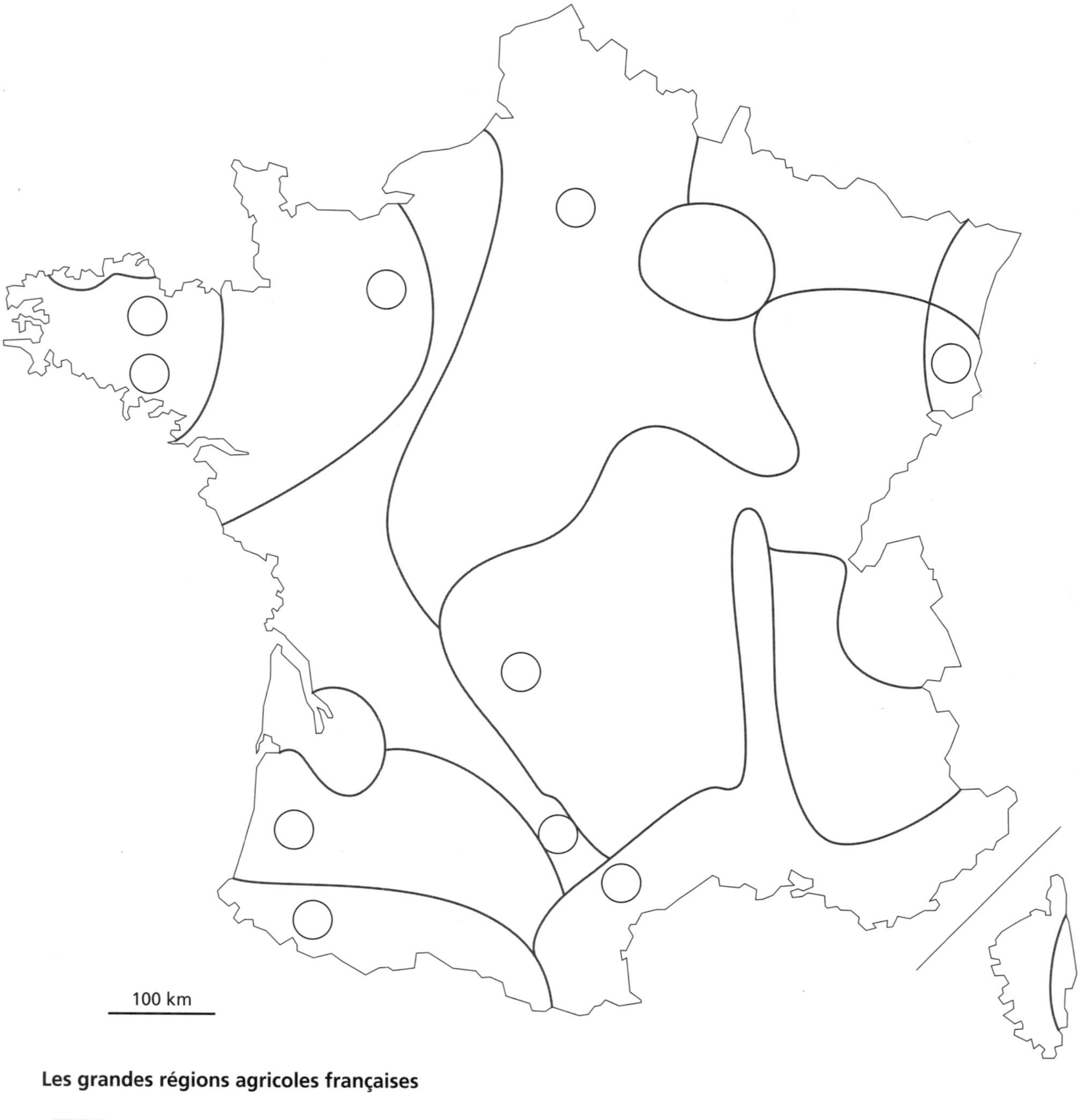

Les grandes régions agricoles françaises

Les productions agricoles en France.

Séance 2 – Évolution de la production agricole en France

Compétences disciplinaires

- Comprendre les évolutions de l'agriculture française.
- Appréhender la notion d'agriculture durable.

Compétences méthodologiques

- Comprendre des graphiques.
- Comprendre des textes variés.

Problématique

Quelles sont les caractéristiques de la production agricole en France et ses conséquences sur l'environnement ?

Durée de la séance : 1 h 30 à 2 h.

Matériel

doc. 4 Des tableaux statistiques sur la taille des exploitations agricoles.
doc. 5 Des tableaux statistiques sur la production agricole.
doc. 6 Un texte : « L'agriculture au service de tous ».
doc. 7 Un texte : « Agriculture et environnement ».
doc. 8 Un texte : « Agriculture, environnement et développement durable ».

Lexique

Secteur primaire, agriculture, espace rural, superficie agricole utilisée.

Étape 1

Lire des tableaux et construire des graphiques

Matériel

- Les tableaux statistiques (doc. 4 et 5 à photocopier).
- Grandes feuilles de papier.

Organisation de la classe

Travail collectif, par groupes de quatre élèves, puis de nouveau collectif.

L'enseignant divise la classe en deux groupes. Il distribue aux élèves du premier groupe le document 4 et à ceux du second groupe le document 5. Dans chaque grand groupe, le travail se fait en équipes de 4 élèves.

L'enseignant présente le tableau « Évolution de l'organisation du territoire métropolitain » à l'ensemble de la classe. Une analyse collective du tableau montre la baisse de la surface agricole utilisée et une augmentation du territoire non agricole. L'enseignant montre ensuite que le graphique a été tracé à partir des données du tableau pour montrer cette évolution. La méthode pour construire des graphiques est alors précisée.

L'enseignant demande aux groupes de construire, sur les affiches, une courbe à partir de chacun des tableaux proposés.

Durée de la recherche : 20 minutes.

La mise en commun se fait par la confrontation des résultats de ces groupes ; elle est donc l'occasion d'échanges au sein de la classe. L'enseignant dirige le débat de synthèse qui doit faire apparaître les modifications de l'agriculture française depuis les années 1950.

Résultats attendus

- **Pour le document 4 :**

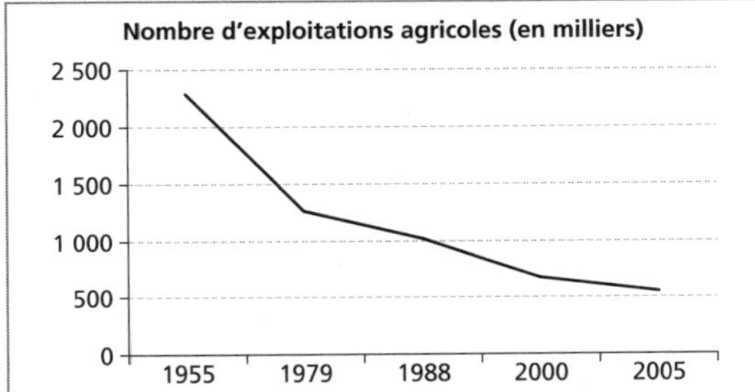

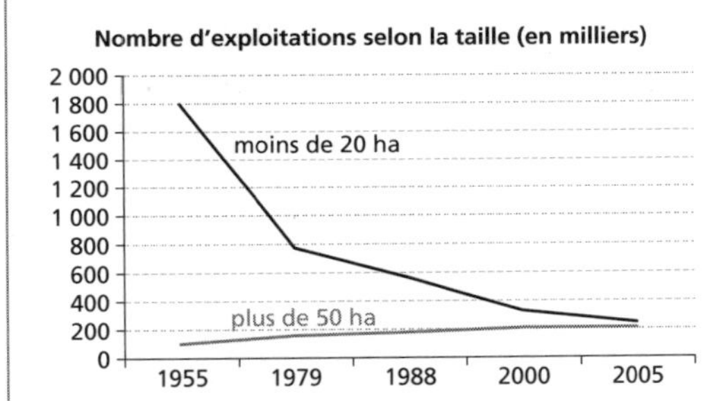

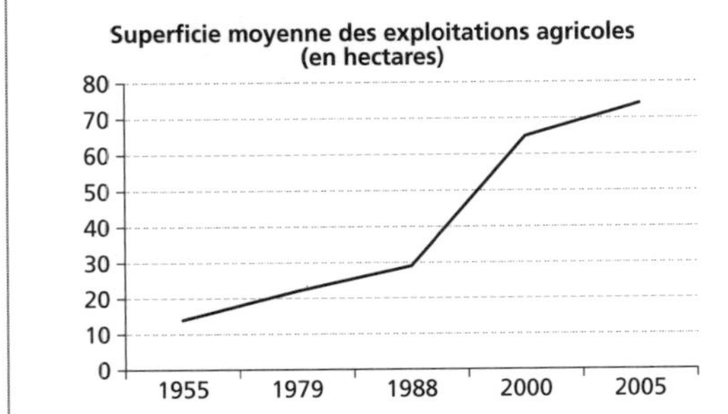

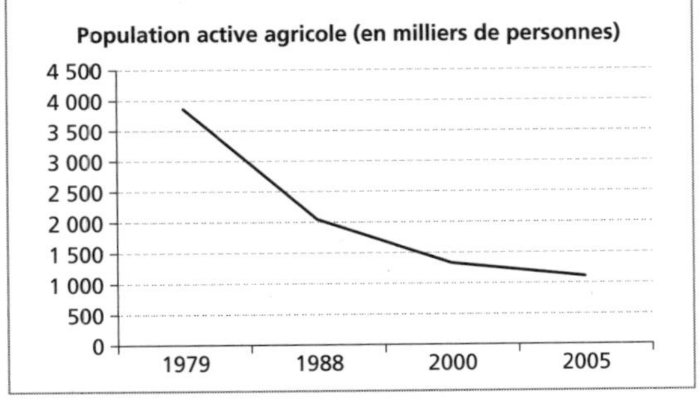

- **Pour le document 5 :**

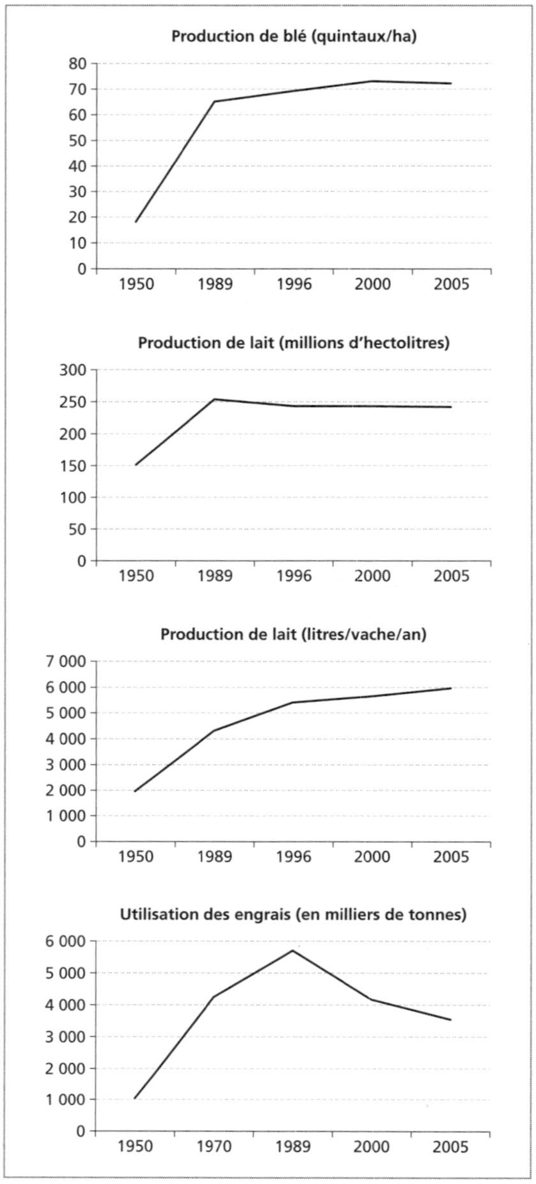

Notion à communiquer aux élèves

Le nombre d'exploitations et d'agriculteurs est en constante diminution. Les petites exploitations disparaissent au profit de grandes structures toujours plus spécialisées et les agriculteurs ne représentent plus que 4 % des actifs en France. L'espace agricole français est en légère diminution même s'il occupe toujours plus de 50 % du territoire. Malgré cette diminution, les productions sont en constante augmentation depuis les années 1950. Cela est dû en partie à l'utilisation toujours plus importante d'engrais. ■

Étape 2

Relever des indices dans un texte pour construire une synthèse

Matériel

- Le texte : « L'agriculture au service de tous » et son questionnaire (doc. 6 à photocopier).
- Le texte : « Agriculture et environnement » et son questionnaire (doc. 7 à photocopier).

Organisation de la classe

Travail individuel, puis collectif.

Comme pour l'étape précédente, la classe est divisée en deux groupes qui travaillent chacun sur un des deux textes. L'enseignant demande aux élèves de lire le texte silencieusement puis de répondre aux questions.

Remarque : En fonction du niveau de la classe, l'enseignant peut répondre aux difficultés liées au vocabulaire avant le travail individuel.

Durée de la recherche : 15 minutes.

La mise en commun est l'occasion de confronter deux points de vue sur l'agriculture française actuelle et permet d'introduire l'étape suivante.

Réponses attendues

- **Pour le document 6 :**

1. Ce texte provient de l'Agence française d'information et de communication agricole et rurale (AFICAR).

2. L'agriculture joue un rôle alimentaire et sociétal ; elle est source d'énergie et participe à la lutte contre l'effet de serre ; elle fournit la matière première à l'industrie chimique végétale.

3. L'agriculture doit produire plus, tout en respectant l'écologie.

4. L'agriculture française est le 2e exportateur mondial de produits agro-alimentaires.

5. L'agriculture contribue à l'amélioration de la balance commerciale grâce aux exportations, et à l'indépendance énergétique de la France. Elle est un facteur de maintien, de dynamique des territoires ruraux et d'entretien du paysage.

6. Une partie des surfaces agricoles est consacrée aux agrocarburants. Implanter des forêts, des prairies, des bandes enherbées, des couverts végétaux, permet la capture du CO_2 (et donc du carbone) grâce à la photosynthèse et évite de laisser les sols nus.

- **Pour le document 7 :**

1. Ce texte provient de l'Institut français de l'environnement (IFEN).
2. Elle produit des biens agricoles essentiels pour l'alimentation des hommes et fournit des services environnementaux comme la diversité des habitats et des paysages, le recyclage de certains déchets ou la prévention contre les inondations.
3. L'agriculture française est la plus productrice d'Europe.
4. L'agriculture peut altérer la qualité de la ressource en eau par un excès éventuel de fertilisants ou une utilisation mal appropriée de produits phytosanitaires. Les eaux peuvent être polluées par les nitrates. Certaines cultures comme le maïs peuvent avoir une forte incidence sur l'état des réserves en eau.
5. Les principales préoccupations concernant les sols agricoles sont l'érosion, la diminution des taux de matière organique et la contamination par des produits phytosanitaires persistants. L'agriculture intensive apporte des quantités trop importantes d'azote sur les sols.
6. L'agriculture est à l'origine d'émissions de protoxyde d'azote, de méthane et d'ammoniac notamment. Ces gaz comptent pour environ 20 % des émissions totales de gaz à effet de serre en France.

Notion à communiquer aux élèves

L'agriculture française est une des premières au monde et aura dans l'avenir encore un rôle important à jouer dans des domaines très différents : l'alimentation mais aussi les agrocarburants ou la lutte contre l'effet de serre. Cependant des voix commencent à s'élever pour souligner les aspects négatifs de l'agriculture intensive : pollution des sols et de l'air, etc. ■

Problématique soumise par l'enseignant

- Peut-on continuer à produire sans se soucier de l'environnement ? Quelles solutions peut-on mettre en œuvre demain pour l'agriculture française ?

Étape 3

Relever des indices dans un texte pour construire une synthèse

Matériel

Le texte : « Agriculture, environnement et développement durable » (doc. 8 à photocopier).

Organisation de la classe

Travail individuel, puis collectif.

Après avoir précisé qu'il s'agit d'un texte long et complexe, l'enseignant demande aux élèves de le lire individuellement, puis de surligner les mots qui évoquent les changements à venir pour l'agriculture française.

Remarque : En fonction du niveau de la classe, l'enseignant peut répondre aux difficultés liées au vocabulaire avant le travail individuel.

Durée de la recherche : 15 minutes.

Réponses attendues

- « L'agriculture durable doit donc être écologiquement saine, économiquement durable, et socialement équitable.
- gérer plus sobrement l'eau, pour cultiver autrement, pour utiliser moins de produits phytosanitaires
- en 2012, 6 % de la surface agricole en bio
- des pratiques plus respectueuses de l'environnement
- diminution de l'utilisation d'engrais et de produits phytosanitaires
- utilisation de solutions économes en eau
- protection de la qualité des eaux
- protéger et favoriser la biodiversité. »

L'enseignant demande ensuite aux élèves de rédiger collectivement un court texte qui résume ce qu'ils viennent de lire. La rédaction d'un texte collectif est l'occasion d'échanger et de créer un débat au sein de la classe. Il s'agit notamment de faire émerger au cours de cet échange la définition d'une agriculture durable.

Notion à communiquer aux élèves

L'agriculture traditionnelle a laissé la place à une agriculture intensive, tournée vers les grandes cultures et l'élevage hors sol, et très consommatrice de produits industriels. Elle a contribué à modifier les modalités d'utilisation des sols et les types de productions dont les rendements ont été très fortement accrus. La demande de la société pour une agriculture durable oblige les agriculteurs à modifier leur façon de travailler. Ils doivent limiter l'utilisation d'engrais et de pesticides pour favoriser la qualité des eaux. La biodiversité redevient une priorité après des années de sélection à outrance des espèces. ■

Étape 4

Trace écrite

Elle comporte :

- la carte des productions agricoles en France ;
- les graphiques sur la taille des exploitations agricoles et sur la production agricole ;
- la synthèse sur la volonté de parvenir à une agriculture durable.

Évaluation

Compétences évaluées

- Savoir légender une carte.
- Connaître les caractéristiques de l'agriculture française.

Corrigé

1. Exemple de titre de carte :
Les productions agricoles en France.

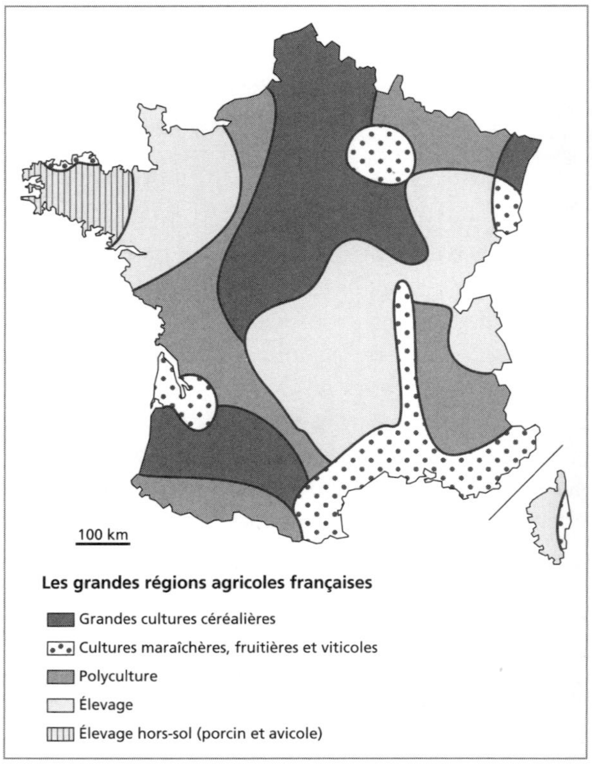

2. a) VRAI
b) FAUX
c) VRAI
d) FAUX
e) VRAI
f) VRAI

3. L'agriculture durable est écologiquement saine, économiquement durable, et socialement équitable.

12 Fiche documents

Évolution de la production agricole en France

Document 4

Exemple :

	1950	1970	2000	2005
Ensemble du territoire	54,9	54,9	54,9	54,9
Bois et forêt	11,3	14,5	15,2	15,5
Territoire non agricole	4,3	4,9	6,9	7,3
Territoire agricole non cultivé	4,8	3,0	2,8	2,5
Surface agricole utilisée	34,6	32,5	29,9	29,5

Évolution de l'organisation du territoire métropolitain (en millions d'hectares).

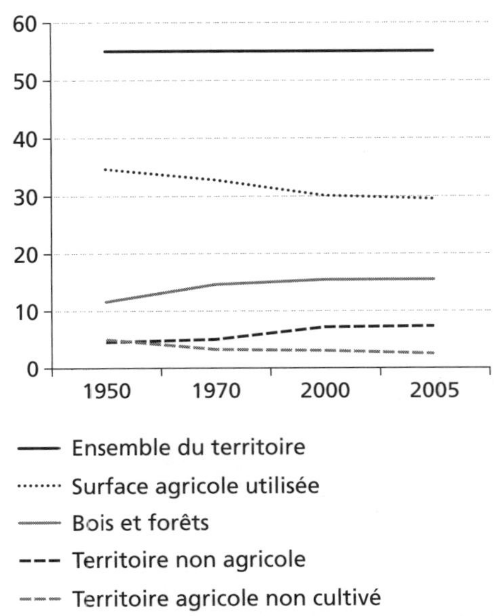

Organisation du territoire métropolitain.

	1955	1979	1988	2000	2005
Ensemble des exploitations	2 280	1 263	1 017	664	545
dont : de moins de 20 hectares	1 791	767	557	325	237
dont : de plus de 50 hectares	95	149	172	200	200

a Nombre d'exploitations agricoles en France métropolitaine (en milliers).

	1955	1979	1988	2000	2005
En hectares	14	22	29	65	74

b Superficie moyenne des exploitations agricoles en France métropolitaine.

	1979	1988	2000	2005
Total actifs permanents	3 847	2 039	1 313	1 100

c Population active agricole en France métropolitaine (en milliers de personnes).

Source : Insee / Ministère de l'Agriculture et de la Pêche, Scees, Agreste.

Évolution de la production agricole en France

Document 5

Exemple :

	1950	1970	2000	2005
Ensemble du territoire	54,9	54,9	54,9	54,9
Bois et forêt	11,3	14,5	15,2	15,5
Territoire non agricole	4,3	4,9	6,9	7,3
Territoire agricole non cultivé	4,8	3,0	2,8	2,5
Surface agricole utilisée	34,6	32,5	29,9	29,5

Évolution de l'organisation du territoire métropolitain (en millions d'hectares).

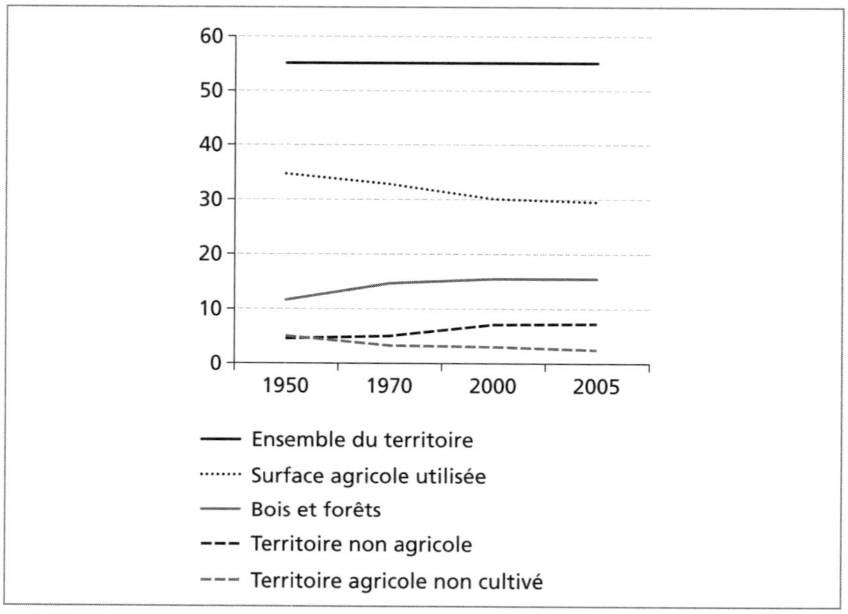

Organisation du territoire métropolitain.

	1950	1989	1996	2000	2005
En quintaux par hectare	18	65	69	73	72

a **Production de blé.**

	1950	1989	1996	2000	2005
En millions d'hectolitres	150	253	242	242	241
En litres par vache par an	1924	4280	5381	5638	5930

b **Production de lait.**

	1950	1970	1989	2000	2005
En milliers de tonnes	1 007	4 219	5 684	4 145	3 534

c **Évolution de l'utilisation des engrais.**

Source : Insee / Ministère de l'Agriculture et de la Pêche, Scees, Agreste.

Évolution de la production agricole en France

Document 6

L'agriculture économiquement et écologiquement responsable est dans votre quotidien pour nourrir la population, entretenir l'espace, créer des emplois mais aussi produire de l'énergie.

Un rôle alimentaire

La population mondiale augmente (9 milliards d'individus sur Terre en 2050), les besoins alimentaires aussi, avec une surface agricole par habitant qui diminue, ce qui suppose plus de productivité, écologiquement acceptable.

Un rôle sociétal

En France, l'agriculture représente près de 2,6 millions d'emplois. La France est le 2e exportateur mondial de produits agricoles et alimentaires. L'agriculture contribue à l'amélioration de la balance commerciale et à l'indépendance énergétique de la France. Elle est un facteur de maintien, de dynamique des territoires ruraux et d'entretien du paysage. La campagne reste par ailleurs le deuxième lieu privilégié de vacances des Français.

Une source d'énergie

La France vise 20 % d'énergie renouvelable d'ici à 2010, contre 11,6 % aujourd'hui. Sur ce créneau, le bois et les déchets de bois s'attribuent 55 %, les biocarburants 3,9 %, le biogaz 1,36 % et les résidus de récolte 0,7 %.

La lutte contre l'effet de serre

Une partie des surfaces agricoles est désormais utilisée pour produire des agrocarburants qui émettent 2 à 3 fois moins de CO_2 que les carburants fossiles. En France, les objectifs d'incorporation d'agrocarburants dans l'essence ou le diesel sont de 10 % dès 2015 (soit un besoin de 4,3 millions d'hectares contre 1 million d'hectares pour les cultures énergétiques en 2008).

D'autre part, une tonne de paille bloque 0,6 t équivalent CO_2 et un hectare de prairie, 1,8 t équivalent CO_2. Implanter des forêts, des prairies, des bandes enherbées, des couverts végétaux, permet la capture du CO_2 (et donc du carbone) grâce à la photosynthèse et évite de laisser les sols nus.

Une matière première de la chimie végétale

Les productions agricoles remplacent ainsi les produits d'origine pétrolifère et sont utilisées pour produire plastiques biodégradables, solvants, tensioactifs, lubrifiants, cosmétiques, textiles, bitume vert… Par exemple, des sacs plastiques sont fabriqués à partir de la fécule de pomme de terre ou de l'amidon de céréales.

Source : Agence française d'information et de communication agricole et rurale (AFICAR).

L'agriculture au service de tous.

12
Fiche documents

Évolution de la production agricole en France

Document 6 (suite)

1. Quelle est l'origine de ce texte ?

....

....

2. Quels sont les différents rôles de l'agriculture évoqués dans ce texte ?

....

....

....

3. Quelle est, selon le texte, la condition nécessaire pour répondre aux besoins alimentaires futurs ?

....

....

4. Quelle est la place de l'agriculture française dans le monde ?

....

....

5. Quelle est l'importance de l'agriculture dans l'économie française ?

....

....

....

....

6. Comment l'agriculture permet-elle de lutter contre l'effet de serre ?

....

....

....

....

Évolution de la production agricole en France

Document 7

L'agriculture a plusieurs fonctions. Elle produit des biens agricoles essentiels pour l'alimentation des hommes et fournit des services environnementaux comme la diversité des habitats et des paysages, le recyclage de certains déchets ou la prévention contre les inondations… C'est aussi une grande utilisatrice de ressources naturelles (eau, sol…).
L'agriculture française est la plus productrice d'Europe. Mais ce succès a été acquis au prix de dommages environnementaux liés à certaines pratiques, aux intrants[1] utilisés (engrais, insecticides, pesticides…) et aux rejets effectués.
Premier consommateur national d'eau (50 à 80 %), premier émetteur de pollution azotée (80 %), deuxième émetteur de phosphore, principale source d'émissions de polluants provenant des phytosanitaires[2] : le bilan environnemental du secteur agricole par rapport à la qualité des eaux présente à l'évidence de nombreux points noirs.

Des aspects négatifs

Les formes les plus intensives de l'agriculture peuvent altérer la qualité de la ressource en eau par un excès éventuel de fertilisants ou une utilisation mal appropriée de produits phytosanitaires. Certaines cultures comme le maïs ont des besoins en eau importants l'été et peuvent avoir une forte incidence sur l'état des réserves en eau.
Le sol joue un rôle fondamental dans la production agricole, car il sert de support et de réserves nutritives pour les plantes. Il constitue un compartiment filtre vis-à-vis de la migration de substances polluantes vers les nappes d'eau souterraines ou les rivières. Les principales préoccupations concernant les sols agricoles sont l'érosion, la diminution des taux de matière organique et la contamination par des produits phytosanitaires persistants. L'agriculture intensive apporte des quantités trop importantes d'azote sur les sols. Une fois transformées en nitrates, elles risquent de gagner les nappes phréatiques et l'eau de consommation. Les nitrates participent également à l'invasion du littoral par les algues vertes.
Dans l'air, l'agriculture est à l'origine d'émissions de protoxyde d'azote, de méthane et d'ammoniac notamment. Le protoxyde d'azote est émis principalement dans les sols saturés d'eau. Le méthane est produit par la fermentation des aliments dans le tube digestif des ruminants. Ces deux gaz comptent pour environ 20 % des émissions totales de gaz à effet de serre en France. L'ammoniac provient essentiellement du stockage et de l'épandage des effluents d'élevage et participe à l'acidité des dépôts atmosphériques.

Source : Institut français de l'environnement (IFEN).

1. Intrants : produits apportés aux terres et aux cultures pour une amélioration de la production.
2. Produit phytosanitaire : produit chimique utilisé pour la protection des cultures.
Il sert à lutter contre les insectes parasites, les champignons parasites et les herbes indésirables.
Les « pesticides » est l'autre nom donné aux produits phytosanitaires.

Agriculture et environnement.

Évolution de la production agricole en France

Document 7 (suite)

1. Quelle est l'origine de ce texte ?

....

....

2. Quels sont les différents rôles de l'agriculture évoqués dans ce texte ?

....

....

....

3. Quelle est la place de l'agriculture française dans le monde ?

....

....

4. Quels sont les aspects négatifs de l'agriculture vis-à-vis des ressources en eau ?

....

....

....

....

5. Quels sont les aspects négatifs de l'agriculture vis-à-vis du sol ?

....

....

....

....

6. Quels sont les aspects négatifs de l'agriculture vis-à-vis de la qualité de l'air ?

....

....

....

Évolution de la production agricole en France

Document 8

« Le développement durable est le développement qui satisfait les besoins de la génération actuelle sans priver les générations futures de la possibilité de satisfaire leurs propres besoins. L'agriculture durable doit donc être écologiquement saine, économiquement durable, et socialement équitable.[1] »

« L'agriculture durable n'est pas une option, c'est une nécessité. Nous voulons construire une agriculture économiquement forte et écologiquement responsable. Entre le productivisme, qui a été longtemps pratiqué et qui est encore pratiqué, et l'avant-garde que constitue l'agriculture bio, que nous voulons soutenir, il y a un champ considérable : celui de l'agriculture durable et de la pêche durable. (...) Je constate qu'il y a un mouvement en profondeur des agriculteurs pour gérer plus sobrement l'eau, pour cultiver autrement, pour utiliser moins de produits phytosanitaires. (...) Nous voulons, en 2012, 6 % de la surface agricole en bio. »

1. D'après le rapport de Go Harlem Brundtland, qui a été présidente de la Commission mondiale sur l'environnement et le développement en 1983.

Source : Entretien avec Michel Barnier, ministre de l'Agriculture et de la Pêche, *Métro*, 22/02/2008.

Modification des pratiques

Après des années d'une agriculture intensive, tournée vers les grandes cultures et l'élevage hors sol, et très consommatrice de produits industriels, les réformes de la politique agricole commune et l'opinion publique conduisent déjà les agriculteurs à mettre en œuvre des pratiques plus respectueuses de l'environnement.

L'utilisation d'engrais minéraux et de produits de protection des plantes au niveau national [...] est plutôt en diminution alors que la production végétale continue de croître sensiblement.

Les agriculteurs doivent adopter des solutions économes en eau et en engrais. Ils doivent protéger la qualité de l'eau pour respecter des normes européennes très strictes. Pour cela, ils doivent gérer les rejets de pesticides ou de déjections animales dans la nature.

Favoriser la biodiversité

L'impact de l'agriculture sur la biodiversité recouvre deux aspects : celui des plantes cultivées et espèces animales élevées, et celui de la faune et de la flore sauvages. L'agriculture peut entraîner une diminution de la biodiversité ordinaire et exceptionnelle par l'usage intensif d'intrants et la simplification des paysages avec la perte des éléments naturels, le recul des grandes prairies, des landes et des friches au profit de la forêt.

Pour protéger l'environnement et sauvegarder la biodiversité, les solutions agro-écologiques proposées aux agriculteurs sont de plusieurs types :
- formations arborées (haies, bosquets, arbres, agroforesterie...) ;
- surfaces herbacées (prairies extensives, surfaces en couvert environnemental...) ;
- dans les zones des grandes cultures, jachères à caractère environnemental, prairies temporaires, luzerne... (murets, terrasses, chemins enherbés) ;
- et zones humides (mares, sources, fossés humides).

D'après un rapport du ministère de l'Agriculture et de la Pêche.

Agriculture, environnement et développement durable.

L'espace agricole en France

1. **Donne un titre, complète la légende et la carte.**

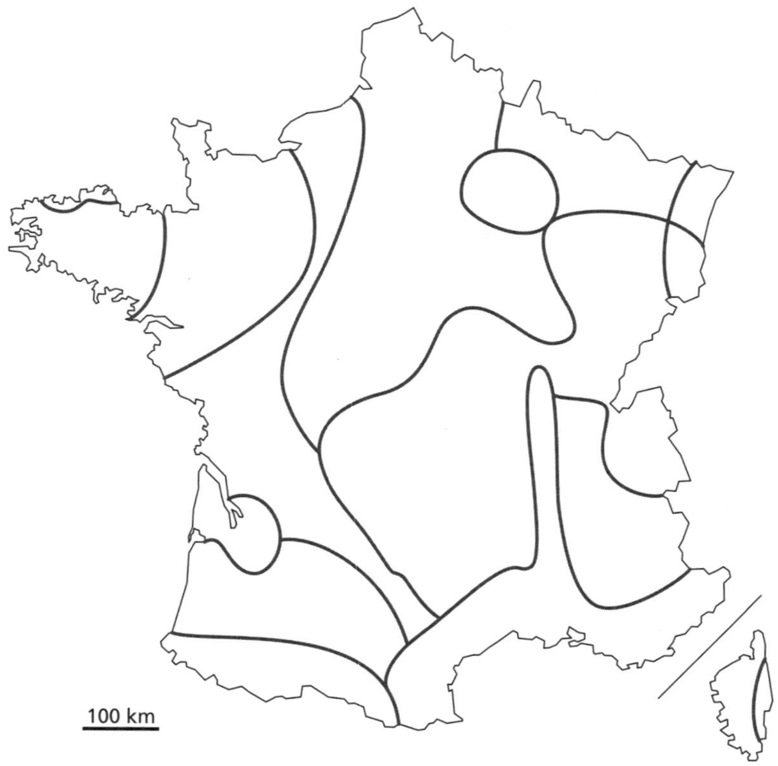

☐ Grandes cultures céréalières
☐ Cultures maraîchères, fruitières et viticoles
☐ Polyculture
☐ Élevage
☐ Élevage hors-sol (porcin et avicole)

2. **Lis ces affirmations à propos de l'agriculture française et réponds par vrai ou faux.**

a) L'agriculture française est la première d'Europe. VRAI – FAUX
b) Le nombre d'exploitations agricoles a fortement augmenté depuis 1950. VRAI – FAUX
c) Le nombre d'agriculteurs a fortement diminué depuis 1950. VRAI – FAUX
d) La production de blé est stable depuis 1950. VRAI – FAUX
e) L'agriculture française emploie beaucoup d'engrais. VRAI – FAUX
f) Les pratiques des agriculteurs évoluent, ils sont plus soucieux de l'environnement. VRAI – FAUX

3. **Donne une définition de l'agriculture durable.**

....

....

Une zone touristique : la Bretagne

Informations pour l'enseignant

« Les principales caractéristiques du territoire de la France » et « Produire en France » sont des thèmes qui figurent dans les programmes de géographie de cycle 3[1]. Le tourisme est une des activités économiques essentielles de la région Bretagne et un sujet d'étude qui permet de mettre en valeur les notions de développement durable sur lesquelles les textes officiels nous invitent à réfléchir.

Petite histoire du tourisme en Bretagne

Le tourisme en Bretagne débute peut-être au XVIIIe siècle par des voyages comme celui du Chevalier de Cambry qui décrit la pointe du Raz (in *Voyage dans le Finistère*), site qui, par sa grandeur, frappe les esprits. Au XIXe siècle, parmi d'autres artistes, Chateaubriand et Flaubert dépeignent les paysages bretons ; ce dernier publie à la suite de son périple en Bretagne, en 1846, un récit intitulé *Par les champs et par les grèves*.
Sous le Second Empire, la bourgeoisie urbaine accède au tourisme, puis certaines classes sociales qui travaillent connaissent ce privilège. L'avènement des congés payés en 1936 est décisif pour la fréquentation touristique.
Le tourisme balnéaire se développe grâce aux images de la Bretagne exposées dans les salons de peinture parisiens, aux premières cartes postales, et surtout à l'essor du chemin de fer. Les premiers visiteurs citadins retiennent de la Bretagne l'image de son littoral et des activités qui y sont liées. Avec le développement des infrastructures touristiques, les citadins voient dans la mer un lieu de loisir et non plus seulement de travail. Alors, les hôtels, les résidences secondaires luxueuses, les cabines de plage et les casinos se multiplient sur les côtes bretonnes[2].
Aujourd'hui, les îles et le bord de mer sont des lieux de vie saisonniers pour des gens d'origines diverses. La Bretagne intérieure est moins prisée par l'ensemble des touristes qui préfèrent le littoral, mais vers les années 1980, les Anglais y ont acheté des résidences secondaires et la région fait désormais l'objet de nombreuses publicités.

Les atouts du tourisme breton

Le littoral breton est exceptionnel et omniprésent dans la représentation de la Bretagne. Grâce à une avancée de 300 kilomètres dans l'océan Atlantique, elle compte le tiers des côtes françaises avec 1 730 kilomètres de rivages. Chacun des quatre départements bretons, l'Ille-et-Vilaine, les Côtes-d'Armor, le Finistère et le Morbihan, a une façade littorale. Les côtes rocheuses basses et les falaises sont nombreuses sur la côte nord, les plages et les dunes sont davantage présentes dans le Morbihan, au sud. Les îles sont aujourd'hui facilement accessibles (Belle-Île-en-Mer, Batz, Ouessant, Bréhat, Sein sont parmi les plus fréquentées). De nombreux sites sont classés, parmi lesquels la pointe du Raz ou la Réserve naturelle des Sept-Îles sur la côte nord. L'omniprésence de la mer a favorisé très tôt le tourisme de plaisance.
Le climat est caractérisé par son humidité et sa douceur : les températures sont supérieures à 6° en hiver et les moyennes sont proches de 18° en été. Le littoral nord est davantage exposé aux vents marins et donc plus humide. Les côtes sud, en été, bénéficient d'un climat moins pluvieux et plus chaud.

Lexique

Parc naturel : territoire habité, d'une grande richesse de paysages, de nature et de patrimoine. Un texte appelé « charte » définit les objectifs et les moyens pour protéger et mettre en valeur le patrimoine, développer l'accueil des touristes et la connaissance de l'environnement, maintenir et développer des activités au sein du parc naturel.
Touriste : personne qui se déplace au moins pour une nuitée et au plus pour une année en dehors de son environnement habituel, pour une activité non rémunérée.

1. *Programmes de l'école primaire*, Cycle 3, B.O. hors-série n° 3, 19 juin 2008, pp. 24 et 25.
2. *La Bretagne côte à côte*, Université de Rennes 1 et IUT de Lannion, 2006.

Le patrimoine naturel breton est préservé. Un grand nombre d'espèces d'oiseaux vivent sur les côtes car ils y trouvent une nourriture abondante. La Bretagne compte plusieurs réserves naturelles (Cap-Sizun, Marais de Séné, les Sept-Îles, etc.). Deux parcs naturels ont pour vocation de protéger et de mettre en valeur ce patrimoine : le parc naturel d'Armorique, créé il y a quarante ans, situé à l'ouest de la Bretagne ; le parc naturel marin d'Iroise, ouvert récemment (28 septembre 2007), qui s'étend du nord d'Ouessant au sud de Sein et inclut l'île de Molène.
Un environnement privilégié permet de développer des activités comme le golf, l'équitation, l'agro-tourisme, le tourisme vert et les randonnées (la Bretagne compte 3 500 kilomètres de sentiers de randonnée).
De nombreux touristes sont aussi attirés par ***le patrimoine architectural et culturel*** : villes d'art et d'histoire labellisées par le ministère de la Culture (Auray, Concarneau, Dinan, Quimper, Rennes, etc.), phares classés monuments historiques (Batz, Ouessant, etc.), mille monuments historiques (châteaux de Josselin, de Vitré, etc.), sites préhistoriques (alignements mégalithiques de Carnac).

La fréquentation touristique en Bretagne[3]

La Bretagne est la quatrième région française pour l'accueil des touristes français et la cinquième pour celui des étrangers[4]. Le tourisme représente 100 millions de nuitées par an : 78 % de nuitées françaises dont 2/5 sont générées par les touristes d'Île-de-France et 22 % de nuitées étrangères dont 2/5 sont britanniques. La consommation touristique produit 5,09 milliards d'euros, soit 7,9 % du PIB régional. La région se place au 1er rang des séjours mer et au 4e rang des courts séjours du marché français. 1 400 000 lits touristiques sont répartis entre les résidences secondaires (70 %) et les lits marchands (hôtels, campings, résidences de tourisme : 30 %). La Bretagne possède un meilleur positionnement régional sur l'hôtellerie de plein air que sur l'hôtellerie classique.

Le rôle de l'État dans la protection de l'environnement et la mise en valeur de la région

Les stations du littoral ont été créées à différentes époques, avec un développement plus anarchique dans les années 1980. La loi du 10 juillet 1975 crée le Conservatoire du littoral pour protéger les rivages français de l'urbanisation, d'aménagements peu souhaitables, de dégradation écologique ou paysagère. Ainsi la pointe du Raz, Ploumanac'h et d'autres sites ont été préservés et sont protégés. Le parc marin d'Iroise rassemble pêcheurs, riverains et plaisanciers autour de la préservation de la mer d'Iroise. Le golfe du Morbihan fait l'objet d'un schéma de mise en valeur.
Entre 1981 et 1982, les lois de décentralisation font évoluer le rôle de l'État en matière touristique[5]. Les fonds accordés par l'État servent à restaurer les grands sites naturels de Bretagne. Les plans État-Région favorisent la coopération entre les collectivités qui ont des ressources touristiques communes. Les actions reposent sur des animations rurales centrées sur les loisirs de type randonnées, marchés locaux, animations touristiques, création de gîtes ruraux et développement du tourisme fluvial.
Le réseau Natura 2000 prend la forme d'un contrat et d'une collaboration entre l'État, l'Union européenne et les collectivités locales. C'est un outil pour préserver les espaces naturels des États membres de l'Union européenne. La Bretagne est engagée dans ce dispositif et les sites désignés reçoivent des fonds du ministère de l'Écologie et du Développement durable pour réaliser leur projet.

Le tourisme et l'emploi

En Bretagne, le tourisme emploie 4,6 % des salariés de la région[6]. L'emploi lié au tourisme est multiplié par 2,7 entre janvier et août ; il est plus féminin, plus jeune et moins qualifié. Les grandes agglomérations de Brest, Saint-Brieuc, Saint-Malo, Rennes, Vannes, Lorient et Quimper concentrent 45 % des emplois

3. Ministère des Transports, de l'Équipement, du Tourisme et de la Mer, *Veille Info-Tourisme, Bretagne*, janvier 2008, www.veilleinfotourisme.fr.
4. *Chiffres-clés du tourisme en France 2007*, www.tourisme-gouv.fr.
5. N. Baron-Yellès, *Le Tourisme en France, Territoires et stratégies*, Armand Colin, 1999, pp. 50 et s.
6. *Octant*, n° 110, sept. 2007, pp. 23 à 28.

touristiques bretons. Mais le tourisme est essentiellement littoral : les côtes concentrent environ deux tiers des emplois touristiques bretons. Cette forte offre d'emplois dans les communes du littoral s'explique par le grand nombre de campings et de résidences secondaires. Sur la côte sud, c'est Vannes qui dépend le plus du tourisme. La thalassothérapie ou l'organisation de manifestations comme le Festival interceltique de Lorient génèrent aussi une forte demande d'emplois. Sur la côte nord, dans les Côtes-d'Armor et le Finistère, l'emploi touristique est surtout présent dans les communes les moins urbanisées du littoral. Ces emplois sont répartis entre la restauration, l'hôtellerie et les autres types d'hébergements ainsi que dans la grande distribution. En Bretagne intérieure, le tourisme est un tourisme de passage et se concentre dans la région de Rennes, où la saisonnalité est moindre, car les manifestations y sont réparties tout au long de l'année et le tourisme d'affaires développé.

Les perspectives du développement touristique

L'offre et les pratiques touristiques se sont considérablement diversifiées et multipliées. Aussi observe-t-on une saturation et une surfréquentation des sites en haute saison. Dans certaines îles comme Bréhat, la population insulaire a diminué de 40 % en 30 ans : les résidences secondaires habitées en haute saison sont devenues majoritaires et les commerces sont fermés l'hiver. Il existe une cohabitation entre des activités difficilement compatibles sur un même espace comme l'ostréiculture, la pêche et la plaisance, la baignade et les activités nautiques. Cette multiplication des activités sur l'espace restreint de la côte a des limites et des conséquences. Cette situation nécessite une protection de l'environnement renforcée avec le maintien en état des espaces fréquentés, en particulier la protection des dunes ou des zones sensibles comme les marais.

L'hébergement sur le littoral ayant des limites en haute saison, l'objectif est d'attirer la clientèle vers d'autres formes de tourisme comme le tourisme culturel. Il est en effet nécessaire de relier les activités littorales avec celles de l'intérieur du territoire pour « ne pas risquer de perdre et d'oublier les richesses de la Bretagne intérieure et pour montrer sa richesse et sa magie[7] ».

Le développement du tourisme en Bretagne passe par une politique de communication et de marketing, par la promotion à l'étranger, par le développement du tourisme durable et du tourisme fluvial.

La Région améliore donc ses infrastructures et met en valeur son patrimoine. Pour cela, elle accompagne les professionnels et les collectivités du secteur. Le nouveau schéma régional du tourisme a pour missions principales de fédérer de nouvelles énergies, de favoriser de grands équipements touristiques, de développer les voies navigables, de renouveler le modèle de développement touristique en l'inscrivant dans une démarche durable[8].

7. *La Bretagne côte à côte*, Université de Rennes 1 et IUT de Lannion, 2006, p. 11.
8. www.region-bretagne.fr.

Séance 1 – Le tourisme sur le littoral breton

Compétences disciplinaires

- S'approprier les atouts du tourisme sur le littoral breton.
- Connaître le potentiel et la fréquentation touristiques de la Bretagne.

Compétences méthodologiques

- Lire une carte.
- Décrire une photographie.
- Lire et interpréter une publicité.

Problématique

Quelles sont les formes du tourisme sur le littoral breton ?

Lexique

Touriste.

Durée de la séance : 60 minutes.

Matériel

doc. 1 Une carte : La fréquentation touristique dans les régions françaises en 2006.
doc. 2 Une carte de la Bretagne.
doc. 3 Des documents sur le littoral breton :
a) Une photographie : Vue aérienne de Saint-Malo.
b) Une photographie : L'île de Batz.
c) Une photographie : Le sentier des douaniers sur la presqu'île de Crozon.
d) Une photographie : le golfe du Morbihan.
e) Une publicité : Océanopolis Brest.
f) Une affiche : Brest 2008.

Un atlas ou une carte murale des régions de France.

Étape 1

Analyser les chiffres du tourisme en Bretagne

Matériel

- La carte de la fréquentation touristique dans les régions françaises (doc. 1 à photocopier).
- L'atlas ou la carte des régions de France.

Organisation de la classe

Travail collectif, puis en binômes.

L'enseignant demande aux élèves de situer la Bretagne sur un atlas ou une carte des régions de France.

Les élèves étudient ensuite la carte sur la fréquentation touristique dans les régions françaises en 2006. L'enseignant explique que les chiffres indiqués expriment un pourcentage : celui des nuits passées dans la région par rapport au total des nuits passées en France. Les élèves constatent que la Bretagne se situe au quatrième rang après les régions PACA (Provence-Alpes-Côte-d'Azur), Rhône-Alpes et Languedoc-Roussillon.

Étape 2

Observer la carte de la Bretagne

Matériel

La carte de la Bretagne (doc. 2 à photocopier).

Organisation de la classe

Travail collectif.

Les élèves observent la carte de la Bretagne. L'enseignant montre que les côtes sont très découpées. Le littoral offre une succession de caps (roches granitiques résistantes), de baies (roches plus tendres : les schistes), de petits estuaires que la mer a envahis (les abers). À l'ouest, on trouve la pointe du Raz, la baie de Brest ; au sud : la presqu'île de Quiberon, le golfe du Morbihan. Des îles et de nombreux îlots jalonnent tout le littoral. Les élèves en citent quelques-unes : au nord Bréhat, Batz ; à l'ouest Ouessant, Sein ; au sud, Glénan, Groix, Belle-Île-en-Mer. L'enseignant précise que ces paysages marins variés sont favorables au tourisme. Le lexique des éléments des littoraux, déjà étudié, est rappelé ici.

Après avoir observé la légende de la carte, les élèves répondent aux questions de l'enseignant :

- ▸ Quels éléments indiquent que la Bretagne est facilement accessible par les touristes ? *Les axes routiers, les lignes TGV, les aéroports.*
- ▸ Quel est le tracé des voies routières et ferroviaires ? *Une voie routière expresse longe la côte nord et une autre la côte sud ; elles se rejoignent*

à Brest. Une voie médiane traverse la Bretagne intérieure, reliant Rennes à Vannes. La ligne TGV arrivant de Paris à Rennes se partage en trois bras : l'un dessert St-Malo au nord, le second relie Brest à Rennes, le troisième longe la côte sud en passant par Lorient.

- Quelles régions sont desservies à partir de Rennes ? *La Normandie (Caen), la région parisienne, les pays de la Loire et la région bordelaise.* L'enseignant précise que la Bretagne est ainsi reliée à « la route des estuaires » qui joint Dunkerque et les pays du nord (Belgique, Pays-Bas) à Hendaye et les pays du sud (Espagne, Portugal).

On en conclut donc que, grâce au réseau routier, ferroviaire et aérien, il est aisé de circuler en Bretagne et que la région est reliée au reste de la France et de l'Europe, ce qui favorise le tourisme.

Étape 3

Découvrir quelques aspects du tourisme littoral : des sites naturels, des animations

Matériel

- La photographie de Saint-Malo (doc. 3a, cahier couleur p. 18).
- La photographie de l'île de Batz (doc. 3b, cahier couleur p. 18).
- La photographie du sentier des douaniers sur la presqu'île de Crozon (doc. 3c, cahier couleur p. 19).
- La photographie du golfe du Morbihan (doc. 3d, cahier couleur p. 19).
- La publicité pour l'Océanopolis de Brest (doc. 3e, cahier couleur p. 20).
- L'affiche de Brest 2008 (doc. 3f, cahier couleur p. 20).
- La carte de la Bretagne (doc. 2).
- Le cahier de brouillon.

Organisation de la classe

Travail individuel, puis collectif.

Les étapes 1 et 2 ont montré que la Bretagne est une région touristique attractive. Lors de cette troisième étape, l'enseignant propose de découvrir des paysages et quelques activités du littoral breton qui attirent les touristes dans cette région.

Les élèves choisissent individuellement un seul document. Ils situent le paysage ou le lieu des activités proposées sur leur carte de Bretagne puis ils en réalisent une description sur leur cahier de brouillon.

L'enseignant donne la consigne suivante :

- À partir de la description précise du document choisi, écrivez quel type d'activité touristique est pratiqué.

Lors de la mise en commun, l'enseignant récapitule les différentes observations dans un tableau de synthèse.

Tableau attendu

Situation en Bretagne	Description	Apport du maître	Activités touristiques
a. Saint-Malo Côte nord	Bordée par la mer, la ville avec des maisons, des bâtiments anciens imposants et une église est entourée de remparts. Une plage la sépare de l'océan au premier plan ; des quais servant en partie de parking la bordent à droite. En arrière-plan s'étendent le port maritime et le port de plaisance, un bassin rectangulaire et des constructions plus récentes le long de la baie bordée par une plage et prolongée par des rochers. Au large des remparts, à gauche de la photographie, se détache une île.	Saint-Malo est une cité ancienne. Détruite au cours de la Seconde Guerre mondiale, la ville a été reconstruite en 1944. La cité historique est réservée aux piétons. Le château est situé face à l'île du Grand Bé. La gare maritime dessert l'Irlande, les îles anglo-normandes, l'Angleterre par car-ferries et vedettes rapides. Des pontons sont aménagés pour recevoir les bateaux de plaisance sous les remparts. Au fond de la baie s'étend la station balnéaire de Paramé avec un établissement de cure marine et deux grandes plages, bordées par une digue de trois kilomètres. Saint-Malo possède le label « Ville d'art et d'histoire ».	– Visite de la cité ancienne. – Visite de l'île. – Activités balnéaires et plaisancières. – Embarquement pour d'autres pays à partir de la gare maritime.
b. L'île de Batz Côte nord	Au premier plan s'étend un jardin d'espèces tropicales (bananiers, différentes variétés de palmiers). Au second plan, on aperçoit des pins maritimes à travers lesquels apparaît le littoral.	L'île de Batz bénéficie d'un climat très doux qui a permis la création d'une sorte d'oasis bretonne rassemblant plus de 1 700 plantes exotiques. Ce jardin appartient au Conservatoire du littoral, organisme chargé de protéger les zones en bordure de la mer.	– Visite du jardin tropical. – Tourisme balnéaire.

c. Le sentier des douaniers Côte nord	Au centre de la photographie, on aperçoit un sentier qui longe la côte rocheuse. Au second plan, les roches rencontrent la mer.	Le chemin visible sur la photo est le sentier des douaniers. Aujourd'hui, c'est un chemin de randonnée, autrefois ces sentiers servaient aux douaniers qui surveillaient les trafiquants.	Randonnée pédestre
d. Le golfe du Morbihan Côte sud	Cette photo montre un espace maritime parsemé d'îles. Au premier plan, une île rocheuse, au second deux îles avec une propriété dont le parc planté de pins occupe tout l'espace, au troisième plan on voit la côte boisée avec un habitat dispersé.	Le golfe du Morbihan s'étend sur 20 km de large. C'est une sorte de petite mer intérieure parsemée d'îlots et d'îles dont la plus grande est l'île aux Moines. Cet espace maritime est parcouru par des bateaux de pêche, de plaisance et des voiliers. Le golfe du Morbihan est une région très prisée des touristes.	– Visite des îles du golfe en bateau. – Activités plaisancières. – Tourisme balnéaire. – Pêche.
e. Océanopolis (Brest) Côte ouest	La publicité invite à entrer dans le monde de la mer car la porte s'ouvre sur l'océan. Trois pavillons (tropical, polaire, tempéré) permettent de découvrir le monde marin. Plus de 10 000 animaux y vivent. Sur les vignettes, on voit un manchot, un requin, des étoiles de mer, un phoque. Une photo donne une vue aérienne des bâtiments. En 2007 a eu lieu une exposition sur les pôles glacés. On trouve aussi des boutiques et des restaurants.	La diversité des milieux naturels est reproduite dans des aquariums géants. La houle et les marées sont reconstituées par une machinerie complexe. Des films permettent de comprendre le phénomène de la marée et des vagues, l'écosystème breton (pavillon tempéré), la formation des glaces (pavillon polaire), la construction des atolls (pavillon tropical). L'adresse du site Internet invite le futur touriste à une visite virtuelle.	Visite du musée océanique.
f. Brest 2008 Côte ouest	L'affiche présente une fête maritime internationale qui se déroule en 2008. L'illustration montre l'équipage d'un ancien voilier, qui grimpe dans les cordages. En arrière-plan, les remparts de Brest sont illuminés. Au bas de l'affiche, on distingue une bande de pavillons.	En 2008, Brest organise la fête maritime internationale, où se réunissent 2 000 bateaux. En été, la Bretagne offre une série de festivals parmi lesquels le festival interceltique de Lorient (musique), la fête des filets bleus à Concarneau, la fête des brodeuses à Pont-l'Abbé…	Participation au festival maritime.

Au cours de la mise en commun, les élèves complètent leur carte : ils localisent chaque lieu cité et, par des logos choisis collectivement, les activités proposées aux touristes. Cette carte figurera dans la trace écrite avec le tableau de synthèse.

Carte attendue

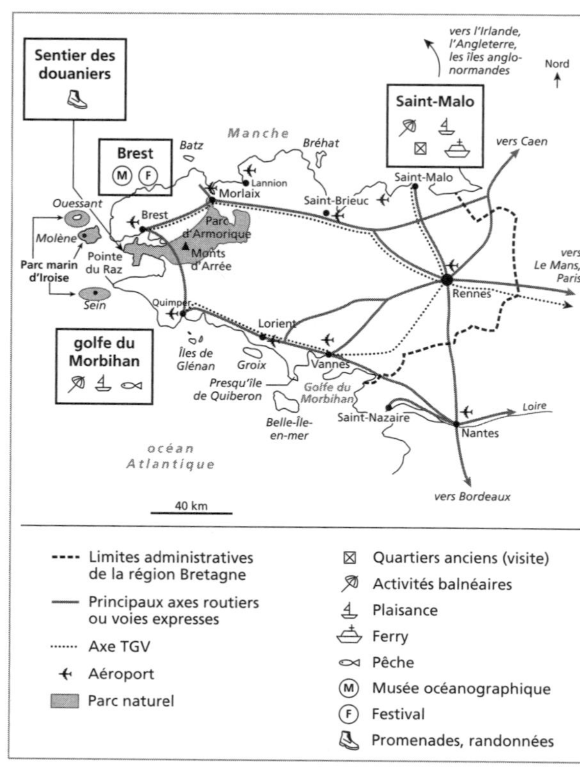

13
Fiche documents

Le tourisme sur le littoral breton

Document 1

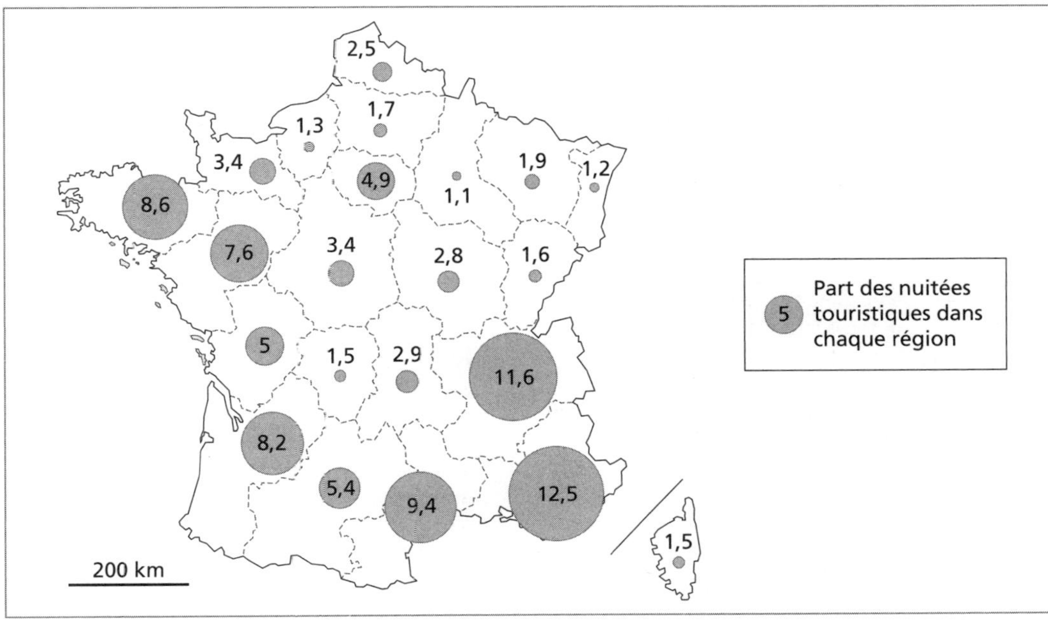

Source : Direction du tourisme et TNS/ Sofres, chiffres-clés du tourisme 2007.

La fréquentation touristique des régions françaises en 2006.

13
Fiche documents

Le tourisme sur le littoral breton

Document 1

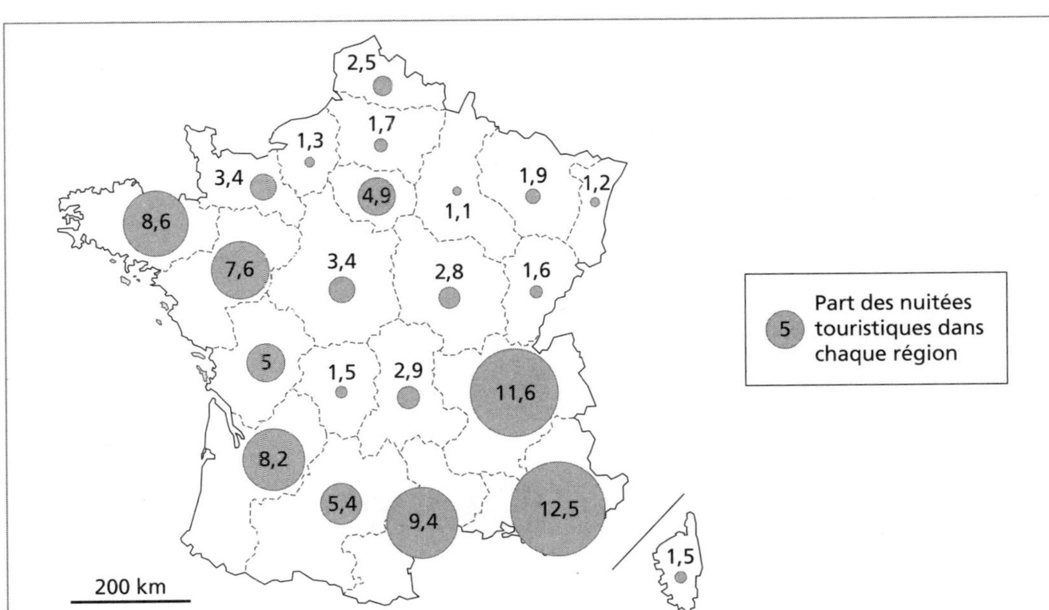

Source : Direction du tourisme et TNS/ Sofres, chiffres-clés du tourisme 2007.

La fréquentation touristique des régions françaises en 2006.

Le tourisme sur le littoral breton

Document 2

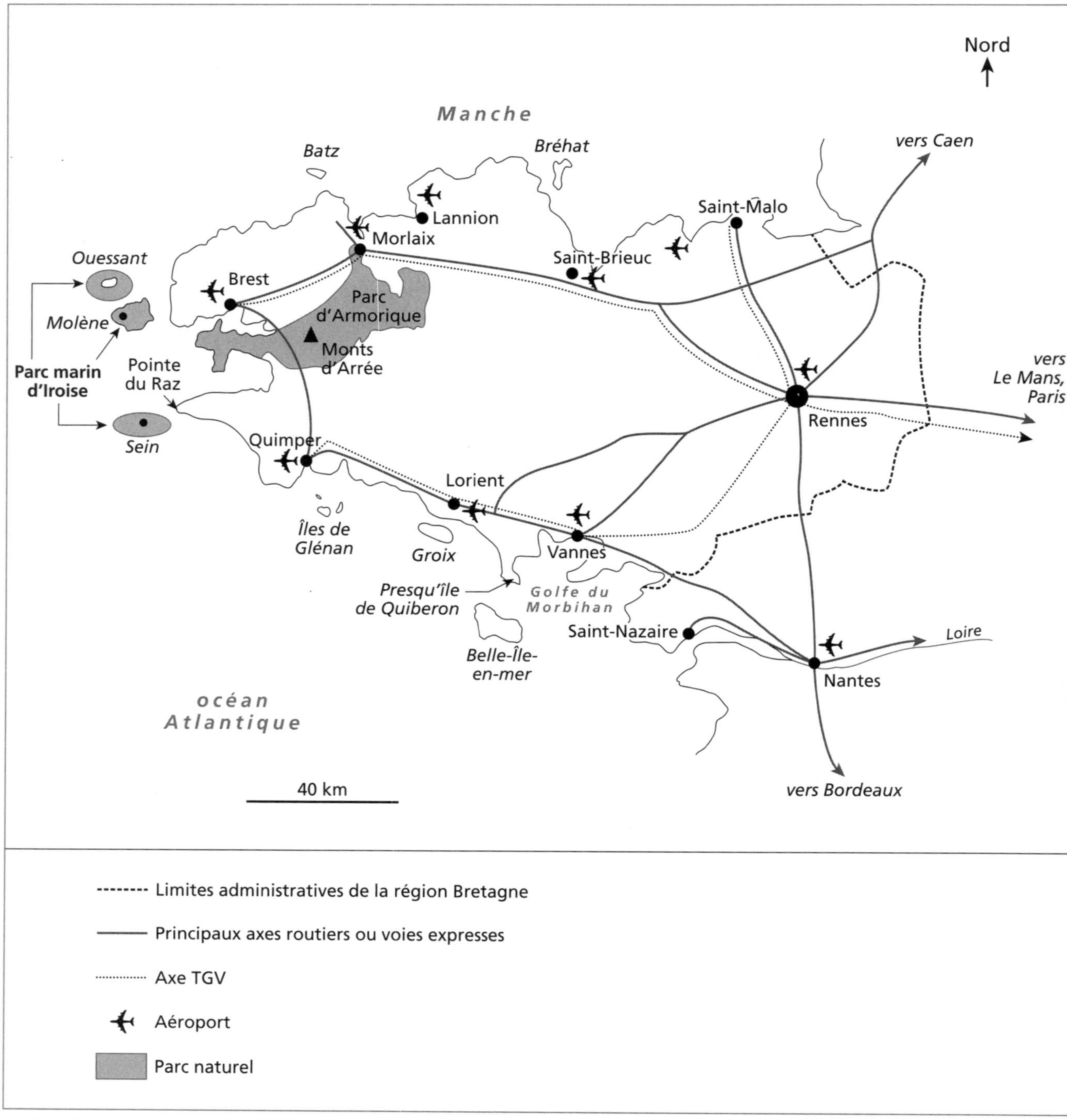

La Bretagne.

Séance 2 – La Bretagne intérieure

Compétence disciplinaire
- Dresser une typologie du patrimoine culturel breton permettant l'essor du tourisme de la Bretagne intérieure.

Compétences méthodologiques
- Réaliser une carte d'après les indications d'un texte.
- Composer la légende d'une carte.

Problématique
Quelles sont les activités touristiques pratiquées en Bretagne intérieure ?

Lexique
Parc naturel.

Durée de la séance : 60 minutes.

Matériel
Poster 6 Deux photographies :
a) Le château de Fougères.
b) Le camp d'Artus dans la forêt de Huelgoat.
doc. 2 La carte de la Bretagne.
doc. 4 Un texte : « Circuit des Monts d'Arrée dans le Parc d'Armorique ».
doc. 5 Une carte de la région des Monts d'Arrée.

Étape 1

Observer deux paysages touristiques de la Bretagne intérieure

Matériel
- Le poster 6.
- La carte de la Bretagne (doc. 2).

Organisation de la classe
Travail en binômes, puis collectif.

Afin de se familiariser avec les paysages de la Bretagne intérieure, les élèves observent les deux photographies du poster.
Ils localisent, avec l'aide de l'enseignant, Fougères et les Monts d'Arrée sur leur carte de Bretagne, puis ils décrivent les deux documents oralement.
L'enseignant apporte des renseignements complémentaires et note les observations collectives dans un tableau de synthèse.

Tableau attendu

Photographie	Description des élèves	Apport du maître
a) Le château de Fougères.	Au centre de la photographie, sur un promontoire rocheux, se dressent les vestiges bien conservés d'un château fort. Des remparts imposants surmontés de tours encerclent des espaces verts au milieu desquels on observe les ruines de bâtiments anciens. Un fossé rempli d'eau entoure en partie le château. À droite et à gauche de la photographie, des ponts relient le château à la ville actuelle. Des maisons, souvent élevées, longent deux rues qui font face au château en contrebas. Un parking accueille les visiteurs.	Fougères est une cité fortifiée située au nord-est de Rennes. Elle protégeait autrefois la Bretagne des régions voisines. Son château a été construit entre le XIIe et le XVe siècle. La rivière s'appelle le Nançon.
b) Le camp d'Artus.	C'est un paysage de forêt avec peu de végétation : au premier plan un bloc rocheux et des buissons ; au second plan s'étend une clairière avec des broussailles, traversée par un chemin et bordée par une forêt plus dense ; en arrière-plan, une zone boisée avec une végétation maigre.	La forêt de Huelgoat a un relief tourmenté. Elle est peuplée de hêtres, de chênes, de pins sylvestres, et parsemée de gros blocs de granit. Son relief est peu élevé (210 m d'altitude). Le camp d'Artus était un oppidum gaulois. Le sentier observé sur la photographie permet aux randonneurs de faire le tour du camp.

Après cette analyse, l'enseignant demande aux élèves :
- À votre avis, quelles activités touristiques sont pratiquées dans cette région ? *Les élèves font plusieurs propositions, comme la visite du château de Fougères, des randonnées pédestres, à cheval dans les zones forestières…*

Étape 2

Étudier un itinéraire touristique dans les Monts d'Arrée

Matériel

- La carte de la Bretagne (doc. 2).
- Le texte sur le circuit des Monts d'Arrée dans le parc d'Armorique (doc. 4 à photocopier).
- La carte de la région des Monts d'Arrée (doc. 5 à photocopier).

Organisation de la classe

Travail collectif, puis individuel.

L'enseignant propose aux élèves d'étudier un circuit de randonnée dans le parc naturel d'Armorique qui permet d'en découvrir la richesse et la variété.
La classe situe les Monts d'Arrée et le parc d'Armorique sur la carte de Bretagne. L'enseignant explique que ce parc a pour mission la mise en valeur du patrimoine naturel et culturel de la région, le développement des activités économiques, la compréhension de l'organisation de cet espace et de son histoire. Les Monts d'Arrée sont les terres bretonnes les plus élevées (400 m). Ce sont des terres arides, sauvages et humides et couvertes de landes. La définition du terme parc régional est précisée ici.
Ensuite, les élèves lisent le texte sur le circuit des Monts d'Arrée dans le parc d'Armorique. L'objectif de cette étape est qu'ils réalisent individuellement le tracé décrit dans le texte et qu'ils construisent la légende avec le maître.
Afin de préparer ce travail, l'enseignant complète, sous la dictée des élèves, le tableau ci-dessous à partir des indications du texte. Il propose de choisir collectivement des signes appropriés pour indiquer sur la carte les caractéristiques des zones et des villages traversés par les touristes.

Tableau attendu

Lieu	Patrimoine	Type de richesse	Signe utilisé dans la légende
Départ : Huelgoat	Forêt Camp gaulois	Historique	 
Cloître Saint-Thégonnec	Musée du loup Réserve naturelle	Historique Biologique	
Le Relecq	Abbaye	Historique	
Commana	Église Allée couverte Écomusée	Religieuse Historique	  
Montagne Saint-Michel	Point culminant	Géographique	
Brasparts	Enclos paroissial	Historique	
Loqueffret	Enclos paroissial	Historique	
Brennilis	Dolmen	Historique	
Yeun Elez	Tourbières	Biologique	
Elez	Castors, loutres	Biologique	

Pour tracer le circuit sur la carte de la région des Monts d'Arrée, l'enseignant donne les consignes suivantes qu'il écrit au tableau :

1. Tracer la randonnée en rouge.
2. Entourer le point de départ du circuit.
3. Reporter sur la carte les pictogrammes de la légende en s'aidant du tableau.
4. Donner un titre à la carte.

Carte attendue

Titre : Circuits des Monts d'Arrée

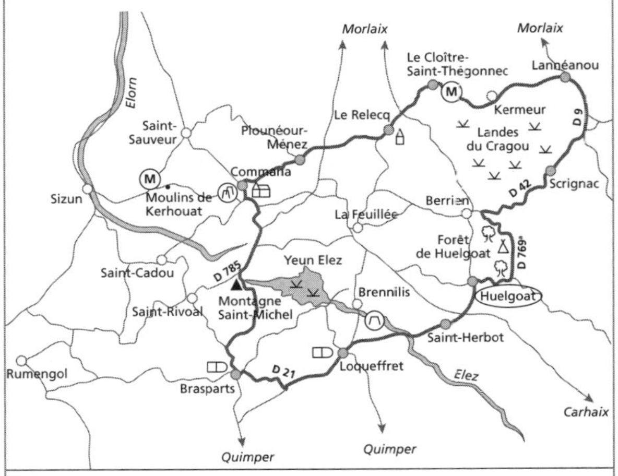

Exemple de légende :

Relief
- Sommet

Site culturel
- Musée

Site historique ou préhistorique
- Camp gaulois
- Allée couverte
- Dolmen

Formation végétale
- Forêt
- Tourbières

Site religieux
- Abbaye
- Église
- Enclos paroissial

Les élèves retiendront de cette étape les types de richesses touristiques rencontrées en Bretagne intérieure : des monuments mégalithiques (dolmen, allée couverte) attestant de l'occupation ancienne de la Bretagne par les hommes, des lieux d'histoire (camp romain), des lieux religieux (église, enclos paroissiaux, abbaye), un écomusée, des paysages naturels (montagne), des formations végétales variées (forêt, landes, tourbières), une faune et une végétation originales (castors, loutres, plantes carnivores).

L'enseignant précise que les communes et les associations de la Bretagne intérieure font de gros efforts pour proposer aux touristes des activités originales. Leur objectif est d'attirer ces touristes vers l'intérieur du pays et de les détourner du littoral très fréquenté.

Étape 3

Trace écrite

Elle est constituée :
- des chiffres sur le tourisme en Bretagne ;
- du tableau de synthèse de la séance 1 ;
- de la carte de la Bretagne complétée ;
- de la carte des Monts d'Arrée.

Évaluation

Compétences évaluées

- Construire la légende d'une carte.
- Donner des définitions du lexique spécifique de la géographie.
- Choisir des informations pertinentes dans les connaissances acquises.

Corrigé

1.

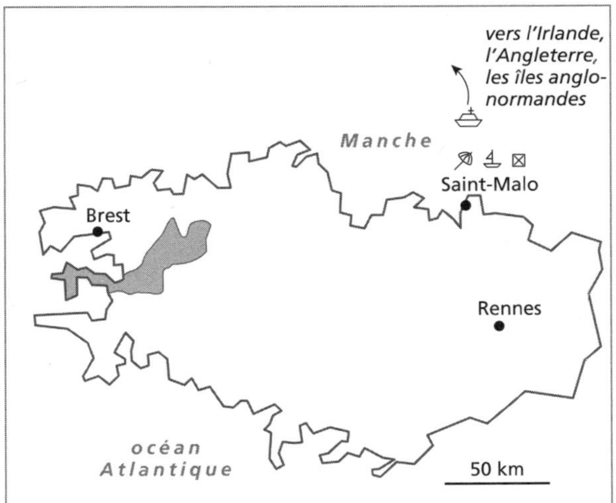

- Visite des quartiers anciens
- Tourisme balnéaire
- Plaisance
- Ferry
- Parc naturel d'Armorique

2. Parc naturel : territoire habité, d'une grande richesse de paysages, de nature et de patrimoine. Un texte appelé « charte » définit les objectifs et les moyens pour protéger et mettre en valeur le patrimoine, développer l'accueil des touristes et la connaissance de l'environnement, maintenir et développer des activités au sein du parc naturel.
Exemple de parc naturel en Bretagne : parc d'Armorique.

3. En Bretagne intérieure, un touriste peut découvrir des monuments mégalithiques, des lieux historiques, religieux, des écomusées, des paysages naturels originaux, des formations végétales comme les landes, les tourbières, des animaux (castors, loutres).

4. Elle est facilement accessible grâce aux axes routiers, aux lignes TGV et aux aéroports.

5. a) Elle occupe la 4e place.
b) Les régions classées avant elle sont : PACA, Rhône-Alpes et Languedoc-Roussillon.

La Bretagne intérieure

Document 4

1. Départ de Huelgoat. Traverser la forêt de Huelgoat par la D769a (au sommet de la forêt se trouvait un camp gaulois).
2. Contourner les Monts d'Arrée par l'est en suivant la D42 à partir de Berrien, puis la D9 jusqu'à Lannéanou.
3. Prendre la direction du Cloître-Saint-Thégonnec (musée du Loup). On arrive dans le secteur des landes[1] du Cragou, réserve naturelle avec des tourbières[2] où l'on peut observer le droséra[3] carnivore.
4. Continuer sur Le Relecq (abbaye des moines du Moyen Âge) puis vers Commana (intérieur de l'église très riche). Au sud du village se dresse une allée couverte. En direction de Sizun, se trouve l'écomusée des Moulins de Kerhouat qui montre la vie d'une famille jusqu'au XXe siècle.
5. Remonter vers les Monts d'Arrée par la route des crêtes D785 en direction de la Montagne Saint-Michel (381 m d'altitude).
6. Continuer vers Brasparts. Découvrir son enclos paroissial[4] puis celui de Loqueffret plus loin sur la D21.
7. Rejoindre Huelgoat en passant par Saint-Herbot. À Brennilis, on peut voir le dolmen de Ty-ar-Boutiket, un des mieux conservés de la région. Le Yeun Elez est une zone basse avec des tourbières. La rivière de l'Elez abrite une colonie de castors et des loutres d'Europe.

D'après P. Lapointe, *Les plus beaux itinéraires de découverte de la Bretagne*, Ouest-France, 2002, pp. 92 et s.

1. La lande : espace herbeux parsemé d'escarpements rocheux, de végétation rare.
2. Une tourbière : lieu où l'on trouve de la tourbe, matière qui provient de la décomposition des végétaux à l'abri de l'air.
3. Droséra : plante carnivore qui mange des insectes.
4. Un enclos paroissial : dans un village breton, il est composé d'une grande entrée, de trois édifices religieux dont l'église, et parfois d'une fontaine. Il est clos par un mur.

Circuit des Monts d'Arrée dans le parc d'Armorique.

Document 5

La région des Monts d'Arrée.

13
Fiche évaluation

Une zone touristique : la Bretagne

1. Sur la carte de la Bretagne :
- indique le nom de l'océan et de la mer ;
- place les villes de Rennes, de Brest, de Saint-Malo.
- indique les activités touristiques de Saint-Malo et construis la légende.

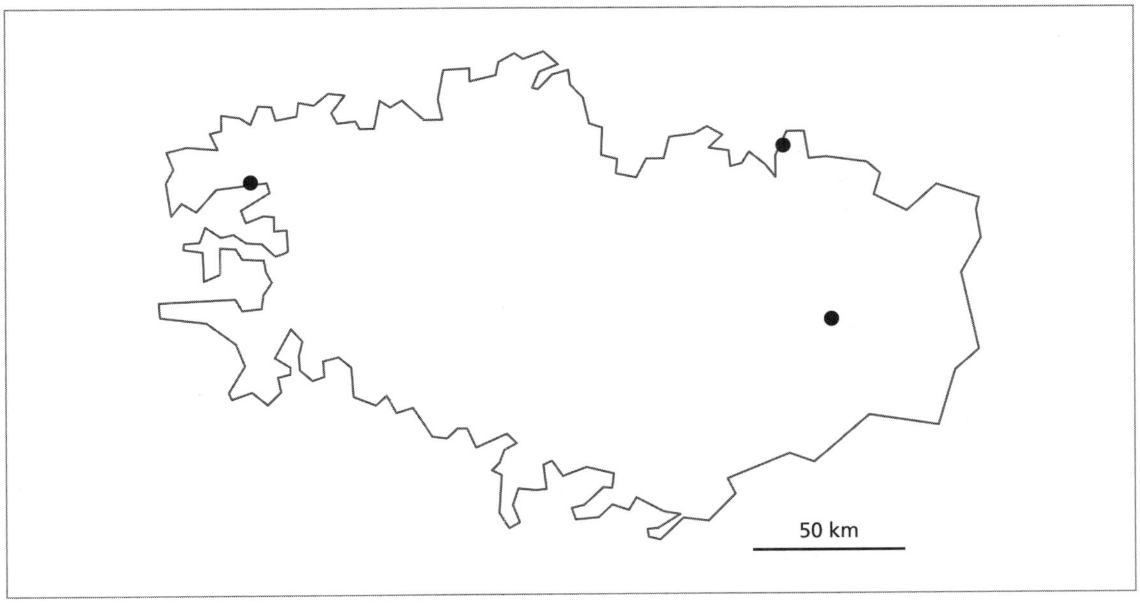

2. Donne la définition d'un parc naturel. Cite un parc naturel en Bretagne et situe-le sur la carte.

Parc naturel : ....

....

....

3. Quelles richesses un touriste peut-il découvrir dans la Bretagne intérieure ?

....

....

....

4. Pourquoi la Bretagne est-elle facilement accessible ?

....

....

5. a) Concernant la fréquentation touristique, quel est le classement de la Bretagne par rapport aux autres régions françaises ?

....

b) Quelles sont les régions classées avant elle ?

....

....

14

L'aménagement de l'espace montagnard pour le tourisme

Informations pour l'enseignant

Le paysage de montagne : des évolutions différentes

En un siècle, le paysage de montagne a changé. L'agriculture a reculé, l'espace urbain s'est développé dans les vallées, tandis que les pentes se couvraient de remontées mécaniques et de stations de sports d'hiver. Mais la transformation de cet espace a été différente selon le type d'espace montagnard.

La haute montagne

Le paysage montagnard a lentement évolué sous l'effet de l'aménagement par l'homme de son cadre de vie à des fins purement agricoles : des secteurs ont été défrichés pour mettre en valeur des champs ou des pâtures.

Il faut attendre la deuxième moitié du XVIIIe siècle pour commencer à voir des citadins faire des incursions en montagne, attirés par les paysages de gorges, de rochers, de glaciers ou de points de vue au-dessus des vallées. En 1786, le mont Blanc est gravi pour la première fois. À partir du XIXe siècle, ces voyageurs, devenus nombreux, endossent le qualificatif de touristes. Chamonix crée alors la première compagnie de guides, construit un chemin de fer à crémaillère permettant aux touristes d'arriver au pied de la mer de Glace, et organise, en 1924, les premiers jeux Olympiques d'hiver. L'aménagement de la haute montagne à des fins touristiques s'engage.

Au début des années 1960, la mise en valeur de la montagne transforme les paysages. L'essor économique de la France laisse de côté la société rurale traditionnelle des zones montagneuses. À l'initiative des maires, qui ne veulent pas rester en retrait de l'élévation du niveau de vie qui s'opère sur le reste du territoire et pour stopper le développement des friches agricoles, les élus décident de créer des stations de ski. La montagne ne manque pas d'espaces libres ; le développement de la société de loisirs et la forte demande de nouveaux terrains de jeux vont permettre, pour peu que la neige soit au rendez-vous, de proposer de nombreuses activités touristiques.

Apparaissent alors, aux côtés d'anciens villages, situés en fond de vallée, à une relativement faible altitude, des bourgades où se développent les premières pistes de ski avec leurs remontées mécaniques. Courchevel, Méribel, où Val-d'Isère sont les pionnières.

Pour allonger la saison touristique et offrir davantage de journées de ski, sont lancées, au début des années 1970, les stations de deuxième génération. Des stations entières sont créées de toute pièce dans les alpages entre 1 000 et 2 000 mètres d'altitude. Ces stations intégrées (car conçues, réalisées et commercialisées par une seule entreprise) sont coupées de la vie villageoise locale. De véritables barrières bétonnent le paysage. Tout est prévu pour permettre aux touristes de séjourner sans quitter la station. Les remontées mécaniques sont accessibles depuis les portes des buildings. On peut se rendre dans les restaurants, les salles de cinéma, les cafés, les magasins de location de matériels de ski sans quitter la station. Pour répondre à la demande croissante des touristes, désormais habitués aux vacances d'hiver, sont créées, dans les années 1980, des stations

intégrées en haute altitude. Ces stations, situées entre 1 500 et 2 000 mètres, offrent la possibilité de skier sur des pistes qui vont à plus de 3 000 mètres. Le ski de masse est à son apogée. Des parkings sont installés dos aux pistes, le domaine skiable est immense.
Depuis les années 1990, la haute montagne en général et les Alpes en particulier vivent une nouvelle ère de développement, liée au retour à l'authenticité. Cette nouvelle orientation des stations est d'abord économique. Les studios dans lesquels on s'entassait ne font plus recette. Désormais, les chalets en bois apparaissent dans les nouveaux programmes d'aménagement. À la station des Ménuires, par exemple, surnommée « la Sarcelle des neiges », les barres ont laissé la place à de nouveaux quartiers en harmonie avec le paysage. Ce retour à des structures plus petites qu'autorisent les chalets s'explique aussi avec le changement de comportement des touristes. Plus du tiers de ces vacanciers ne skie pas, mais fait des randonnées, visite le patrimoine ou s'offre des moments de détente dans les bains bouillonnants.

La moyenne montagne
Cette variété dans les loisirs profite désormais aujourd'hui aux zones de moyenne montagne. Faute d'un enneigement suffisant et de pentes appropriées, il n'était pas rentable de créer des stations de ski alpin dans les moyennes montagnes, en dehors de quelques rares sites. Les élus locaux ont vu de nombreux villages se vider de leurs jeunes, obligés de quitter le lieu natal afin de trouver un emploi en ville. Pour éviter un déclin inéluctable, l'État a progressivement mis en place une politique de la montagne qui s'est traduite par la première loi relative au développement et à la protection de la montagne, en janvier 1985.
L'objectif de cet loi est de permettre aux zones de montagne en général et de moyenne montagne en particulier, comme le souligne l'article 1er, « d'acquérir les moyens et la maîtrise de leur développement en vue d'établir, dans le respect de l'identité culturelle montagnarde, la parité des revenus et des conditions de vie entre la montagne et les autres régions. Elle vise la mise en valeur optimale des potentialités locales ».
On prend désormais en compte les spécificités de la montagne. L'homme y intervient dans le respect de la nature en aidant à la préservation du paysage que les touristes du XXIe siècle recherchent. Une chance donc pour ces zones restées à l'écart du développement des stations de ski, faute d'un enneigement suffisant.
Le paysage est ainsi, aujourd'hui, devenu une ressource touristique. Les touristes se déplacent pour « voir » les montagnes et y pratiquer des activités variées comme la marche, les visites de sites, de musées… C'est pourquoi on se préoccupe d'entretenir la montagne afin de ne pas laisser se développer les friches. La moyenne montagne y a trouvé sa place en offrant aujourd'hui des « terrains de récréation ». Il y a trente ans, les maisons ardéchoises tombaient en ruine. Aujourd'hui, dans le plus petit hameau, les maisons sont rachetées à prix d'or.

Le patrimoine local joue désormais un rôle important dans l'activité touristique des zones de montagne. Qu'il soit architectural, avec la réhabilitation et la rénovation du bâti ancien (maisons, fermes, châteaux…), culturel avec la mise en valeur des richesses locales (musées, gastronomie) ou naturel avec la découverte des sentiers, le patrimoine offre une multitude d'activités propices au développement du tourisme vert.

Compétences disciplinaires
- Aborder la notion de mise en valeur de l'espace montagnard.
- Appréhender cette transformation de l'espace montagnard qui tient compte des possibilités locales.

Compétences méthodologiques
- Élaborer un schéma explicatif simple mettant en évidence des interrelations entre les lieux et leur aménagement.
- Donner à un dépliant touristique son statut de document.

Problématique
La montagne en France : un avantage ou un handicap pour ses habitants ?

Lexique
Voie de communication, tourisme vert, patrimoine, travail agricole, contrainte, atout.

Durée de la séance : 60 minutes.

Matériel
doc. 1 Un dépliant de l'office de tourisme de Courchevel.
doc. 2 Une photographie de Courchevel.
doc. 3 Trois photographies du Massif central :
– Lac et puy de Montcyneire.
– Les monts Dore.
– Le plomb du Cantal.

Étape 1

Découvrir et observer un dépliant touristique

Matériel
Le dépliant de l'office de tourisme de Courchevel (doc. 1 à photocopier).

Organisation de la classe
Travail collectif.

Rappel de ce que les élèves ont vu au cours de la séquence sur la Bretagne : la présence d'un littoral attire les touristes. L'enseignant demande si, en montagne, il existe une possibilité d'attirer les touristes. Les élèves évoquent le ski. En montagne, il est fréquent de trouver des stations qui permettent aux touristes de profiter des pentes pour skier. Afin de valider cette hypothèse, l'enseignant propose aux élèves d'observer un extrait d'un dépliant touristique. Après quelques secondes d'observation individuelle, il dirige le questionnement suivant qui permettra l'emploi du lexique approprié :
- ▸ De quoi s'agit-il ? À qui ce document est-il destiné ?
- ▸ Qui le propose ? Pourquoi propose-t-on ce genre de document ?
- ▸ Quelles sont les informations que le lecteur peut obtenir ?
- ▸ La photographie est un moyen de s'informer. Y a-t-il autre chose sur le document qui donne des renseignements sur la station ?
- ▸ Quelle est la particularité du texte ? Pourquoi le même texte est-il aussi proposé en anglais ?
- ▸ Pourquoi voit-on plusieurs Courchevel sur la photographie ? Qu'est-ce qui peut expliquer ces différentes localisations ?

Réponses attendues
Il s'agit d'un dépliant destiné aux touristes. On distingue le nom de Courchevel sur différents secteurs de l'espace. La commune a en effet réalisé des aménagements du secteur en tirant parti de l'altitude afin de profiter d'un maximum d'enneigement pour le domaine skiable.
Cette brochure vise à attirer les touristes potentiels, français et étrangers.

Ce que nous avons appris

L'observation d'un document destiné aux touristes nous permet d'apprendre que les habitants d'un secteur de haute montagne mettent en valeur leur espace en l'aménageant (par exemple, en construisant une station de ski à Courchevel, à 1 850 m d'altitude). Cela leur permet de développer sur place des activités liées au tourisme.

À l'issue de cette étape, l'enseignant pose la question suivante :
- ▸ On a parlé de l'implantation d'une station de ski à Courchevel. À quoi peut bien ressembler cette station ?

Étape 2

Décrire une station de ski dans les Alpes

Matériel
La photographie aérienne de Courchevel 1 850 (doc. 2, cahier couleur p. 21).

Organisation de la classe
Travail collectif.

L'observation collective de la photographie permet d'identifier les différents éléments qui composent le paysage afin de définir avec précision les termes du lexique.

- Comment a été prise cette photographie ? Quels sont les signes visibles qui permettent d'affirmer que le lieu photographié est situé en altitude ?
- Qu'observons-nous sur ce cliché ?
- À quoi ressemblent les habitations ? Pourquoi, selon vous, de telles habitations ont été édifiées à cet endroit ?
- À quoi peut servir la zone déboisée ?

Résultats attendus
L'homme a organisé ce milieu montagnard à des fins économiques, en proposant aux touristes des zones propices à la pratique du ski. De grands ensembles modernes (immeubles) associés à des chalets permettent l'hébergement en altitude, aux pieds des pistes de ski alpin. Des routes permettent l'accès à la station et des parkings ont été aménagés.

Notion à communiquer aux élèves

Les constructions en altitude liées à la pratique du ski s'appellent des stations de sports d'hiver. Elles offrent aux personnes en vacances l'hiver (les touristes) un lieu où elles peuvent séjourner pour pratiquer le ski. Ces stations peuvent également héberger les touristes l'été. On parle d'aménagement de la montagne.
Le relief est un atout pour les habitants de ces zones car la pente permet de proposer des pistes de ski pour les touristes. Pendant longtemps, ces pentes n'étaient perçues que comme des contraintes, c'est-à-dire des handicaps, pour faire de l'agriculture. ■

L'enseignant soulève alors la problématique suivante :

- Cet aménagement est possible dans les secteurs de haute montagne où l'enneigement est important et présent pendant de longues semaines. Mais en moyenne montagne, où l'altitude est moins élevée et où l'enneigement est insuffisant, comment attirer les touristes ?

Étape 3

Imaginer une plaquette touristique au profit d'un secteur de moyenne montagne

Matériel
- Les photographies des paysages du Massif central (doc. 3, cahier couleur p. 21).
- Une affiche par groupe.

Organisation de la classe
Individuel puis en groupes de quatre élèves.

Les élèves découvrent seuls les trois photographies. C'est au cours de l'élaboration du travail demandé qu'ils observeront avec précision leur contenu.

L'enseignant partage la classe en groupes de quatre élèves et donne la consigne :

- Vous êtes des habitants de ce secteur du Massif central et vous décidez d'élaborer une plaquette publicitaire pour attirer les touristes.
  Les photographies vous donnent des renseignements sur le paysage.
  Attention, il y a un point incontournable : vous ne pouvez pas parler d'une station de ski, comme à Courchevel, car la neige est insuffisante.

Durée du travail : 20 minutes.
Chaque groupe élabore sa plaquette publicitaire sur une affiche.

Étape 4

Présenter son travail

Matériel
Les affiches réalisées par les différents groupes.

Organisation de la classe
Travail collectif.

L'enseignant fait rappeler la consigne et installe au tableau les différentes affiches réalisées (les numéroter pour un meilleur repérage). Chaque groupe présente son travail. L'enseignant note les différentes propositions des élèves sur une affiche.

Résultats attendus
Les arguments trouvés par les élèves dépendent de leur vécu. On peut toutefois s'attendre à la mise en valeur de la forêt par la proposition de promenades (à VTT, à pied), la construction d'une piscine municipale, l'aménagement de musées… D'autres propositions sont possibles : la réhabilitation de bâtiments, par exemple…
On expliquera le terme de patrimoine en distinguant : patrimoine naturel (sentier, cascades…), patrimoine architectural (châteaux, fermes…) et patrimoine culturel (fêtes, musées…).

Prolongement

On pourra valider les idées des élèves en analysant de véritables prospectus, du Massif central ou de la région où vivent les élèves.
L'enseignant peut interroger les élèves sur ce qu'ils voient (de quoi s'agit-il ? À quoi cela sert-il ? À qui ce document est-il destiné ? Qui l'a fait réaliser ? Que propose ce document ?).
On arrivera à la conclusion qu'un dépliant touristique permet de présenter les curiosités et les activités auxquelles on peut accéder en un lieu. Ce sont les habitants de ce lieu qui l'élaborent pour promouvoir la localité. Ce document propose, par exemple, des activités possibles en hiver comme en été.

Étape 5

Synthétiser ses connaissances

Matériel

Une feuille de brouillon par élève.

Organisation de la classe

Travail en binômes, puis collectif.

L'enseignant propose de réaliser, avec la classe, le bilan de ce qui a été évoqué au cours de la séquence. Il demande aux élèves de retrouver les atouts perçus dans les deux exemples montagnards et de lister les aménagements effectués et les mises en valeur du patrimoine. Le travail est réalisé en binômes. Chaque groupe liste sur sa feuille de brouillon les informations découvertes. Les élèves s'appuient sur les affiches pour rappeler ce qui a été vu.
La mise en commun est effectuée collectivement. Celle-ci permet de remplir en simultané un tableau de synthèse du type suivant :

La haute montagne	La moyenne montagne
• Elle bénéficie d'un enneigement important en raison d'une altitude élevée. • Elle a des pentes propices à l'installation de pistes de ski.	• Elle a un peu de neige l'hiver. • Elle a des forêts accessibles. • Elle possède des fermes qui fabriquent des fromages. • Elle met en valeur son patrimoine.

L'homme a utilisé ces atouts pour des aménagements touristiques

- Réaliser des stations de sports d'hiver à partir de villages déjà existants.
- Mettre en valeur son patrimoine en ouvrant des musées, en développant des sentiers de randonnées, en proposant d'autres activités de loisirs.

Évaluation

Compétences évaluées

- Expliquer l'aménagement de l'espace montagnard.
- Distinguer les différentes formes d'aménagement de la montagne.
- Observer l'évolution d'un paysage et conclure, en fonction de ses acquis, vers quel type d'aménagement s'est orienté l'homme.

Corrigé

1. Ce sont des stations de sports d'hiver.
2. Ils ont mis en valeur la pente, en la transformant en pistes de ski.
3. L'agriculture en zone de haute montagne s'est heurtée au handicap lié à la pente. L'activité économique a donc été développée grâce au tourisme.
4. Le patrimoine naturel (forêts, chemins forestiers, lacs, cascades...), le patrimoine culturel (musées, gastronomie) et le patrimoine architectural (châteaux, habitats, centres historiques...).
5. Les deux paysages représentent les Deux-Alpes, à une cinquantaine d'années d'intervalle.
Au pied du massif, les hommes ont développé le village. Cela ressemble à une station de ski. Aujourd'hui, des constructions peuvent accueillir beaucoup de touristes.

14
Fiche documents

L'aménagement de l'espace montagnard pour le tourisme

Document 1

14 L'aménagement de l'espace montagnard pour le tourisme

Fiche évaluation

1. Comment s'appellent les constructions réalisées en montagne et destinées aux touristes ?

2. Qu'ont mis en valeur ces aménagements ?

3. Pour quelles raisons l'homme a-t-il favorisé ces aménagements ?

4. En moyenne montagne, comme dans le Massif central, quels atouts sont mis en valeur ?

5. Observe les deux photographies ci-jointes.

- Quel paysage a été photographié ? À quelles dates ?

- Comment les hommes ont-ils modifié le paysage ?

- À ton avis, pourquoi ?

L'aménagement de l'espace montagnard pour le tourisme

© Moreau / FRANCEDIAS.COM

Les Deux-Alpes (1 650 m), en 1950.

© Pellorce / FRANCEDIAS.COM

Les Deux-Alpes aujourd'hui.

Un centre tertiaire : Val d'Europe

Informations pour l'enseignant

Comme le recommandent les programmes parus en juin 2008, nous abordons, dans cette séquence, un centre tertiaire dans le cadre du chapitre « Produire en France ». Il s'agit avant tout de définir la notion de « secteur tertiaire » ou « secteur des services » ; notion importante car le secteur tertiaire fournit désormais 75 % du PIB et 70 % des emplois en France.

Le secteur tertiaire en France

Le secteur tertiaire recouvre un vaste champ d'activités qui va du commerce à l'administration, en passant par les transports, les activités financières et immobilières, les services aux entreprises et aux particuliers, l'éducation, la santé et l'action sociale. Le périmètre du secteur tertiaire est de fait défini par complémentarité avec les activités agricoles et industrielles (secteurs primaire et secondaire)[1].

Les Trente Glorieuses (1945-1973) ont été marquées par un développement rapide de l'industrie qui a trouvé la main d'œuvre nécessaire dans le secteur agricole. Plus récemment, le secteur tertiaire s'est accru comme dans l'ensemble des pays développés.

Le secteur tertiaire est le premier pourvoyeur d'emplois et de richesse en France. Il occupe 73,7 % des actifs contre 16,1 % dans l'industrie, 6,5 % dans la construction et 3,7 % dans l'agriculture. Nous assistons à une baisse continue du nombre d'actifs du secteur primaire depuis les années 1950 et à une désindustrialisation du pays depuis les années 1970.

Singulièrement et symboliquement, l'ouverture du complexe EuroDysney était concomitante à la fermeture des usines Renault de Boulogne-Billancourt. Cette proximité de deux événements économiques importants montre bien la transformation de notre pays : non pas que l'on entre dans une société de loisirs, mais bien que l'emploi se déplace des secteurs primaire et secondaire vers le secteur tertiaire.

Le développement des services s'est fait dans le secteur marchand, la construction, le commerce et les transports. On note une très forte progression des services aux entreprises (cabinets de recrutement, entreprises d'intérim, conseils juridiques, publicité…) et aux personnes dans le secteur des services administrés (éducation, administration, santé et action sociale notamment). Dans cette dernière catégorie, les secteurs de la santé et de l'éducation ont connu une évolution spectaculaire au cours des vingt dernières années.

L'Île-de-France est le centre majeur des activités de service du pays et compte pour le tiers du total national en fournissant deux tiers des emplois locaux.

Les services

Qu'il s'agisse des services non marchands assurés par l'administration (l'éducation, la santé ou les agents des collectivités locales), ou encore des services marchands, comme l'hôtellerie, la restauration, le commerce ou les banques, ce secteur reste le grand pourvoyeur d'emplois. Au cours des dernières années, la production des services marchands a augmenté plus rapidement que celle des autres branches (2,8 % en moyenne par an entre 1990 et 2002 contre 2,2 % pour l'ensemble des branches). Cet écart s'explique en grande partie par le dynamisme des services aux entreprises, surtout ceux liés aux nouvelles technologies.

Lexique

Secteur tertiaire : il recouvre un vaste champ d'activités qui va du commerce à l'administration, en passant par les transports, les activités financières et immobilières, les services aux entreprises et aux particuliers, l'éducation, la santé et l'action sociale. Le périmètre du secteur tertiaire est de fait défini par complémentarité avec les activités agricoles et industrielles (secteurs primaire et secondaire).

Services : activités commerciales, culturelles, administratives et financières.

Ville nouvelle : ville créée dans les années 1970 pour organiser l'occupation du territoire et la croissance démographique des grandes villes, notamment Paris.

1. Source : www.insee.fr

Le commerce
Les secteurs commerciaux et de l'artisanat commercial (boulangeries, charcuteries...) réalisent un chiffre d'affaires supérieur à 1 000 milliards d'euros qui se répartit entre le commerce de détail (36 %), le commerce de gros (48 %) et le commerce et réparation automobile (16 %). Le commerce est l'activité principale de 610 000 entreprises : 61 % relèvent du commerce de détail, 26 % du commerce de gros et 13 % du commerce et réparation automobile. Il assure aujourd'hui plus de 60 % de la distribution des produits alimentaires et 30 % de celle des produits non alimentaires. Avec 1 120 hypermarchés (soit 1 pour 52 000 habitants) et 7 600 supermarchés, la France est l'un des pays du monde où le grand commerce est le plus développé. Les grandes surfaces représentent 50 % du commerce français.
Exigeant de vastes espaces, les hypermarchés sont implantés à la périphérie des grandes agglomérations ou dans les centres commerciaux, qui regroupent des commerces spécialisés et de nombreux services : cinémas, pharmacie, La Poste...

Les banques et assurances
Le système bancaire occupe une place importante dans l'économie française : les activités bancaires contribuent pour près de 4 % au PIB.
L'assurance française se situe au quatrième rang mondial avec un chiffre d'affaires dépassant les 160 milliards d'euros en 2002. Le secteur de l'assurance compte près de 600 entreprises françaises et emploie 146 000 personnes.

Le tourisme
La France est une des destinations favorites des touristes. Premier pays récepteur dans le monde, la France a accueilli 68 millions de touristes en 2007 et plus de 14 millions ont transité par notre pays. La part du tourisme dans l'économie française s'établissait à 6,3 % en 2006 (2,9 % pour l'agriculture). Le secteur emploie près d'un million d'actifs (2006), mais près de 2 millions si l'on prend en compte l'ensemble des emplois directs, indirects et induits liés à l'activité touristique. On compte environ 196 000 entreprises, dont 108 000 restaurants, 44 000 cafés, 40 000 hôtels et autres hébergements collectifs et 4 300 agences de voyage.
Parmi les sites culturels les plus visités en 2006, on trouve la cathédrale Notre-Dame de Paris (13,5 millions de visiteurs), la Tour Eiffel (7 millions), le Centre Georges-Pompidou (6,6 millions), le musée du Louvre (8,3 millions), la basilique du Sacré-Cœur de Montmartre (10,5 millions) et Notre-Dame de Lourdes (4,7 millions). Dans le secteur des parcs de loisir, EuroDisney, avec 12,8 millions d'entrées, arrive nettement en tête.

Les transports
La France bénéficie en ce domaine de l'un des réseaux les plus denses et les plus performants du monde, avec 146 km de route et 6,2 km de voies ferrées pour 100 km^2. Les réseaux intérieurs et internationaux sont centrés sur Paris, renforçant ainsi le poids de la capitale dans l'organisation du territoire. Longtemps construits dans une perspective d'intégration nationale, les réseaux sont désormais conçus en fonction de l'espace européen[2].

Un exemple : la ville nouvelle de Marne-la-Vallée
Le concept de ville nouvelle avait pour objectif de créer des villes moins imposantes et plus vertes, constituées de petites unités urbaines séparées les unes des autres par des champs, des espaces verts, des plans d'eau. Construites à proximité d'une métropole pour éviter son étalement, elles devaient aussi devenir des bassins d'emploi.
L'idée principale est donc d'attirer une population sur des espaces peu urbanisés en offrant logements, emplois et services nécessaires à la vie quotidienne tout en préservant un environnement agréable.

2. Source : http://www.diplomatie.gouv.fr

Marne-la-Vallée, ville nouvelle située à 13 km à l'est de Paris, s'est développée le long du RER A et de l'autoroute A4. De forme très allongée d'ouest en est, elle est divisée en quatre secteurs : Porte de Paris, Val-Maubuée, Val de Bussy et Val d'Europe. Elle comporte 26 communes (voir carte, ci-contre).

Au moment de la conception de cette ville nouvelle, l'État a créé deux établissements publics d'aménagement. Le premier, EPAMARNE, intervient sur un périmètre de 12 000 hectares, couvrant les 21 communes des trois premiers secteurs. Le second, EPAFRANCE, intervient sur les 3 200 hectares du quatrième secteur. Il a été créé en 1987 pour répondre à la situation particulière née du projet de la société EuroDisney : parcs d'attraction, hôtellerie (18 200 chambres), mais aussi centre commercial et activités financières (750 000 m^2), bureaux (700 000 m^2), logements du Val d'Europe, qui constituait un partenaire exceptionnel pour l'aménageur public.

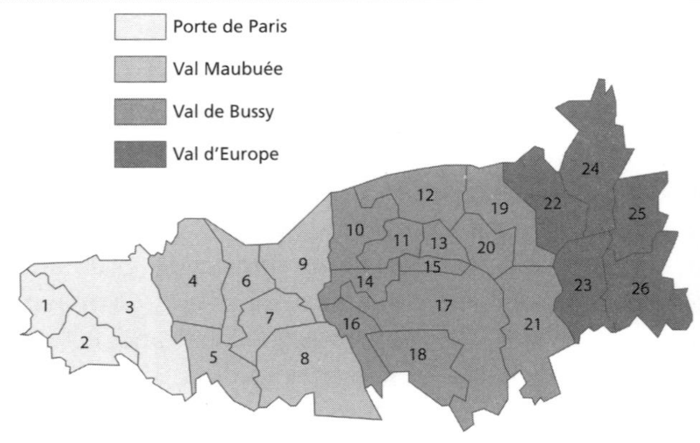

1 Bry-sur-Marne
2 Villiers-sur-Marne
3 Noisy-le-Grand
4 Champs-sur-Marne
5 Émerainville
6 Noisiel
7 Lognes
8 Croissy-Beaubourg
9 Torcy
10 St-Thibault-des-Vignes
11 Gouvernes
12 Lagny-sur-Marne
13 Conches-sur-Gondoire
14 Bussy-St-Martin
15 Guermantes
16 Collégien
17 Bussy-St-Georges
18 Ferrières-en-Brie
19 Montévrain
20 Chanteloup-en-Brie
21 Jossigny
22 Chessy
23 Serris
24 Coupvray
25 Magny-le-Hongre
26 Bailly-Romainvilliers

La ville nouvelle de Marne-la-Vallée.

La position géographique centrale de la France en fait l'un des pivots de l'Europe marchande, et le secteur Val d'Europe avec le parc de loisirs EuroDisney est construit aussi en raison de cette position idéale pour les échanges commerciaux. À quelques kilomètres de Paris, les pouvoirs publics et la Walt Disney Company se sont associés pour créer un nouveau centre tertiaire : Val d'Europe. La multinationale américaine assume en totalité la responsabilité du financement et de la gestion des programmes privés. L'État français conserve l'entière responsabilité de l'insertion du projet dans la ville nouvelle, des procédures et des investissements publics.

« Après une première phase principalement consacrée à la création du premier parc à thème d'Europe (Disneyland Paris) et une deuxième phase en cours comportant le lancement du centre urbain du Val d'Europe et un deuxième parc à thème, la société EuroDisney a saisi les pouvoirs publics d'une proposition de troisième phase à développer sur la période 2002/2008. Le programme devra respecter quelques grands principes : maintien de l'équilibre des développements touristiques et urbains, mixité sociale dans les programmes de logements, présence d'équipements publics structurants en matière éducative et culturelle (deuxième pôle de l'Université de Marne-la-Vallée notamment). Il s'agit donc de tirer parti de la dynamique internationale de ce secteur en confortant Paris dans son rôle de capitale mondiale du tourisme, tout en poursuivant une dynamique urbaine équilibrée entre habitat, activités et équipements de grande échelle.[3] »

Val d'Europe : un centre tertiaire

Avec ces deux phases de développement, le paysage local s'est transformé. Les petits villages briards sont devenus des villes au sein desquelles Disney a imposé une absolue nécessité de cohérence. L'organisation architecturale de ces villes a pour but d'accompagner les riverains jusqu'au centre commercial du quartier de la gare, un espace de 98 000 m^2, fréquenté par une moyenne de 40 000 personnes par jour et de 100 000 personnes le week-end. Le centre a réalisé un chiffre d'affaires de 440 millions d'euros en 2003. Lorsqu'on arrive à son extrémité, on débouche sur la « Vallée Shopping Village », un ensemble de 77 magasins haut de gamme traversés par une rue piétonne digne d'un décor de cinéma, elle-même enserrée par deux immenses grilles métalliques[4]. Le parc EuroDisney, quant à lui, couvre 1 943 hectares et comprend deux parcs à thème, 14 hôtels, 69 restaurants, 54 boutiques, des cinémas, un golf de 27 trous et deux centres de congrès.

3. http://www.villes-nouvelles.equipement.gouv.fr/base/presg/index.html
4. H. Belmessous, *Le Val d'Europe, chantier d'une ville hors normes*, La République des idées, novembre 2004.

Le commerce et le parc de loisirs ne sont pas la seule source de revenus de Disney à Val d'Europe. Pour éviter que le quatrième secteur ne devienne à terme une ville-dortoir, la compagnie Disney a créé un parc d'entreprises, l'« Arlington Business Park Paris Val d'Europe », dédié aux activités tertiaires. Il vise notamment les entreprises travaillant dans le secteur des nouvelles technologies.

Chaque commune du Val d'Europe s'est ainsi dotée d'un parc d'activités. Les villes espèrent attirer des entreprises et faire de Val d'Europe le troisième pôle tertiaire d'Île-de-France, grâce à la qualité de l'environnement, les prestations, la fréquence des liaisons TGV (18 TGV par jour vers l'aéroport de Roissy Charles-de-Gaulle, 67 trains par jour, passage du TGV Est, de Thalys et Eurostar), la proximité des autoroutes et des aéroports internationaux de Roissy et Orly (24 navettes par jour avec Orly et 38 navettes par jour avec Roissy). Ce développement est aussi rendu possible par des loyers moindres et des impôts plus faibles qu'à La Défense ou dans Paris *intra-muros*.

Déjà une enquête de l'INSEE de 1997[5] indiquait que, parmi les critères de localisation des entreprises dans les villes nouvelles, la desserte autoroutière, les prix immobiliers étaient les deux critères prioritaires, suivis par l'existence de parkings, et les voies d'accès pour les clients. Les entreprises implantées à Marne-la-Vallée sont les plus satisfaites des transports, avec un taux de satisfaction supérieur à la moyenne dans le domaine des transports en commun. Les villes nouvelles semblent répondre aux besoins des entreprises, notamment en ce qui concerne les entreprises à haute valeur ajoutée (informatique, haute technologie…). Les entreprises du secteur informatique sont les plus satisfaites de la présence d'écoles d'ingénieurs et d'universités dans les villes nouvelles, tout particulièrement à Évry et dans la « Cité Descartes » à Marne-la-Vallée (Champs-sur-Marne).

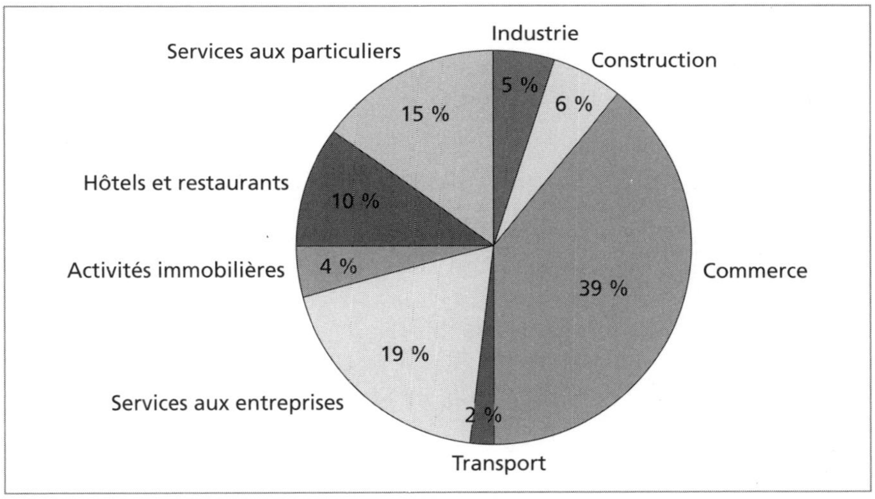

Les entreprises de Val d'Europe[6].

Dans cette étude, le cadre de vie n'est pas un atout majeur pour les entreprises alors que le SAN (Syndicat d'agglomération nouvelle) du Val d'Europe le met en avant sur son site Internet : « Une simple visite suffit pour s'en convaincre : le Val d'Europe se démarque d'emblée par la qualité de ses aménagements qui répondent à des objectifs de qualité de vie, de respect de l'environnement et de développement durable. Le Val d'Europe est ainsi un lieu de vie et de travail confortable et valorisant pour les entreprises et où leurs salariés pourraient, avec raison et bonheur, élire domicile.[7] »

Val d'Europe est donc bien un centre tertiaire qui regroupe des activités de loisirs, de commerce, de services aux entreprises et aux particuliers, tels que nous les avons définis.

5. *Regards*, n° 35, Insee, Île-de-France, mars 1997.
6. Source : SAN du Val d'Europe.
7. Source : http://www.valeurope-san.fr/info/FR/Un cadre de vie de qualite/030103

Compétences disciplinaires
- Comprendre la définition de « secteur tertiaire ».
- Comprendre l'organisation d'un centre tertiaire.
- Construire une carte avec sa légende organisée.

Compétences méthodologiques
- Mettre en relation des cartes.
- Effectuer des recherches sur une carte.
- Lire un tableau.
- Localiser sur une carte.
- Comprendre des textes et des documents variés.
- Comprendre des schémas.

Problématique
Qu'est-ce qu'un centre tertiaire ?

Matériel
doc. 1 Une carte : Les villes nouvelles en Île-de-France.
doc. 2 Un texte : « La création des villes nouvelles », suivi d'un questionnaire.
doc. 3 Un tableau : Répartition des actifs par secteur d'activité économique.
doc. 4 Un dossier sur Marne-la-Vallée.
doc. 5 Un schéma illustré : Les activités économiques du Val d'Europe.
doc. 6 Un fond de carte à compléter.

Lexique
Secteur tertiaire, services, ville nouvelle.

Durée de la séance : 1 h.

Étape 1

Des villes nouvelles

Matériel
- La carte des villes nouvelles en Île-de-France (doc. 1, cahier couleur p. 22).
- Le texte suivi du questionnaire (doc. 2 à photocopier).

Organisation de la classe
Travail individuel puis collectif.

L'enseignant demande aux élèves d'observer la carte et leur distribue le document 2. Les élèves répondent individuellement aux questions.

Réponses attendues
1. Les villes nouvelles sont nées au milieu des années 1960.
2. Pour organiser la croissance des grandes agglomérations et stopper le développement incontrôlé de l'urbanisation. Il s'agissait aussi d'équilibrer le territoire.
3. Un million.
4. Cinq.
5. Trois sont situées à l'est et deux à l'ouest, à environ 30 km.
6. Elles sont bien desservies par les transports.
7. On a accès à l'emploi, l'éducation, la culture, l'administration, les équipements.

Notion à communiquer aux élèves

À partir de 1960, 9 villes en France ont été créées pour organiser la croissance démographique et l'occupation du territoire. La réussite de ce projet tient à l'organisation du réseau de transport. Elles regroupent des activités administratives, commerciales ou de loisirs. ■

Étape 2

Les secteurs d'activité économique

Matériel
- La carte des villes nouvelles en Île-de-France (doc. 1, cahier couleur p. 22).
- Le texte sur la création des villes nouvelles (doc. 2).
- Le tableau sur la répartition des actifs par secteur d'activité économique (doc. 3 à photocopier).

Organisation de la classe
Travail collectif.

L'objectif de cette étape est de faire comprendre la notion de secteur tertiaire aux élèves. L'enseignant distribue le tableau et pose les questions suivantes :
- ▶ Quels sont les grands secteurs d'activité économique en France ? *L'agriculture, l'industrie, la construction, le tertiaire.*
- ▶ Quelles activités trouve-t-on dans le secteur tertiaire ? *Commerce et réparations, transports, activités financières, activités immobilières, services aux entreprises, services aux particuliers, éducation, santé, action sociale, administrations.*
- ▶ Pouvez-vous citer des exemples de métiers liés à ces activités ?

Toutes les réponses des élèves correspondant au secteur tertiaire sont recevables ; elles sont notées au tableau.
- ▶ D'après le texte du document 2, quelles sont les fonctions des villes nouvelles liées au secteur tertiaire ? *Emploi, éducation, administration, culture.*

Pour la mise en commun, l'enseignant fait établir oralement une définition du secteur tertiaire qui sera reprise dans la trace écrite.

L'enseignant écrit ensuite au tableau dans trois colonnes : les services de base, les services spécialisés, les services rares et demande aux élèves de placer dans ces colonnes des métiers ou des secteurs d'activité (pour le corrigé, voir la rubrique « Notion à communiquer aux élèves »).

Notion à communiquer aux élèves

Le secteur tertiaire recouvre un vaste champ d'activités qui va du commerce à l'administration, en passant par les transports, les activités financières et immobilières, les services aux entreprises et aux particuliers, l'éducation, la santé et l'action sociale.
Le secteur des services se divise en plusieurs catégories : les services de base que l'on trouve dans tous les villages (boulangerie, école…), les services spécialisés que l'on trouve dans les villes de taille moyenne (collège, clinique…), les services rares que l'on trouve dans les grandes métropoles (tribunaux, universités, opéras…). ■

Problématique soumise par l'enseignant :

- La ville de Marne-la-Vallée correspond-elle à cette définition des villes nouvelles ?
- La ville nouvelle de Marne-la-Vallée est-elle un centre tertiaire ?

Étape 3

Rechercher des informations sur Marne-la-Vallée

Matériel

- Le dossier sur Marne-la-Vallée (doc. 4 à photocopier).
- Les cahiers de brouillon.

Organisation de la classe

Travail par groupes de quatre élèves puis collectif.

Les élèves travaillent en groupes et répondent aux questions suivantes sur leur cahier de brouillon, à l'aide des documents.

- Comment est orientée la ville nouvelle de Marne-la-Vallée ? *Orientation Ouest/Est.*
- Quels sont les deux grands axes de communication qui suivent cette orientation ? *L'autoroute A4 et le RER A, auxquels on peut ajouter la Marne.*
- Quels autres axes de communication traversent la ville ? *La ligne de TGV et des routes nationales.*
- De combien de communes se compose cette ville nouvelle ? *26 communes.*
- Combien de zones d'activités trouve-t-on à Marne-la-Vallée ? *54 parcs d'activités et centres tertiaires.*
- Combien de communes trouve-t-on à Val d'Europe ? *5 communes.*
- En quoi la situation géographique permet-elle le développement des entreprises ? *Val d'Europe est au cœur d'un réseau de communication performant permettant une desserte nationale et internationale.*

Notion à communiquer aux élèves

La ville de Marne-la-Vallée est construite à l'est de Paris le long de deux axes de transport majeurs (une autoroute et une voie ferrée), et se trouve à proximité des deux aéroports internationaux d'Île-de-France. La présence de lignes TGV et de routes facilite l'installation d'entreprises du secteur tertiaire dans les parcs d'activités. ■

Étape 4

Étudier la carte économique du Val d'Europe

Matériel

- Le schéma illustré : Les activités économiques du Val d'Europe (doc. 5, cahier couleur p. 23)
- Les cahiers de brouillon.

Organisation de la classe

Travail par groupes de quatre élèves puis collectif.

L'enseignant demande aux élèves, toujours regroupés par quatre, de relever sur le schéma les éléments en lien avec le secteur tertiaire et d'en faire une liste. Il leur précise que ces éléments leur seront utiles pour réaliser leur propre carte économique du Val d'Europe.
Durée de la recherche : 10 minutes.

Lors de la mise en commun, l'enseignant liste les différents éléments au tableau.

Réponses attendues

Ligne TGV et gare
Ligne RER et gares
Autoroute
Golf
Commerces
Bureaux
Hôtels
Université
Centre commercial
Parc de loisirs
Parc d'activités

Notion à communiquer aux élèves

Val d'Europe est située le long de grands axes de communication et regroupe des activités d'enseignement, administratives, commerciales, culturelles ou de loisirs. ■

Étape 5

Réaliser une carte

Matériel
- Le schéma illustré : Les activités économiques du Val d'Europe (doc. 5, cahier couleur p. 23).
- Le fond de carte à compléter (doc. 6 à photocopier).

Organisation de la classe
Travail collectif, puis individuel.

L'enseignant distribue le fond de carte aux élèves et leur demande :

▸ Quels sont les éléments de la légende à placer pour réaliser une carte des activités économiques de Val d'Europe ? *Loisirs, commerces, hôtellerie, parc d'entreprises, bureaux, université ; Autoroute et route, TGV, RER, gare, échangeur.*

La classe cherche collectivement ces éléments et établit un code de couleurs pour la légende qui sera commun à tous.
Durée de la recherche : 10 minutes.

Chaque élève réalise ensuite sa propre carte à partir du code établi collectivement, en s'aidant du document 5.

La mise en commun est l'occasion d'échanges au sein de la classe et permet la confrontation des différentes cartes obtenues.

Carte attendue

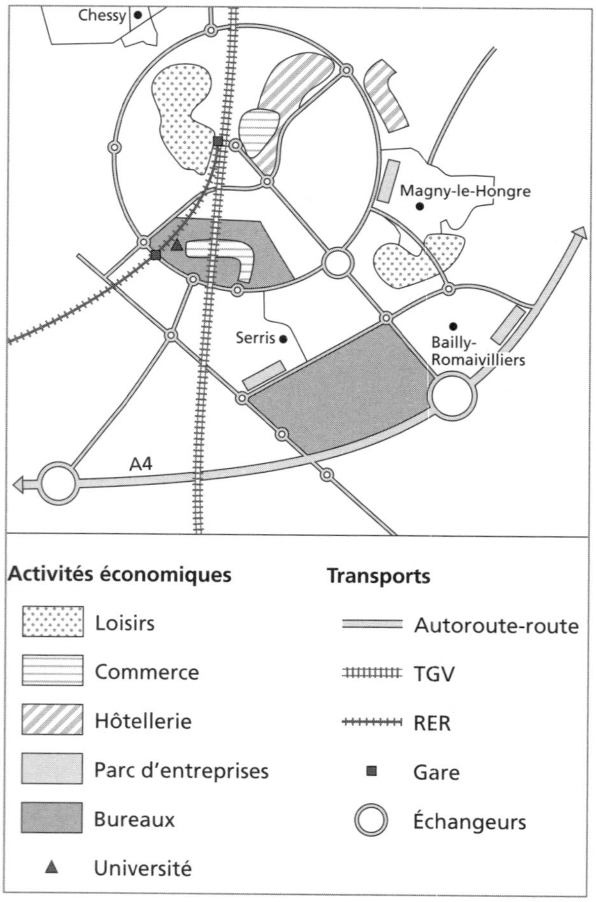

Étape 6

Trace écrite

Matériel
Les cahiers de brouillon.

Organisation de la classe
Travail individuel.

L'enseignant demande aux élèves de rédiger une trace écrite permettant de définir la notion de secteur tertiaire abordée dans cette séquence. Elle devra montrer en quoi Val d'Europe peut être considéré comme un centre tertiaire.

Synthèse proposée :
La ville de Marne-la-Vallée est située le long de grands axes de communication. Elle regroupe toutes les activités de services, publics ou privés. On y trouve dans le cadre des services publics non marchands, les grandes administrations, une université, un hôpital, des écoles, des collèges, des lycées, des centres d'action sociale. Dans le cadre des services marchands : des entreprises de services, un parc de loisirs, des hôtels, des centres commerciaux.

La trace écrite comporte aussi :
- la définition du secteur tertiaire donnée lors de l'étape 2 ;
- la carte réalisée lors de l'étape 5 ;
- une phrase sur l'importance du réseau de communications.

Évaluation

Compétences évaluées
- Distinguer les 3 secteurs de l'économie française.
- Connaître la notion de secteur tertiaire.
- Savoir rédiger un court texte sur un centre tertiaire.

Corrigé

1. a) Secteur primaire.
b) Secteur tertiaire.
c) Secteur secondaire.

2.

Services de base	Services spécialisés	Services supérieurs ou rares
boulangerie, épicerie, école, bureau de poste	Collège, cinéma, piscine, supermarché, clinique	université, grand hôpital tribunal, hypermarché, théâtre

3. Les élèves devront redonner les éléments principaux de la synthèse élaborée pour la trace écrite.

Un centre tertiaire : Val d'Europe

Document 2

La politique des villes nouvelles françaises est née au milieu des années 1960. Elle a concerné au total neuf sites :
– cinq villes nouvelles en Île-de-France : Sénart, Saint-Quentin en Yvelines, Évry, Cergy, Marne-la-Vallée ;
– quatre villes nouvelles en province : Étang de Berre (à l'ouest de Marseille), l'Isle-d'Abeau (à l'est de Lyon), Le Vaudreuil (entre Paris et Rouen) et Villeneuve-d'Ascq (à l'est de Lille).
Le gouvernement prépara en 1965 un plan prévoyant de construire des villes nouvelles pour organiser la croissance des grandes agglomérations et stopper le développement incontrôlé de l'urbanisation. Il s'agissait aussi d'équilibrer le territoire et éviter que Paris concentre exclusivement la croissance du pays.
Les villes nouvelles constituent des bassins de vie, mais sont aussi des centres urbains nouveaux avec des fonctions variées (habitat, emploi, éducation, culture, administration, équipements…), bien desservis par les transports routier et ferré. La qualité de desserte en transports en commun et en automobile est en effet un facteur de réussite essentiel de ces pôles de développement.
Les villes nouvelles françaises comptent 1 million d'habitants, généralement jeunes.

Source : http://www.villes-nouvelles.equipement.gouv.fr/base/presg/index.html

La création des villes nouvelles.

À l'aide de la carte « Les villes nouvelles en Île-de-France » (doc. 1) et du texte ci-dessus, réponds aux questions suivantes :

1. De quand datent les villes nouvelles ?

……………………………………………………………………………………………………

2. Pourquoi a-t-on créé des villes nouvelles ?

……………………………………………………………………………………………………

……………………………………………………………………………………………………

3. Combien de Français vivent dans les villes nouvelles ?

……………………………………………………………………………………………………

4. Combien y a-t-il de villes nouvelles en Île-de-France ?

……………………………………………………………………………………………………

5. Où sont-elles situées par rapport à Paris ?

……………………………………………………………………………………………………

6. Quel est l'un des facteurs de réussite essentielle des villes nouvelles ?

……………………………………………………………………………………………………

……………………………………………………………………………………………………

7. Que trouve-t-on dans ces villes en plus de l'habitat ?

……………………………………………………………………………………………………

……………………………………………………………………………………………………

Un centre tertiaire : Val d'Europe

Document 3

Secteur d'activité économique	en %
Agriculture, sylviculture et pêche	3,7
Industrie	16,1
dont : Industries agricoles et alimentaires	2,4
Industries des biens de consommation	2,7
Industrie automobile	1,2
Industries des biens d'équipement	3,3
Industries des biens intermédiaires	5,4
Energie	1,1
Construction	6,5
Tertiaire	73,7
dont : Commerce et réparations	13,2
Transports	4,2
Activités financières	3,2
Activités immobilières	1,4
Services aux entreprises	13,0
Services aux particuliers	8,7
Éducation, santé, action sociale	19,2
Administrations	10,8
Activité indéterminée	0,1
Ensemble	100,0

Source : Insee, enquêtes « Emploi » du 1er au 4e trimestre 2006.

Répartition des actifs ayant un emploi par secteur d'activité économique (en France métropolitaine, en 2006).

Document 3

Secteur d'activité économique	en %
Agriculture, sylviculture et pêche	3,7
Industrie	16,1
dont : Industries agricoles et alimentaires	2,4
Industries des biens de consommation	2,7
Industrie automobile	1,2
Industries des biens d'équipement	3,3
Industries des biens intermédiaires	5,4
Energie	1,1
Construction	6,5
Tertiaire	73,7
dont : Commerce et réparations	13,2
Transports	4,2
Activités financières	3,2
Activités immobilières	1,4
Services aux entreprises	13,0
Services aux particuliers	8,7
Éducation, santé, action sociale	19,2
Administrations	10,8
Activité indéterminée	0,1
Ensemble	100,0

Source : Insee, enquêtes « Emploi » du 1er au 4e trimestre 2006.

Répartition des actifs ayant un emploi par secteur d'activité économique (en France métropolitaine, en 2006).

Un centre tertiaire : Val d'Europe

Document 4

La ville nouvelle de Marne-la-Vallée s'étend sur 25 km et comprend 4 secteurs : Porte de Paris, Val Maubuée, Val de Bussy et Val d'Europe. L'urbanisation s'est développée d'ouest en est, le Val d'Europe étant le secteur le plus récent.
Marne-la-Vallée compte 257 000 habitants pour 26 communes et a déjà vu s'implanter plus de 7 000 entreprises publiques et privées qui ont créé plus de 100 000 emplois.
Marne-la-Vallée est donc constituée de :
- Porte de Paris : 3 communes, 101 500 habitants.
- Val Maubuée : 6 communes, 86 500 habitants.
- Val de Bussy : 12 communes, 54 500 habitants.
- Val d'Europe : 5 communes, 16 000 habitants.

Autres données :
Logements : 95 200
Parcs d'activités et centres tertiaires : 54
Emplois : 127 000
Centre hospitalier : 1 (deux hôpitaux en construction)
Établissements scolaires : 270
Écoles d'enseignement supérieur : 18
Université : 1

a La ville nouvelle de Marne-la-Vallée.

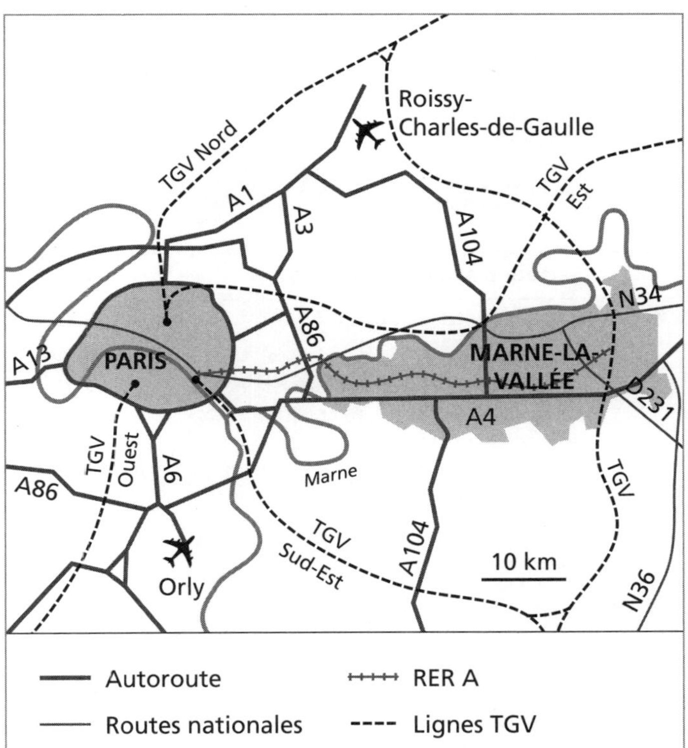

b La situation de Marne-la-Vallée.

Un centre tertiaire : Val d'Europe

Document 6

Carte économique du Val d'Europe.

15
Fiche évaluation

Un centre tertiaire : Val d'Europe

1. Sous chaque photo, indique le secteur économique qu'elle évoque.

a) .... b) .... c) ....

2. Le secteur tertiaire, ou secteur des services, se divise en plusieurs catégories. Peux-tu placer dans les colonnes du tableau les services suivants ?

boulangerie – épicerie – école – collège – université – grand hôpital, cinéma
supermarché – tribunal – piscine – théâtre – hypermarché – clinique – bureau de poste

Services de base	Services spécialisés	Services supérieurs (ou rares)

3. Explique, en quelques lignes, pourquoi on peut dire que la ville de Marne-la-Vallée est un centre tertiaire.

....

....

....

....

....

....

Sommaire

Les grands repères du monde

La France dans le monde

Produire en France

Des climats variés sur la planète

Document 3

© Dijkgraaf A. / Camera Press / Gamma

Le Cap (Afrique du Sud).

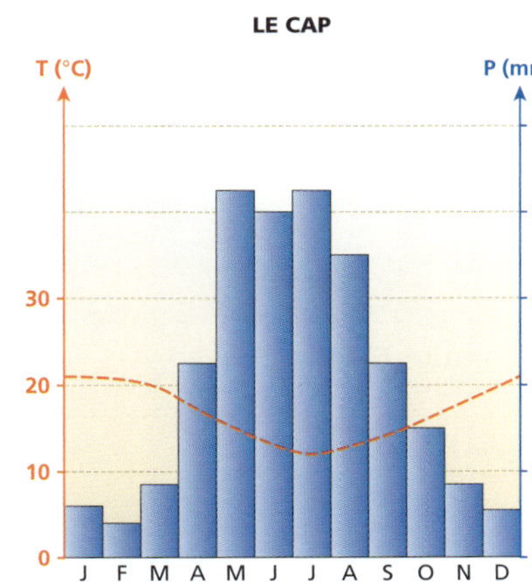

Diagramme ombrothermique du Cap.

Document 4

© Gottschalk M. / AGE FOTOSTOCK / Hoa-Qui

Kuala Lumpur (Malaisie).

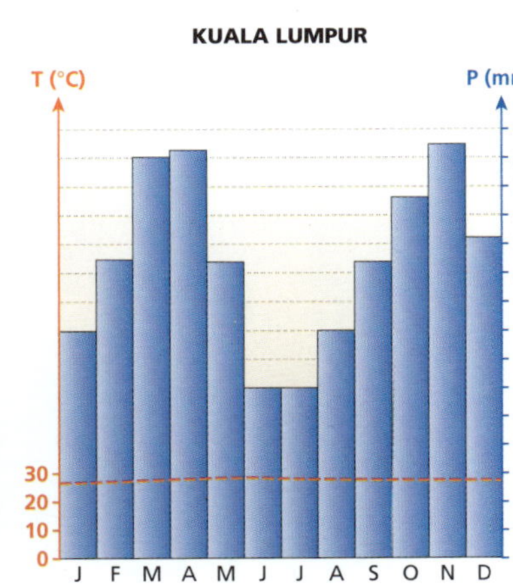

Diagramme ombrothermique de Kuala Lumpur.

3 Les grands repères du monde

Des climats variés sur la planète

Document 5

© Petit J.-L. / Gamma

Bamako (Mali).

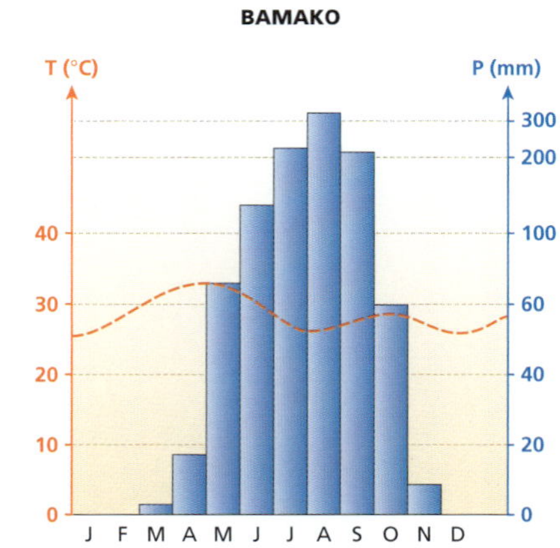

Diagramme ombrothermique de Bamako.

Document 6

© Meunier F. / Gamma

Kerguelen (océan Indien).

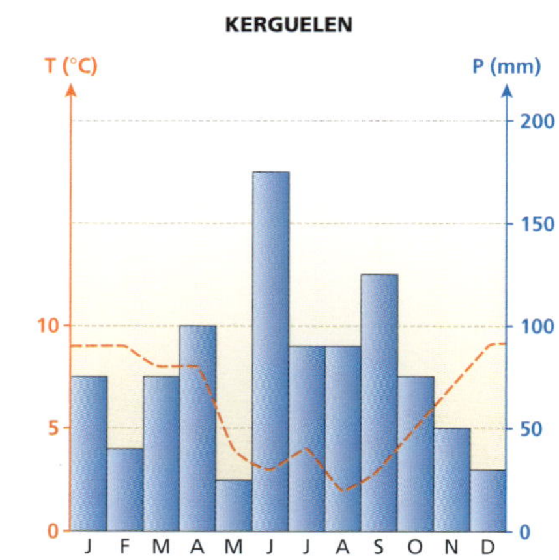

Diagramme ombrothermique de Kerguelen.

Document 7

© Graham K. / AGE FOTOSTOCK / Hoa-Qui

Anchorage (Alaska).

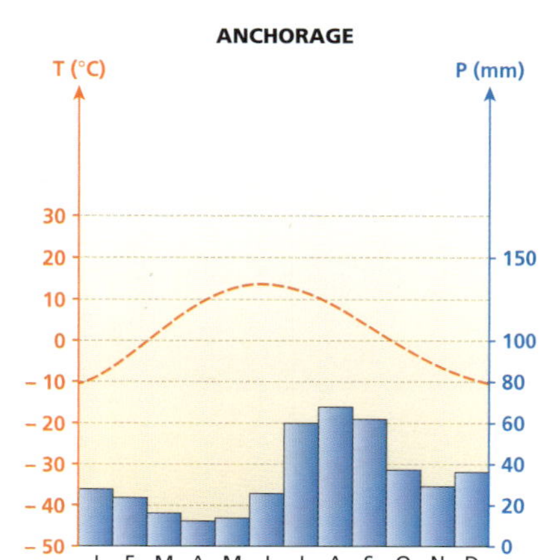

Diagramme ombrothermique d'Anchorage.

Richesse et éducation dans le monde

Document 3

Source : ONU 2006

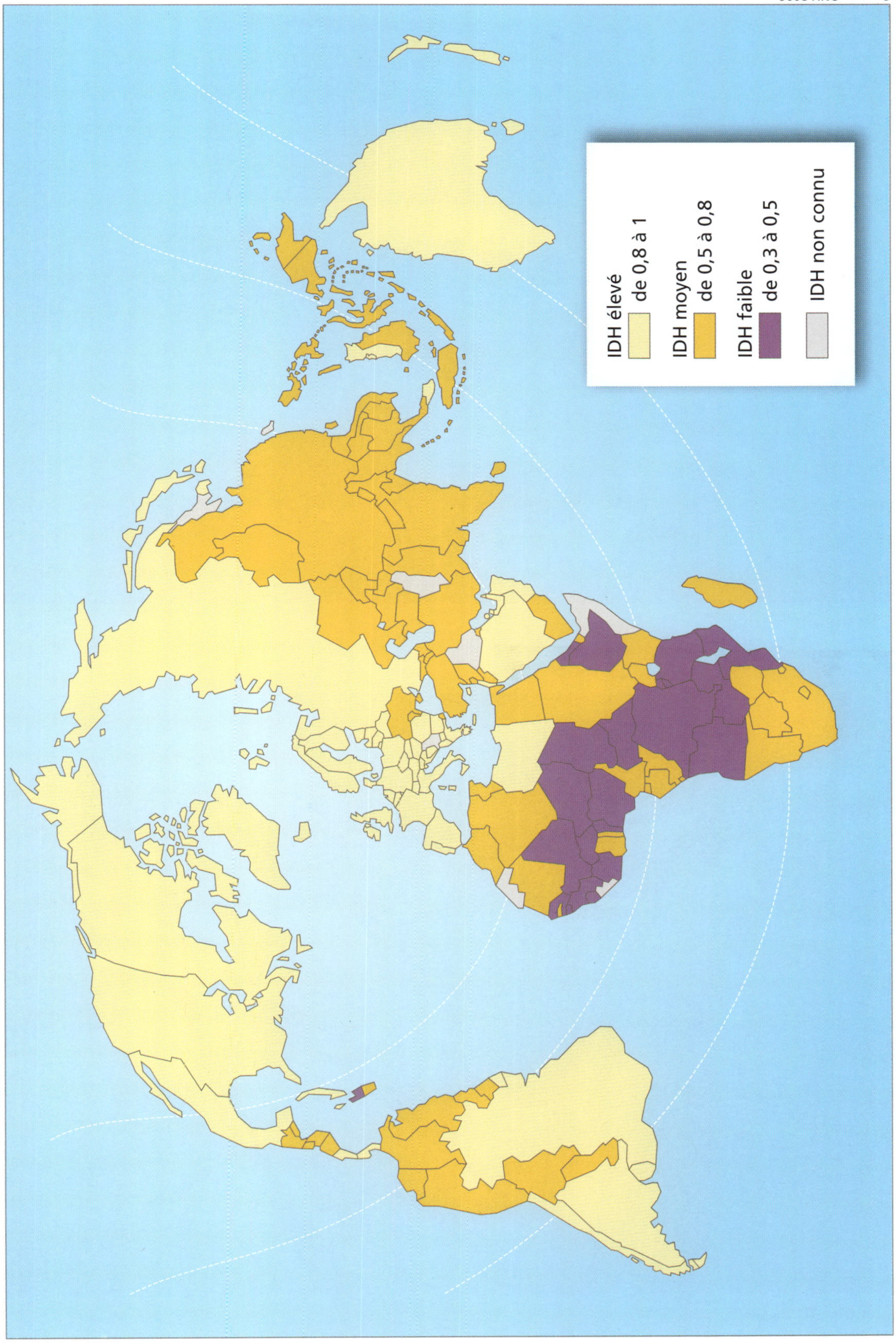

L'indice de développement humain (IDH) dans le monde.

Richesse et éducation dans le monde

Document 4

© L. Taylor / CORBIS

a École au Kenya.

© TWPhoto / CORBIS

b École au Japon.

Richesse et biens de consommation

Document 5

© E. Whiting Associated / CORBIS

a Cuisine dans une maison au Royaume-Uni.

© P. Turnley / CORBIS

b Intérieur dans une maison en Albanie.

6

La France dans le monde

Les outre-mer : d'autres France ?

Document 2

© J. du Boisberranger / Hemis / Corbis

Le lagon de Bora-Bora en Polynésie-Française.

Document 3

© Météo France

Le cyclone Gula au-dessus de la Réunion.

Des économies fragiles

Document 2

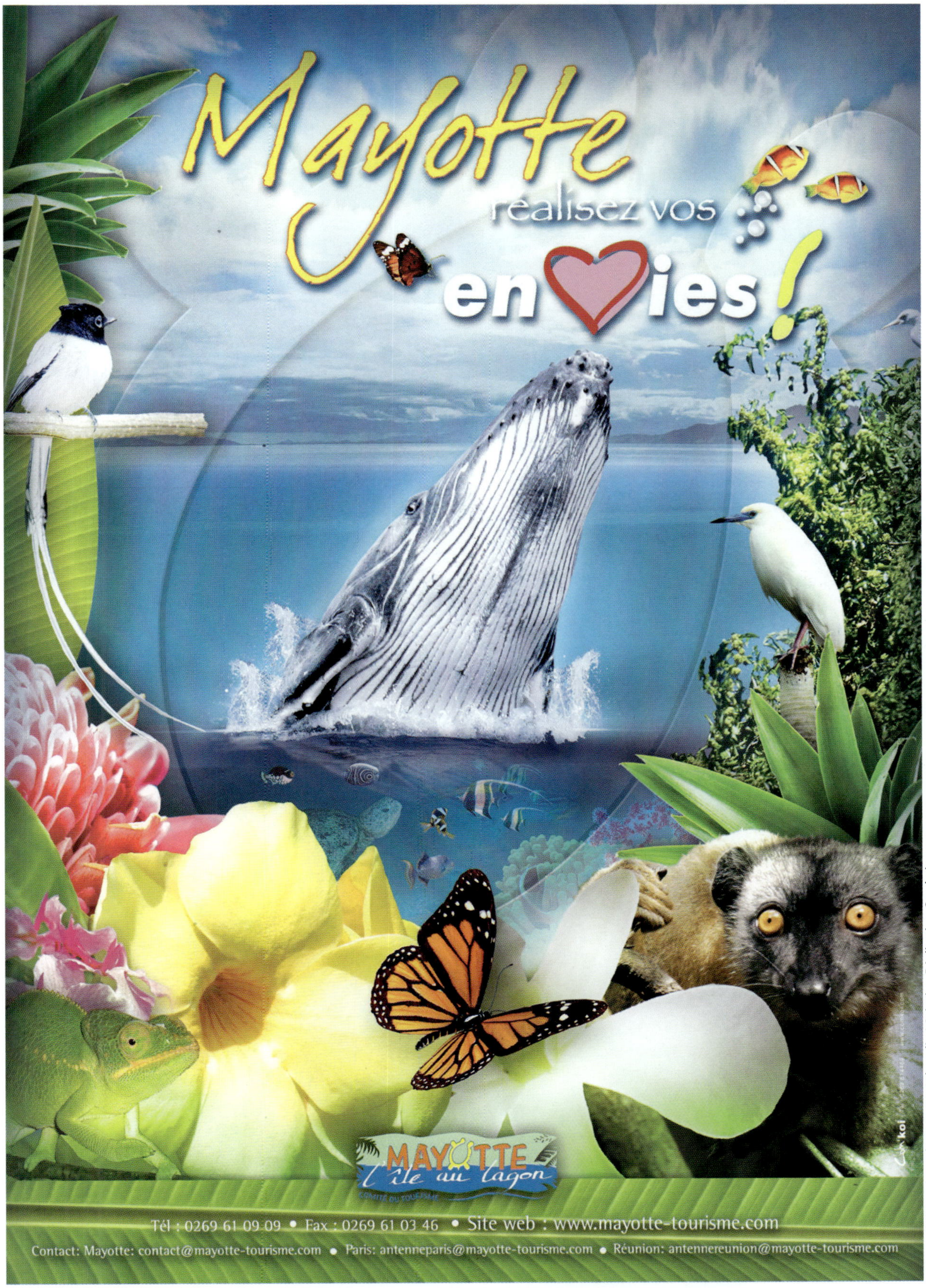

Affiche touristique de Mayotte.

Un exemple de DOM : la Guyane française

Document 2

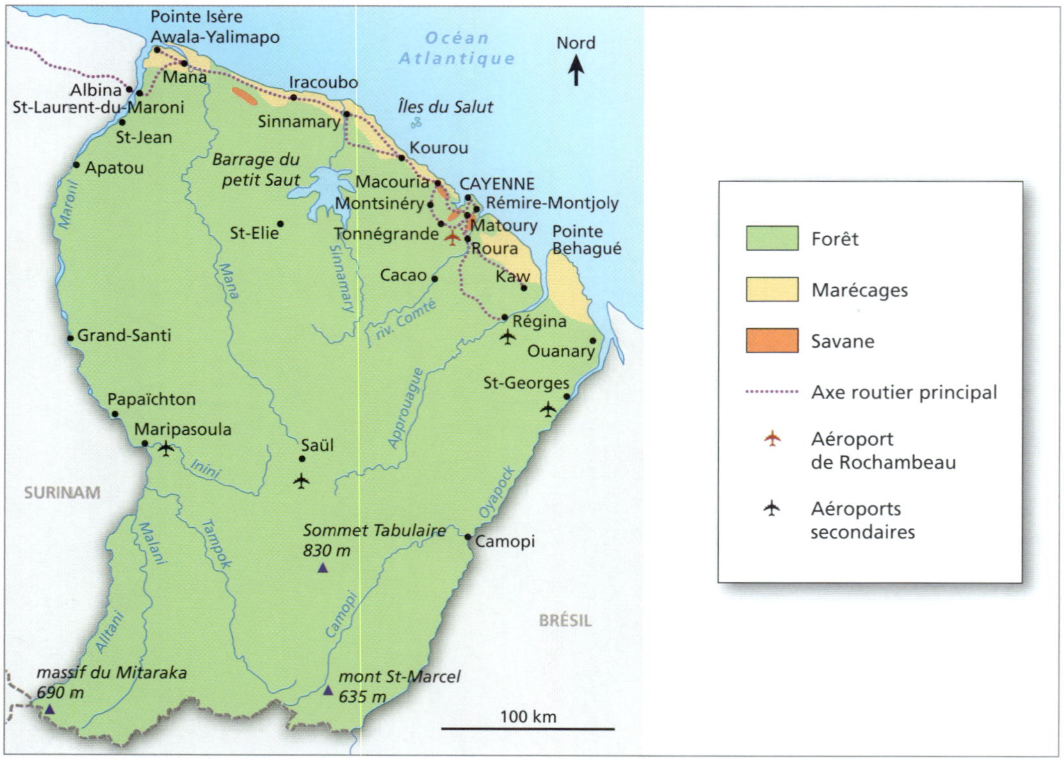

Le relief et la végétation en Guyane.

Document 3

© M. Huet / GHFP / Hoa-Qui

Le fleuve Maroni à Saint-Laurent-du-Maroni (Guyane).

Un exemple de DOM : la Guyane française

Document 6

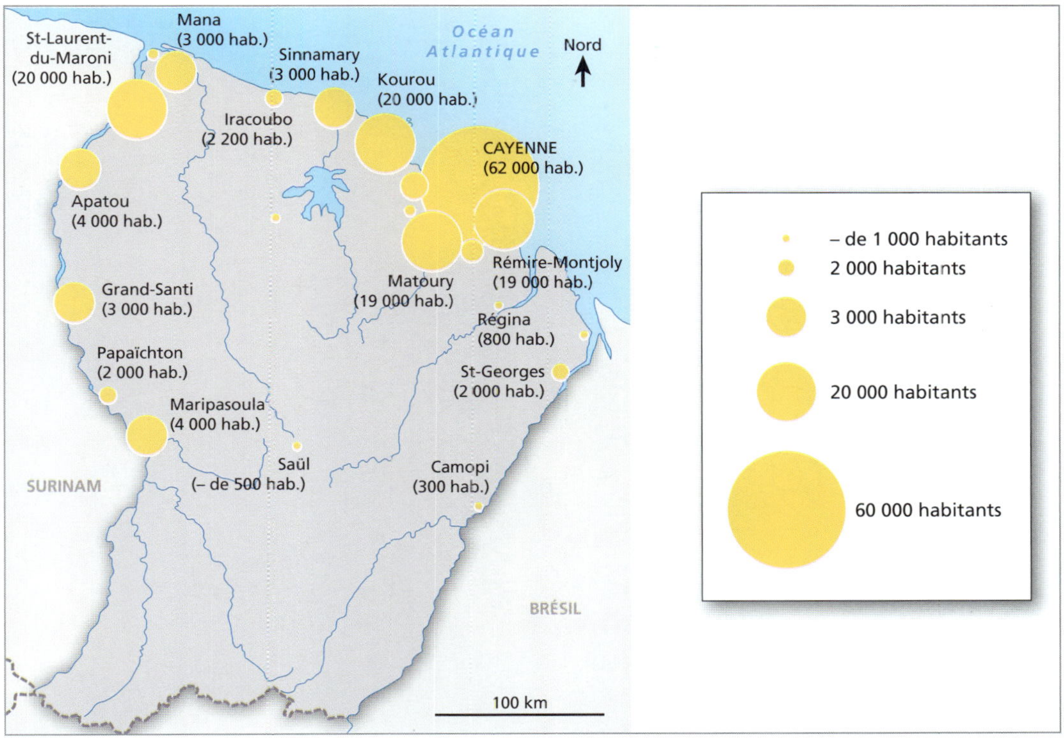

Les villes en Guyane.

Document 8

Un extrait de carte IGN sur Saint-Laurent-du-Maroni (Guyane).

La langue française dans le monde

Document 6

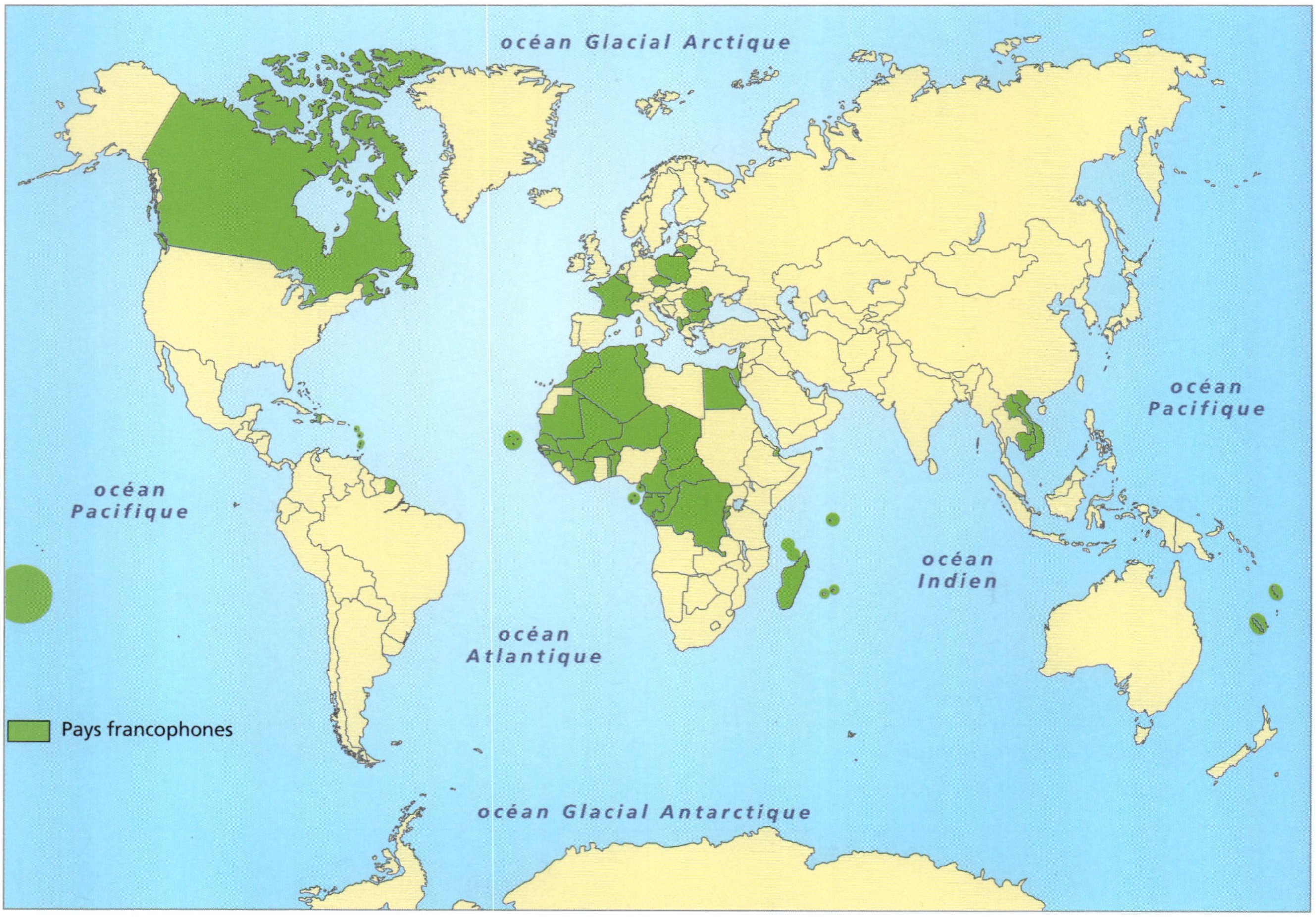

Le monde francophone.

Document 8

XIe Sommet de la Francophonie en 2006.

Des étrangers en France, des Français à l'étranger

Document 1

© Ian Hanning / REA

Travailleur immigré sur un chantier.

Document 4

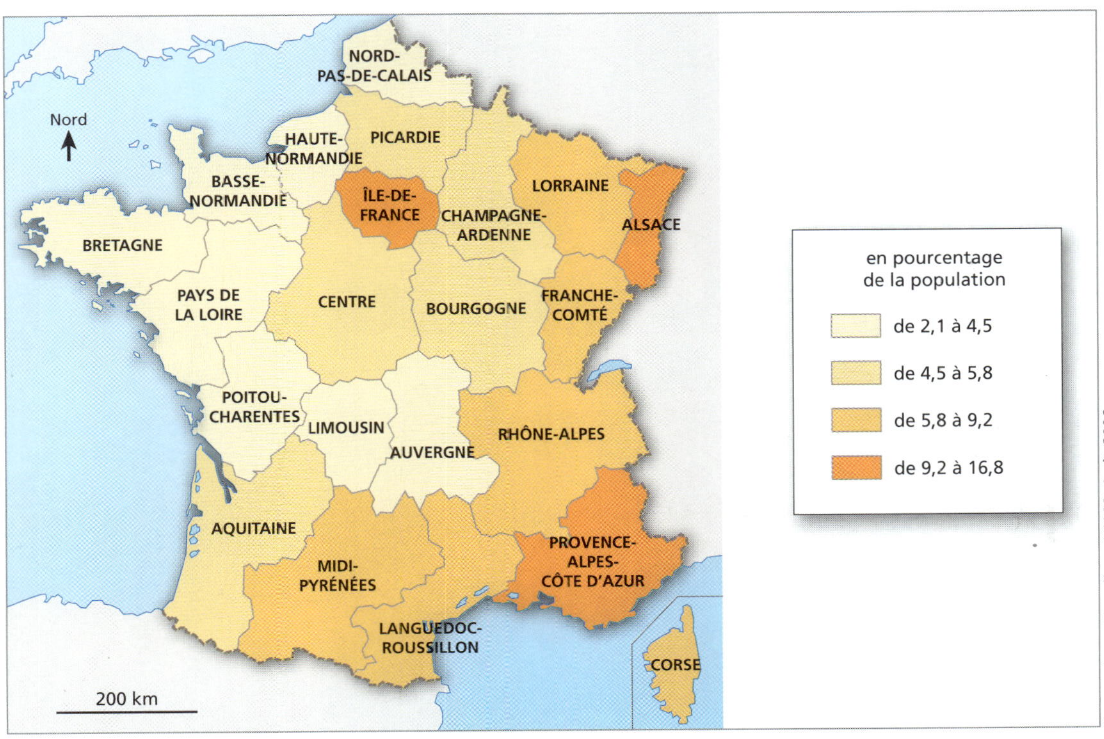

Source : Insee Première n° 1098, Août 2006

Répartition des immigrés sur le territoire français.

L'industrie en France

Document 6

© J. Gayard / REA

L'ancienne aciérie de Pompey.

Document 7

© P. Guignard / Air images / Urba images

Sophia Antipolis.

L'industrie en France

Document 8

© EPF Lorraine

a Homécourt (Meurthe-et-Moselle), il y a 15 ans.

© EPF Lorraine

b Homécourt (Meurthe-et-Moselle), aujourd'hui.

L'espace agricole en France

Document 1

© G. Gsell / Photononstop

a Champ de blé moissonné dans l'Oise.

© Ph. Roy / Hoa-Qui

b Champ de maïs vert dans les Landes.

© T. Bognar / Photononstop

c Polyculture dans le Pays basque.

© N. Thibaut / Photononstop

d Polyculture dans le Tarn.

© Iconos / Photononstop

e Vignes en Alsace.

L'espace agricole en France

Document 1 (suite)

© G. Horcajuelo / REA

f Culture de fraises dans l'Hérault.

© F. Le Divenah / Photononstop

g Élevage de dindes en batterie, en Bretagne.

© B. Decout / REA

h Élevage porcin hors-sol, dans les Côtes d'Armor.

© A. Demotes / Photononstop

i Vaches limousines, en Corrèze.

© B. Merle / Photononstop

j Vaches laitières en Normandie.

13
Produire en France

Une zone touristique : la Bretagne

Document 3

© Scope Web

a Vue aérienne de Saint-Malo.

© D. Lérault

b L'île de Batz, jardin de G. Delaselle.

Une zone touristique : la Bretagne

Document 3 (suite)

© D. Roger

c Le sentier des douaniers sur la presqu'île de Crozon, Finistère nord.

© Le Gal / Andia

d Le golfe du Morbihan.

Une zone touristique : la Bretagne

Document 3 (suite)

e Une publicité pour l'Océanopolis à Brest.

f L'affiche de Brest 2008.

L'aménagement de l'espace montagnard pour le tourisme

Document 2

© Roy Ph. / Explorer / Hoa-Qui

Courchevel, en Savoie, dans les Alpes.

Document 3

Des paysages du Massif central

© Damase J. / Explorer / Hoa-Qui

Lac et puy de Montcyneire.

© Barde J.-L. / SCOPE

Les monts Dore.

© Vaisse Ch. / Hoa-Qui

Le plomb du Cantal.

Un centre tertiaire : Val d'Europ

Document 1

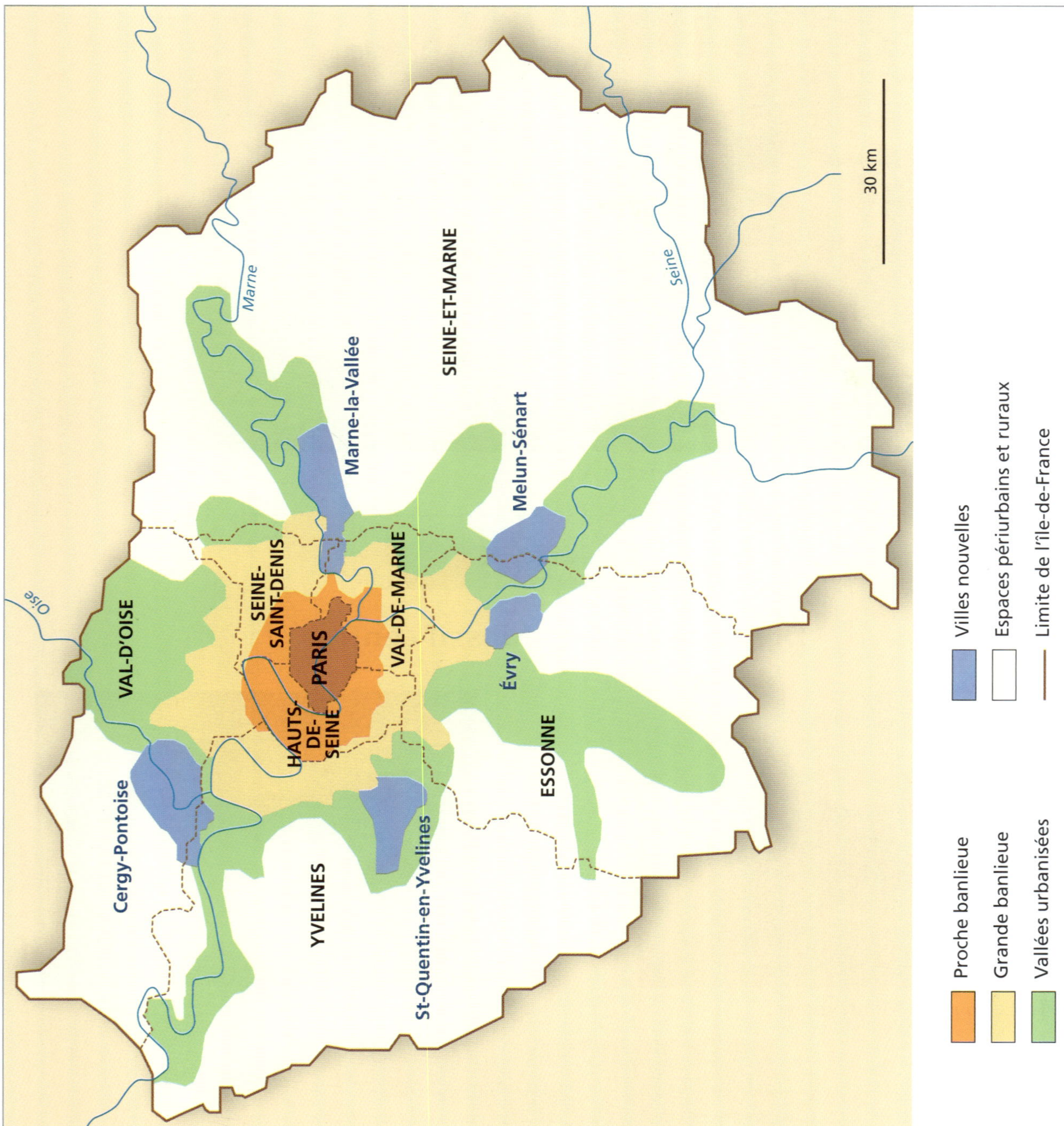

Les villes nouvelles en Île-de-France.

Un centre tertiaire : Val d'Europe

Document 5

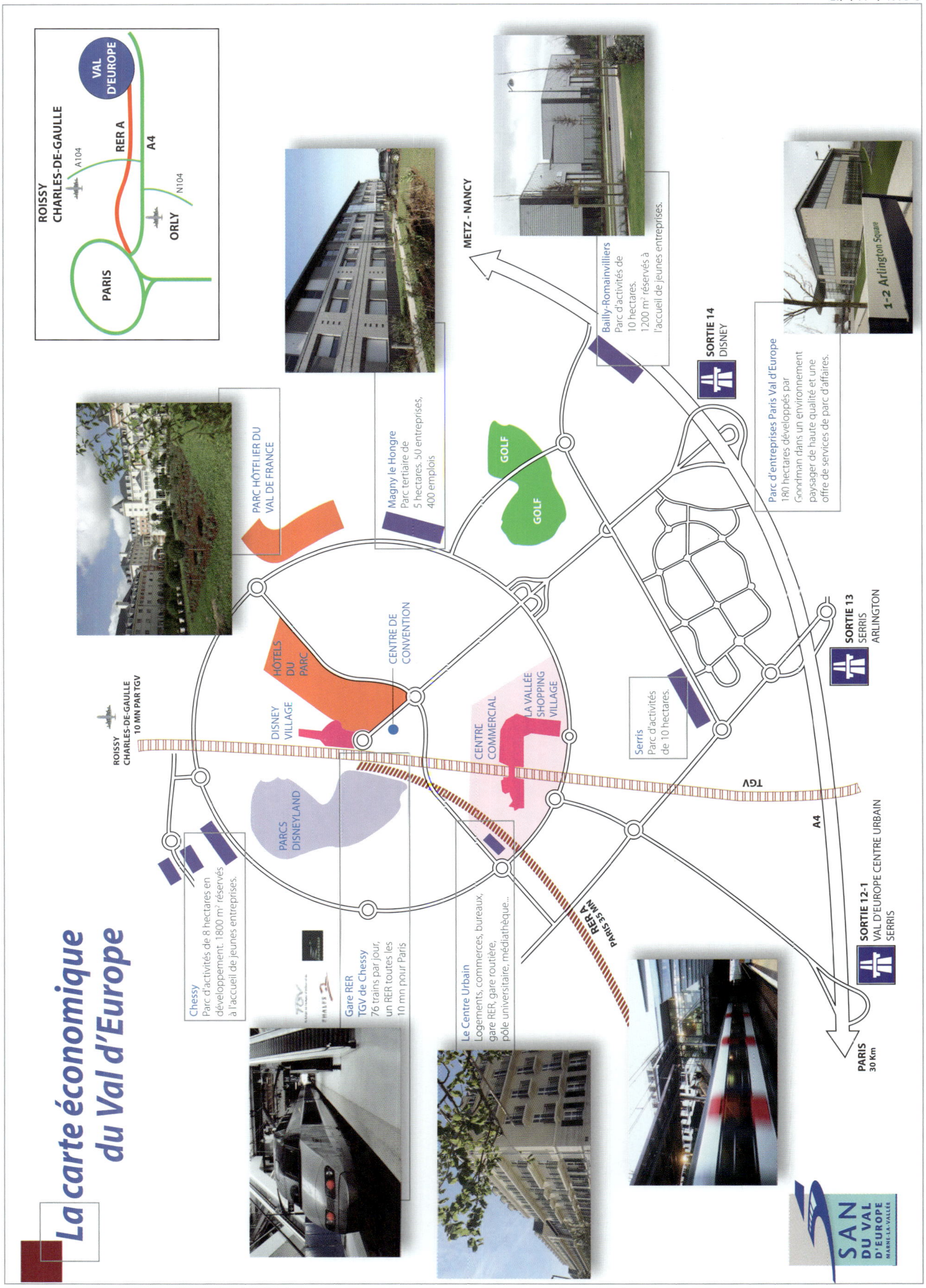

Carte économique du Val d'Europe.

Le monde en 2008

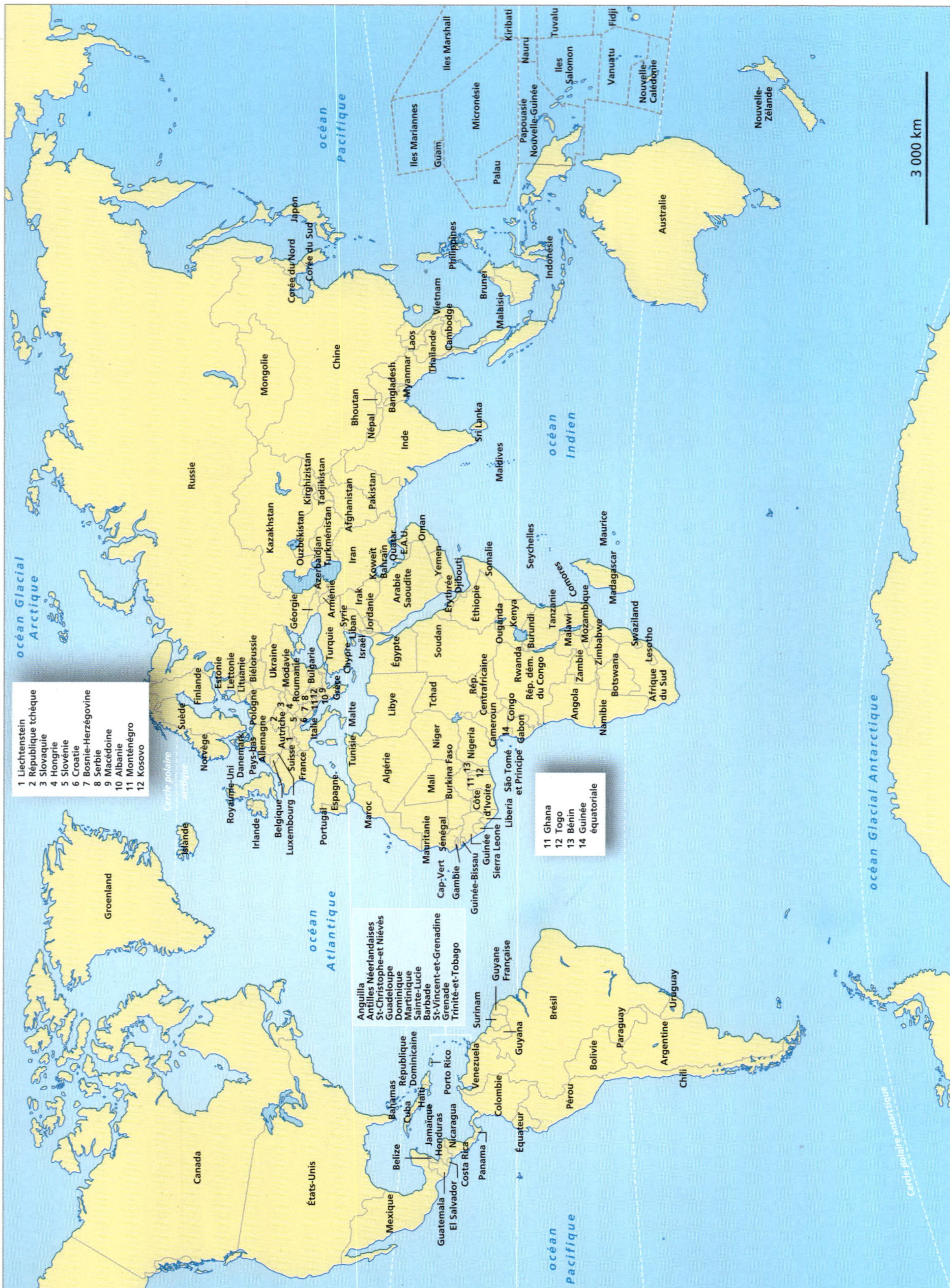